실무에 바로 활용할 수 있는
프레젠테이션 디자인

실무에 바로 활용할 수 있는

프레젠테이션 디자인

김은정 지음

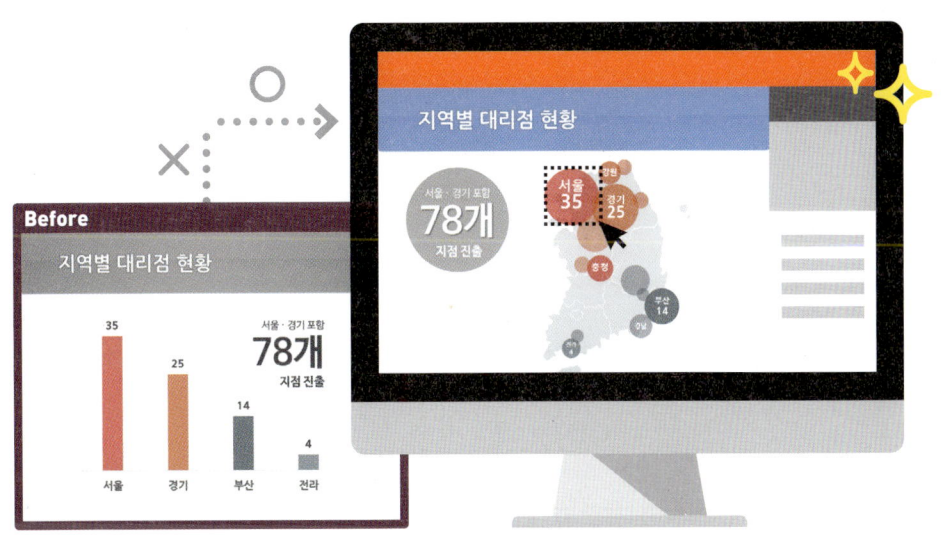

정보문화사
Information Publishing Group

실무에 바로 활용할 수 있는
프레젠테이션 디자인

초판 1쇄 인쇄 | 2017년 10월 15일
초판 1쇄 발행 | 2017년 10월 20일

지 은 이 | 김은정
발 행 인 | 이상만
발 행 처 | 정보문화사

책 임 편 집 | 최동진
편 집 진 행 | 노미라

주　　　소 | 서울시 종로구 대학로12길 38 (정보빌딩)
전　　　화 | (02)3673-0037(편집부) / (02)3673-0114(代)
팩　　　스 | (02)3673-0260
등　　　록 | 1990년 2월 14일 제1-1013호
홈 페 이 지 | www.infopub.co.kr

I S B N | 978-89-5674-771-2

이 책은 저작권법에 따라 보호받는 저작물이므로 무단 전재와
무단 복제를 금하며, 이 책 내용의 전부 또는 일부를 사용하려면 반드시
저작권자와 정보문화사 발행인의 서면동의를 받아야 합니다.

※ 책값은 뒤표지에 있습니다.
※ 잘못된 책은 구입한 서점에서 바꿔 드립니다.

머리말

"작은 변화가 큰 차이를 만든다"

많은 사람들이 슬라이드를 제작할 때, 중요한 제작 규칙들을 무시하고 화려한 표현법과 신기술을 집중적으로 사용하는데 노력을 합니다. 그 결과 발표 내용은 보이지 않고 화려함만 남게 되는 즉, 주객이 전도하는 실수를 범하는 경우가 많습니다.

업무용 발표 문서를 제작할 때 항상 염두에 두어야 할 것은 '멋진 작품'을 만드는 것이 아니라 '어떻게 하면 발표할 내용을 효과적으로 표현 및 전달할 것인가'입니다.

"작은 변화가 큰 차이를 만든다"라는 말이 있듯이, 슬라이드를 제작할 때 화려하고 복잡한 효과는 필요 없습니다. 간단한 텍스트 서식 변화, 강조하고자 하는 도형의 크기 변경, 색의 단순화 등 기존에 제작된 슬라이드에 아주 작은 변화만 줬을 뿐인데, 결과물에 큰 차이를 만들 수 있습니다.

간단하면서도 핵심 메시지가 부각되도록 제작하고, 그러면서도 심플하고 세련되게 제작하는 것이야 말로 프레젠테이션을 제작하는 사람이 지켜야 할 첫 번째 규칙(rule)입니다.

핵심이 잘 드러나게 작성된 슬라이드로 발표를 하면, 발표하기도 훨씬 수월할 뿐만 아니라 청중들의 이해도도 높아지게 되어 성공적인 프레젠테이션을 할 수 있게 될 것입니다.

실무에 바로 적용할 수 있는 프레젠테이션 도해를 제작하는 규칙과 노하우, 핵심이 부각되게 표현하는 방법, 안정적인 색감 표현 등 프레젠테이션 디자인 팁을 다룬 이 책이 독자 여러분들께 성공적인 프레젠테이션에 한발 더 가까이 다가갈 수 있는 견인차 역할을 했으면 좋겠습니다.

연일 이어지는 강의와 집필을 병행하는 저의 건강을 위해 기도와 응원을 해주신 가족들에게 감사를 드리고, 뒤에서 묵묵히 여러모로 많은 도움을 주신 정보문화사 관계자 분들과 특히 최동진 팀장님께 깊은 감사의 말씀을 전하며 머리말을 마칩니다.

김은정

이 책의 구성

이 책은 화려한 디자인이 아닌 핵심이 바로 보이는 슬라이드, 실무에 바로 적용할 수 있는 내용들을 담은 프레젠테이션 제작을 위한 테마로 구성되어 있습니다.

또한, 프레젠테이션 디자인에서 반드시 알아야 할 '규칙'과 '색 구분'을 하는 방법에 대해 소개합니다. 즉 Before, After로 구분하여 하나의 슬라이드를 통해 프레젠터가 청중들에게 정보를 알기 쉽게 전달하는 것이 목적입니다.

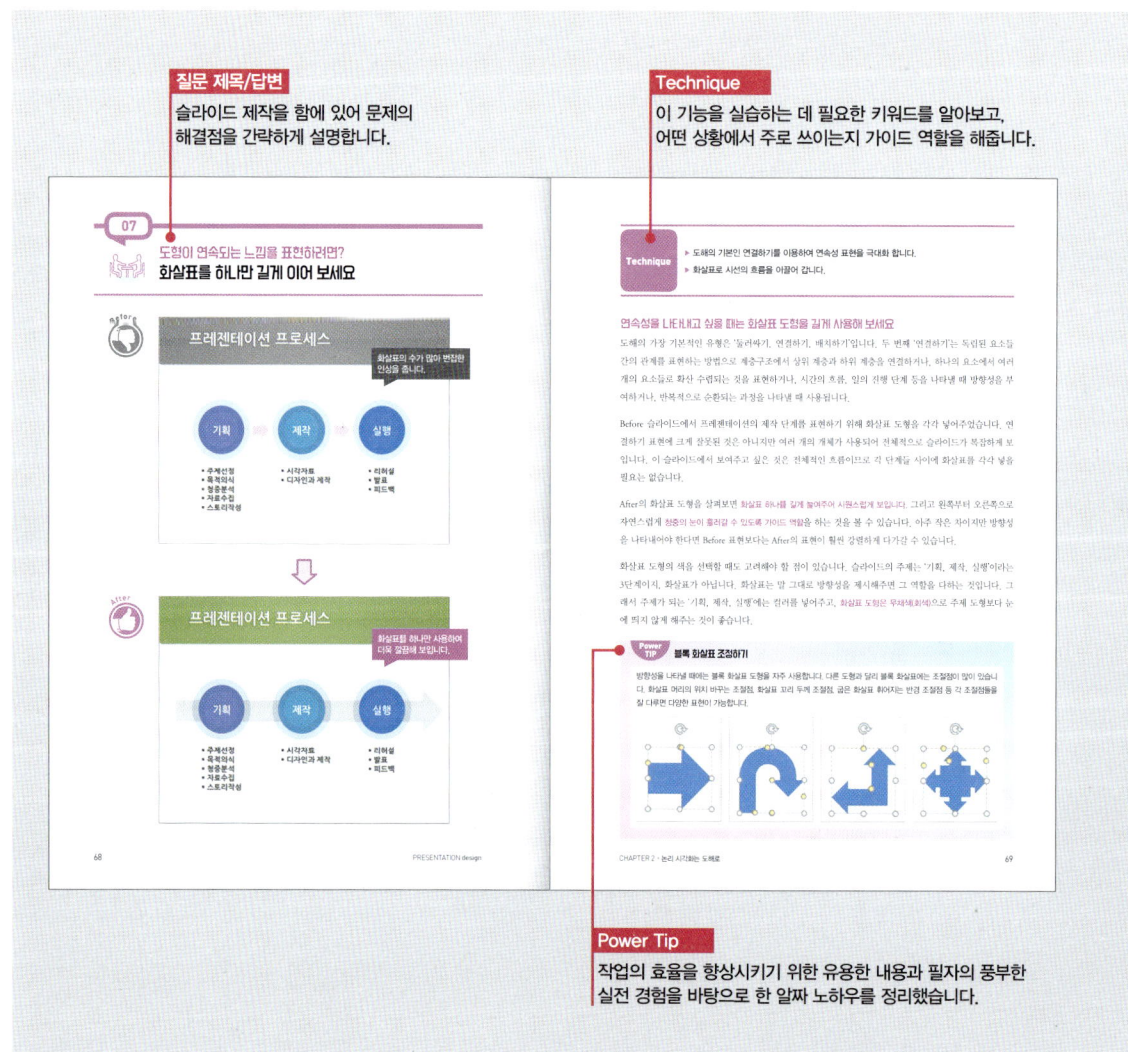

• **예제 파일의 구성**

본문에 사용된 모든 예제 파일(Before)과 완성 파일(After)은 정보문화사 홈페이지(http://www.infopub.co.kr) 자료실에서 다운로드 가능합니다. ZIP 파일을 다운받아 압축을 풀어 책과 함께 학습하며 따라할 수 있습니다.

• 참고로 본문에 사용된 예제는 Microsoft Office PowerPoint 2016버전에서 제작되었으며, 사용 폰트는 HL추억록, 나눔 고딕, 나눔 고딕 Bold, 나눔 고딕 ExtraBold, 다음_SemiBold, 고도M 입니다.

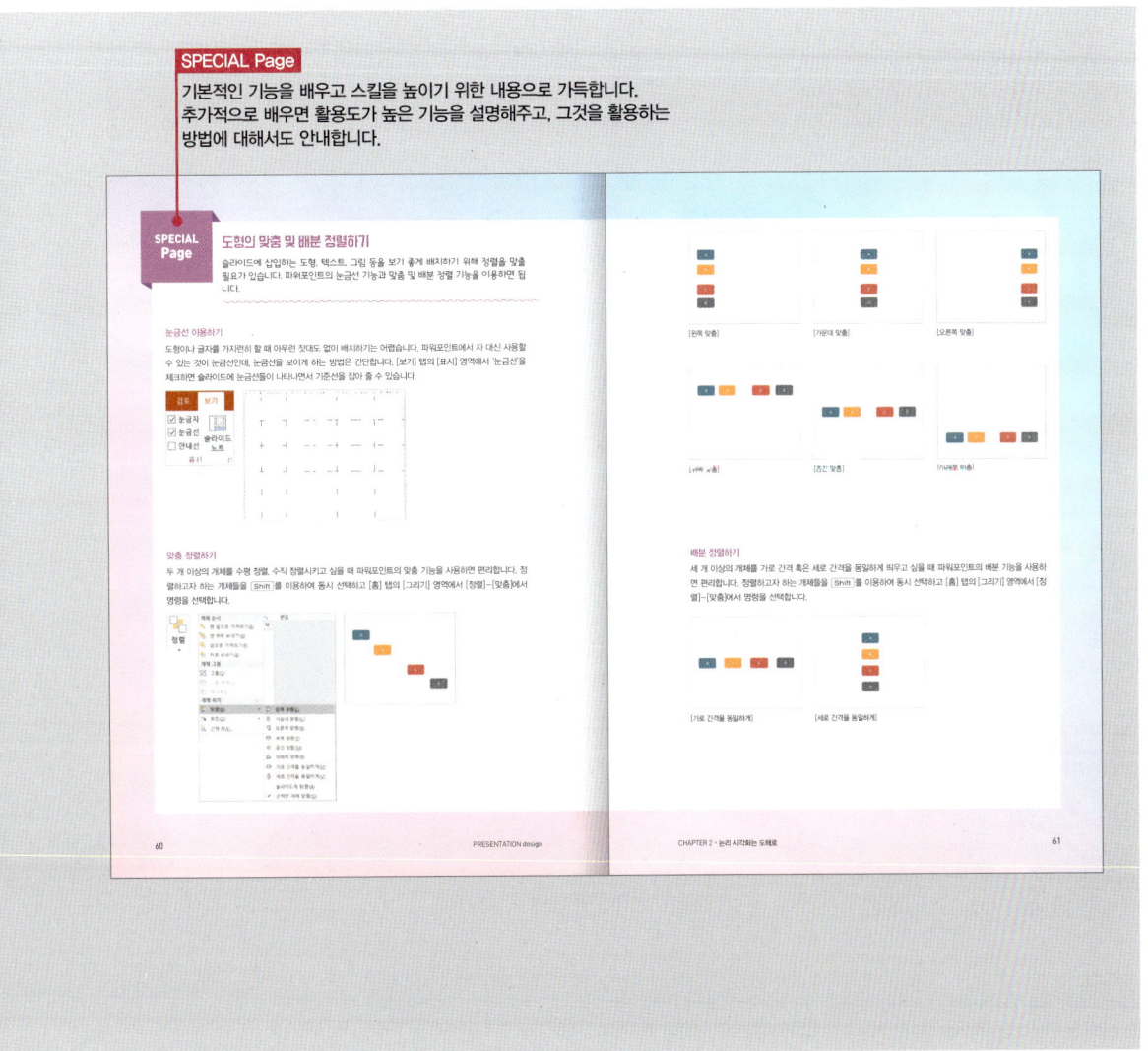

완성 파일 미리 보기

1장 텍스트로 슬라이드를 강조하자

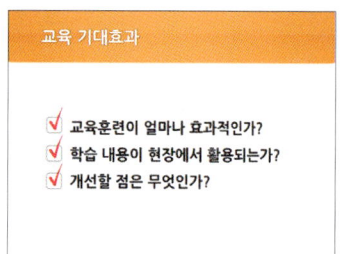
명조체보다는 고딕체 계열 사용

감정에 호소할 때는 이슈체 사용

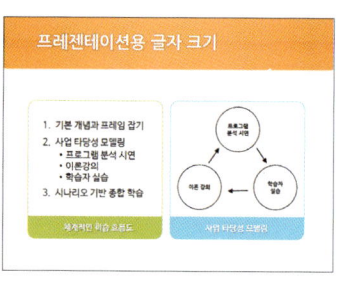
폰트 크기를 16pt 이상 설정

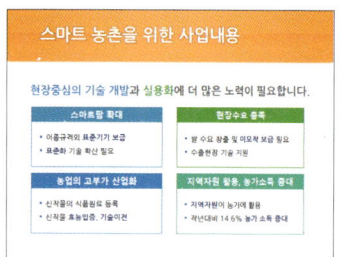
글자 장식 줄이기

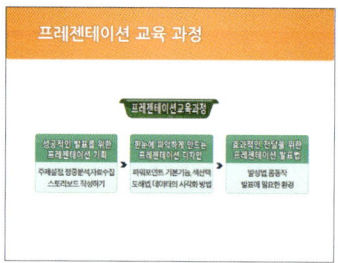
글자의 자간과 장평 조절

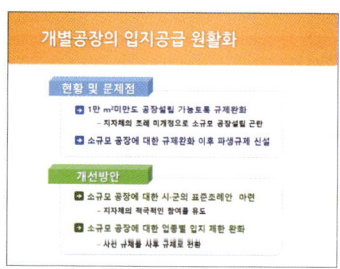
행간 넓히기

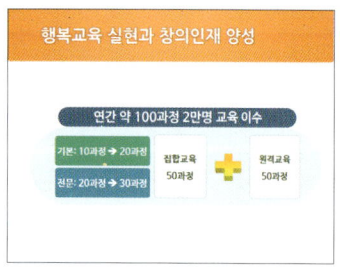
화살표 이용

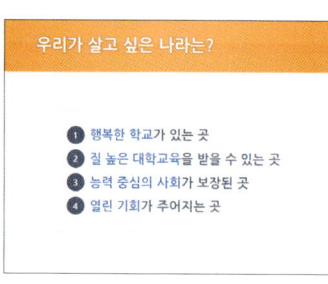
색상 수 줄이고 명도 차이로 표현

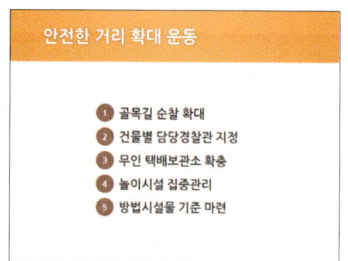
도형을 이용하여 숫자를 강조

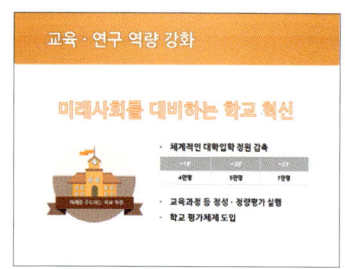
워드아트를 사용하여 꾸미기

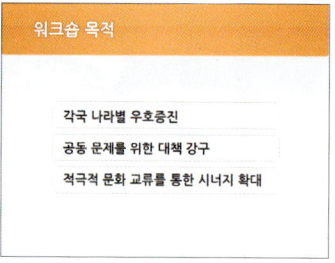
핵심 단어를 뽑아서 나열하기

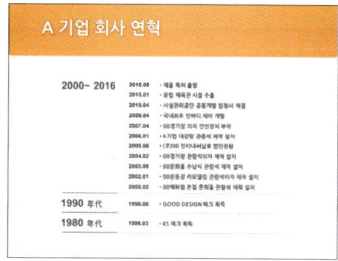
년도별로 구분선 넣기

2장 논리 시각화는 도해로

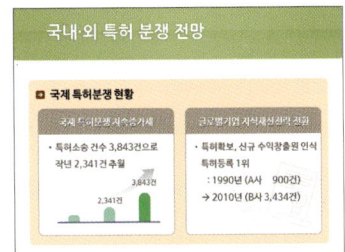
1 Slide, 1 Message 전달

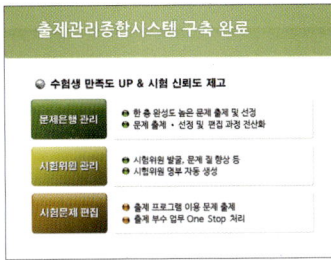
정렬 및 맞춤 기능 사용

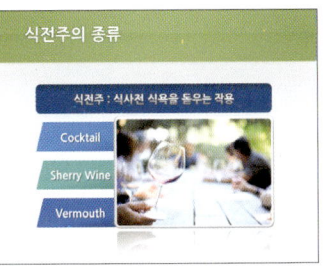
맞춤 정렬 기능 사용

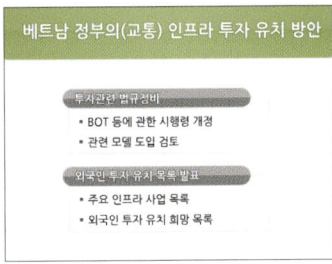
도형 안에 글자 넣기 ①

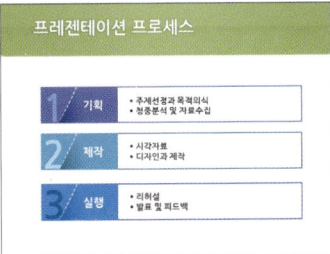
도형 안에 글자 넣기 ②

말풍선 사용하기

화살표 하나만 길게 이어보기

화살표와 색상의 명도 차이

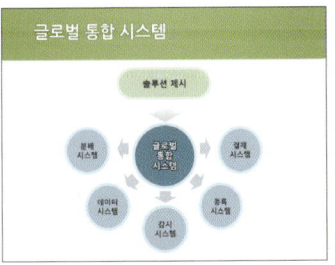
방사형 도해 사용하기

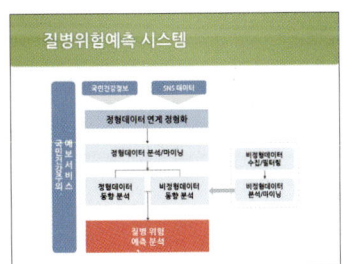
화살표로 시선의 흐름을 정리

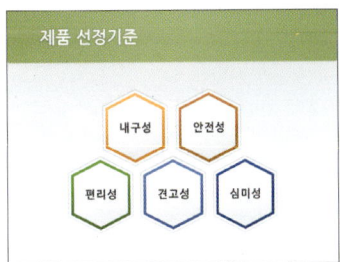
도형과 키워드를 조합하기

매트릭스 배치 기법

완성 파일 미리 보기

3장 이미지로 슬라이드에 생명을 불어넣자

배경에 사진 넣기

도형에 사진 넣기

이미지의 색을 단색 톤으로 변경하기

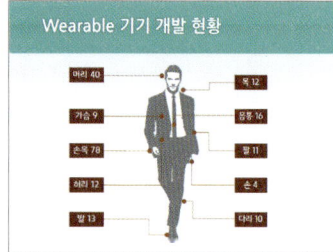
이미지를 실루엣 처리하기

배경 제거 기능 사용하기

투명한 색 설정하기

이미지 크기를 크게 하기

PNG 파일 사용하기

특정 부위 확대하기

고해상도 이미지 사용하기

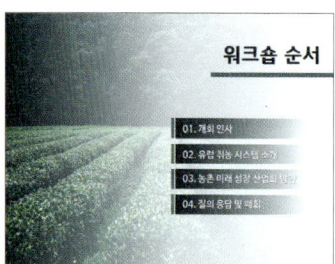
표지에 사용한 이미지 사용하기

4장 인포그래픽으로 많은 정보를 한방에 전달하자

픽토그램 아이콘 사용하기

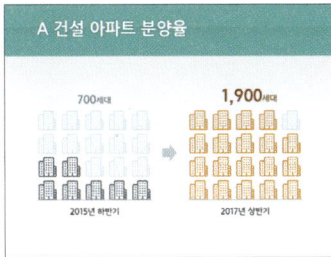
픽토그램으로 누적량 표현하기

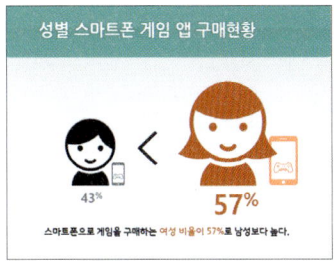
인포그래픽 이용하기

벡터 지도 _ 특정 지역 강조하기

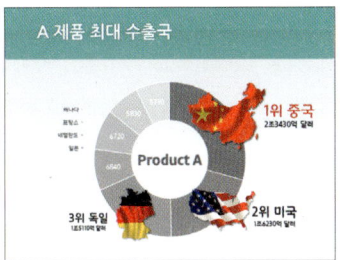
국기 이미지로 채우기

나라 이름 앞에 국기 이미지 사용하기

일러스트 이미지 사용하기

완성 파일 미리 보기

5장 깔끔한 표로 데이터를 정돈하자

표로 데이터 정돈하기

데이터 정렬과 테두리 편집하기

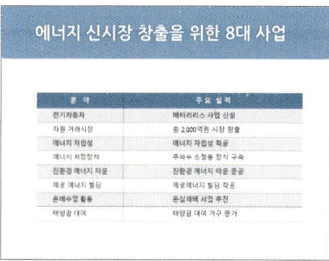
행마다 색을 다르게 설정하기

셀 강조하기 ①

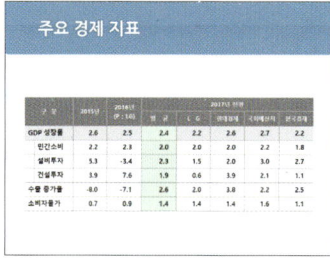
셀 강조하기 ②

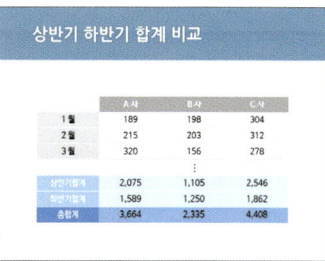
셀 강조하기 ③

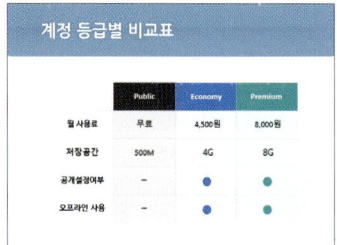
색상으로 그룹 묶기

막대 그래프 표현하기

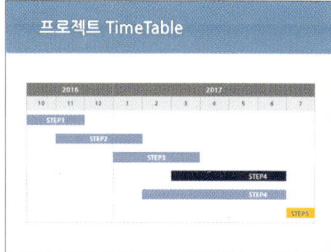
표를 심플하게 표현하기

6장 차트로 데이터를 한눈에 비교하자

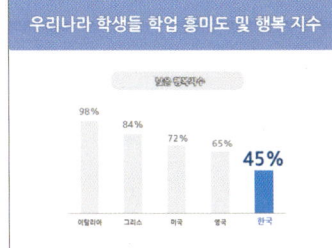

데이터 계열을 색상으로 구분하기

블록 화살표 도형 사용하기

말풍선 도형으로 강조하기

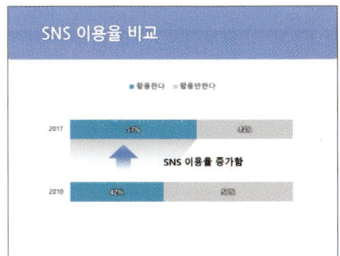

항목별 비율 분석 : 100% 기준 누적 막대 그래프

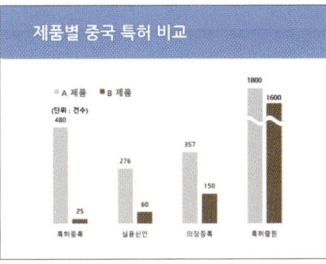

생략 차트 만들기

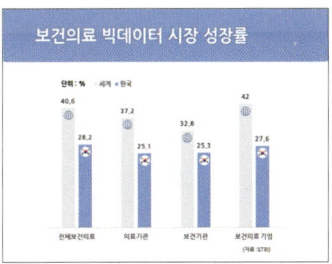

색상의 음영 차이로 차트 만들기

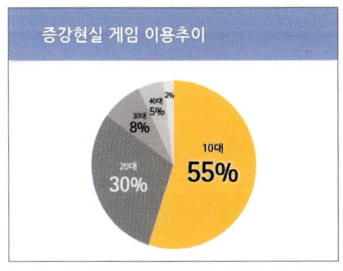

12시 방향을 기준 : 시계 방향으로 배치하기

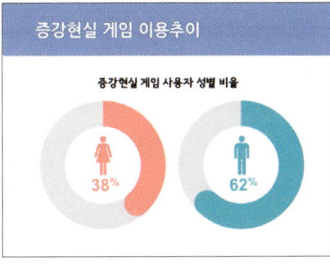

도넛형 차트 이용하기

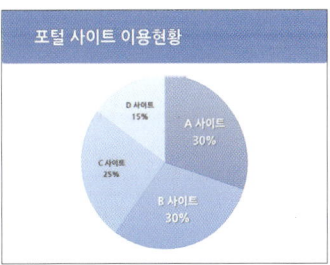

정확한 값 표현 : 2D 차트

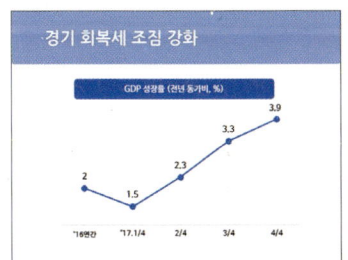

추이 표현 : 꺾은선 그래프

차트 요소의 서식 변경하기

픽토그램 사용하기

완성 파일 미리 보기

주제와 관련된 이미지 사용하기

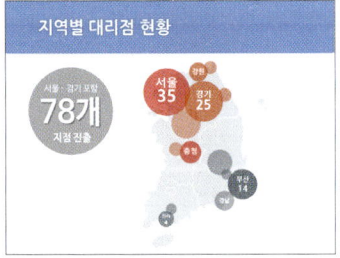
거품형 차트 편집하기

이미지 막대 그래프 사용하기

7장 마스터 슬라이드로 슬라이드에 통일감을 주자

마스터 슬라이드 활용하기 ①

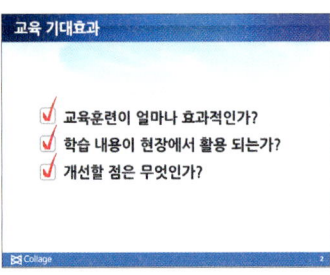
마스터 슬라이드 활용하기 ②

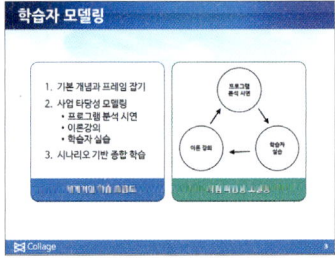
마스터 슬라이드 활용하기 ③

8장 파워포인트를 넘어서자

카드뉴스 만들기 ①

카드뉴스 만들기 ②

카드뉴스 만들기 ③

카드뉴스 만들기 ④

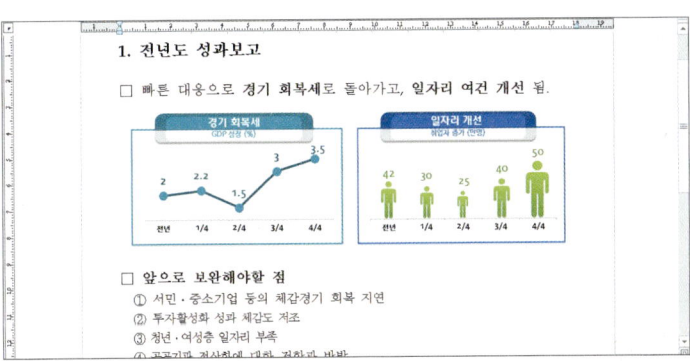

도해와 차트를 한글 문서로 옮겨오기

Contents

머리말 3
이 책의 구성 4
완성 파일 미리 보기 6

CHAPTER 1 ▸ 텍스트로 슬라이드를 강조하자

01 명조체보다는 고딕체 계열을 사용하세요 20
02 감정에 호소할 때는 이슈체를 사용하세요 22
　SPECIAL Page 무료 글꼴을 다운받고 설치하는 방법과 글꼴을 포함하여 저장하는 방법 ... 24
03 폰트 크기를 16pt 이상 설정하세요 26
04 글자 장식을 줄여 보세요 28
05 글자의 자간과 장평을 조절해 보세요 30
　SPECIAL Page 자간과 장평을 설정하는 방법 32
06 행간을 넓혀 보세요 34
07 자동 고침 옵션의 화살표를 이용하세요 36
　SPECIAL Page 자동 고침 옵션 설정은 어디에 있나요? 38
08 색상 수를 줄이고 명도 차이로 표현하세요 40
09 도형을 이용하여 숫자를 강조해 보세요 44
10 워드아트를 사용하여 꾸며 보세요 46
11 핵심 단어를 뽑아서 나열하세요 48
12 주요 년도별로 구분선을 넣어 보세요 50

CHAPTER 2 ▸ 논리 시각화는 도해로

01 한 슬라이드에는 하나의 메시지만 전달하세요 54
02 맞춤 및 정렬 기능을 이용해 보세요 56
03 맞춤 정렬 기능은 프레젠테이션의 기본입니다 58
　SPECIAL Page 도형의 맞춤 및 배분 정렬하기 60

04 도형 안에 글자를 넣어 보세요 ... 62
05 도형 안에 글자를 넣어 보세요 ... 64
06 말풍선을 사용해 보세요 ... 66
07 화살표를 하나만 길게 이어 보세요 ... 68
08 화살표와 색상의 명도 차이를 이용해 보세요 ... 70
09 방사형 도해를 사용해 보세요 ... 72
10 화살표로 시선의 흐름을 정리해 주세요 ... 74
 SPECIAL Page 시선의 흐름 ... 76
11 도형과 키워드를 조합해 보세요 ... 78
12 매트릭스 배치 기법을 사용하세요 ... 80
13 차가운 색이나 중성색을 사용해 보세요 ... 82
 SPECIAL Page 색 선택 방법 ... 84

이미지로 슬라이드에 생명을 불어넣자

01 배경에 사진을 넣어 보세요 ... 88
02 도형에 사진을 넣어 보세요 ... 92
03 이미지의 색을 단색 톤으로 변경해 보세요 ... 94
04 이미지를 실루엣 처리해 보세요 ... 96
 SPECIAL Page 파워포인트에서 이미지를 보정해 보세요 ... 98
05 배경 제거 기능을 사용해 보세요 ... 102
06 투명한 색 설정 기능을 사용해 보세요 ... 104
07 이미지의 크기를 크게 하세요 ... 106
08 PNG 파일을 사용해 보세요 ... 108
09 자르기 기능을 이용하여 특정 부위를 확대해 보세요 ... 110
 SPECIAL Page 이미지를 정원으로 자르려면? ... 112
10 고해상도 이미지를 사용해 보세요 ... 114
11 표지에 사용한 이미지를 그대로 활용해 보세요 ... 116

Contents

인포그래픽으로 많은 정보를 한방에 전달하자

- 01 픽토그램 아이콘을 사용해 보세요 ——— 120
  - SPECIAL Page 픽토그램 다운로드 및 활용하기 ——— 122
- 02 픽토그램으로 누적량을 표현해 보세요 ——— 128
- 03 인포그래픽으로 청중의 마음을 움직여 보세요 ——— 130
- 04 벡터 지도에서 그 지역의 색만 바꿔보세요 ——— 132
  - SPECIAL Page 벡터 지도 파일을 다운받고 편집하는 방법 ——— 134
- 05 벡터 지도에서 국기 이미지로 채우기를 해 보세요 ——— 138
- 06 아이콘 형태의 국기를 나라 이름 앞에 넣어 보세요 ——— 140
- 07 일러스트 이미지를 사용해 보세요 ——— 142

깔끔한 표로 데이터를 정돈하자

- 01 표를 사용해 보세요 ——— 146
- 02 표의 테두리를 얇게, 셀 너비와 높이를 동일하게 맞춰 보세요 ——— 150
- 03 행마다 색을 다르게 설정해 보세요 ——— 152
- 04 글자 색 혹은 셀의 색을 바꾸거나, 강조 테두리를 이용해 보세요 ——— 154
- 05 옅은 무채색과 유채색을 이용하여 강조하세요 ——— 156
- 06 강조할 내용의 중요도를 비교해서 색을 적용하세요 ——— 158
- 07 색상으로 그룹을 묶어 보세요 ——— 160
- 08 데이터를 막대 그래프로 표현해 보세요 ——— 162
- 09 표를 심플하게 만들고 도형과 함께 표현해 보세요 ——— 164

차트로 데이터를 한눈에 비교하자

- 01 강조할 데이터 계열만 색상을 다르게 설정하세요 ——— 168
  - SPECIAL Page 차트 개체 다루기 ——— 170

02 블록 화살표 도형을 사용해 보세요 · 174
03 말풍선 도형으로 콕 집어 강조해 보세요 · 176
04 100% 기준 누적 막대 그래프를 사용해 보세요 · 178
05 생략 차트를 만들어 보세요 · 180
06 색상의 명암 차이로 차트를 만드세요 · 184
07 12시를 기준으로 시계 방향으로 배치하세요 · 186
08 도넛형 차트를 이용해 보세요 · 188
09 정확한 값 표현을 위해 2D 차트를 사용하세요 · 190
10 꺾은선 그래프를 이용해 보세요 · 192
11 차트 요소들의 서식을 바꾸세요 · 194
12 픽토그램을 사용해 보세요 · 196
13 주제와 관련된 이미지를 사용해 보세요 · 198
14 기본 거품형 차트를 편집해 사용하세요 · 200
  SPECIAL Page 기본 거품형 차트를 편집하여 사용하기 · 202
15 이미지 막대 그래프를 사용해 보세요 · 204

CHAPTER 7 마스터 슬라이드로 슬라이드에 통일감을 주자

01 마스터 슬라이드를 활용해 보세요 · 208
  SPECIAL Page 마스터 슬라이드와 슬라이드 레이아웃 설정하기 · · · · · · · · · · · · · · · · 210

CHAPTER 8 파워포인트를 넘어서자

01 슬라이드를 카드뉴스용 사이즈에 맞춰 제작해 보세요 · 218
  SPECIAL Page 슬라이드를 그림 파일로 저장하기 · 222
02 파워포인트에서 도해와 차트를 제작해 한글 문서로 옮겨 보세요 · · · · · · · · · · · · 224

찾아보기 · 226

PRESENTATION
design

CHAPTER 1

텍스트로 슬라이드를 강조하자

파워포인트에서 제작한 슬라이드는 한글이나 워드 프로그램으로 작성한 문서와 비교하면 텍스트가 차지하는 비중이 아주 작습니다. 그래서 파워포인트에서 텍스트는 그리 중요하지 않게 생각하는 사람들이 많습니다. 그러나 프레젠테이션을 구성하는 모든 슬라이드에는 텍스트가 반드시 포함되어 있고, 내용을 직접적으로 전달하는 매체이기 때문에 텍스트의 역할은 매우 중요합니다.

텍스트를 어떤 스타일로 구성하고 표현하는가에 따라 별거 아닌 것 같은 텍스트가 한 장의 슬라이드를 완전히 다른 느낌으로 전달할 수도 있습니다. 따라서 텍스트의 표현 방법은 프레젠테이션의 성패를 좌우할 만큼 중요하다고 할 수 있습니다. 프레젠테이션에서 핵심 내용을 잘 전달하기 위해 텍스트를 어떤 방식으로 구성하고 표현할지 고민해야 합니다.

프레젠테이션을 작성할 때 서체 선택은 어떻게 하나요?
명조체보다는 고딕체 계열을 사용하세요

교육 기대효과

명조체로 작성된 텍스트는 프레젠테이션에 적합하지 않습니다.

 교육훈련이 얼마나 효과적인가?
 학습 내용이 현장에서 활용되는가?
 개선할 점은 무엇인가?

교육 기대효과

고딕체로 작성된 텍스트는 가독성이 높습니다.

 교육훈련이 얼마나 효과적인가?
 학습 내용이 현장에서 활용되는가?
 개선할 점은 무엇인가?

Technique
- ▶ 프레젠테이션에 많이 쓰이는 서체의 종류를 알아봅니다.
- ▶ 각 서체의 특징과 성격에 따른 사용법을 알아봅니다.
- ▶ 프레젠테이션에서 피해야 할 서체를 알아봅니다.

가독성이 높은 고딕 계열의 서체를 사용하세요

좋은 예시	내년도 목표달성을 위한 과제제시 (HY 견고딕)
잘못된 예	내년도 목표달성을 위한 과제제시 (궁서체 : 너무 진지함)
잘못된 예	내년도 목표달성을 위한 과제제시 (포천막걸리체 : 전문성 결여)

프레젠테이션에서 '글자'는 어떤 서체를 사용하느냐에 따라 전달되는 느낌이 다릅니다. 서체는 크게 고딕 계열, 명조 계열로 나뉠 수 있는데, 고딕 계열 서체는 느낌이 깔끔하고 가독성이 높아 사실에 근거하는 객관적인 예시를 보여줄 때나, 자신의 주장을 펼칠 때 신뢰감과 전문성이 돋보여야 하는 슬라이드에 적격입니다. 고딕체는 사실의 설명, 주장의 전개가 주요 목적인 프레젠테이션에 적합한 서체이기 때문에 대부분의 프레젠테이션 제작 프로그램의 기본 글꼴로 설정되어 있습니다. 파워포인트 2010버전 이상에서도 맑은 고딕이 기본 글꼴입니다. 기본 글꼴 외에도 무료로 배포하고 있는 나눔 고딕, 다음체, 서울 남산체 등의 고딕체가 프레젠테이션에서 많이 사용되고 있습니다.

Before 슬라이드에 사용된 명조 계열 폰트는 읽힘이 좋은 서체로 감성적이며 부드러운 느낌이 필요한 문서에 주로 사용합니다. 명조체는 삐침 장식 때문에 글이 길어서 오래 읽어야 하는 신문, 교과서 등에 많이 사용되고, 고딕체는 딱딱하고 각진 모습 때문에 제목이나 핵심 문구에 많이 사용됩니다. 이런 특성을 고려하면 고딕체가 프레젠테이션에 적합하다는 것을 알 수 있습니다. After 슬라이드에는 고딕체가 사용되어 내용 전달이 훨씬 명쾌합니다.

글꼴을 선택할 때 서체들 중 장식이 많아 화려하거나 귀여운 폰트(예 : 산돌 광수체, HY엽서M)는 전문성을 떨어뜨릴 수 있으니 프레젠테이션에서는 사용하지 않는 것이 좋고, 궁서체는 너무 진지하고 무거운 느낌을 줄 수 있으니 역시 지양하는 것이 좋습니다.

Power TIP 실무에서 많이 사용되는 고딕체들

- **핵심체** – 핵심 메시지에 사용되는 글꼴
  한글 : 서울 남산체, 다음 폰트, 맑은 고딕, 돋움체, HY견고딕, HY헤드라인, 나눔 바른고딕, 고도M, 윤고딕(유료), 윤명조(유료)
  영어 : Arial, Tahoma, Trebuchet MS
- **본문체** – 세부항목 나열에 사용되는 글꼴 : 맑은 고딕, 나눔 고딕

프레젠테이션에서는 항상 고딕체만 사용해야 하나요?
감정에 호소할 때는 이슈체를 사용하세요

고딕체는 감정에 호소하는 글과 어울리지 않아요.

이슈체를 사용하면 감동이 전달됩니다.

Technique
▶ 이슈체를 사용하면 좋은 경우를 살펴봅니다.
▶ 다양한 무료 폰트 다운받는 방법을 알아봅니다.

감성 표현을 위해 이슈체를 사용하세요

사실에 근거하는 객관적인 예시를 보여주거나, 신뢰감과 전문성을 보여 주어야 할 필요가 있는 프레젠테이션용 서체로는 고딕체를 많이 사용한다고 앞 장에서 설명했습니다. 네 맞습니다. 하지만 모든 슬라이드가 전문적인 사실만을 나열하거나 강조해야 할 핵심 내용만으로 가득 차 있는 것은 아닐 것입니다. 슬라이드 곳곳에 조직의 슬로건을 외칠 때도 있을 것이고, 청중들을 향해 감정적으로 호소를 해야 하는 내용도 있을 것이며, 고객들의 반응을 현장감 있게 보여줘야 하는 경우도 있을 것입니다. 이럴 경우에는 이슈체를 사용하는 것이 훨씬 효과적입니다.

이슈체에는 마치 손으로 직접 쓴 듯한 느낌을 주는 폰트들이 많은데, 대표적으로 네이버에서 무료로 배포한 '나눔 손글씨 붓', '나눔 손글씨 펜'이 있습니다. 그 외에도 감정이 묻어나는 호소력 짙은 내용을 전달하기 용이한 캘리그라피 느낌의 폰트들도 다양하게 있습니다.

Before 슬라이드는 고딕체를 사용하여 청춘의 열정이 전혀 느껴지지 않는 슬라이드인데 반하여, After 슬라이드에서는 이슈체인 손글씨 글꼴을 사용하여 열정이 끓어오르는 것 같은 감동을 전달하고 있습니다.

이런 표현 방법을 사용하면 자칫 경직되고 무거운 분위기로 흐를 수도 있는 프레젠테이션 발표 중간에 긴장을 풀어 주고 청중을 보다 집중할 수 있게 만들 수도 있습니다. 이때 고해상도의 이미지와 함께 매치시키면 그 효과는 더 커질 것입니다.

Power TIP 이슈체의 종류

- **캘리그라피 폰트** : 손으로 직접 쓴 글씨 느낌을 표현하고 싶을 때
  - 포천 막걸리체, 나눔 손글씨 붓, 나눔 손글씨 펜, 대한체, 한글 상상체
- **복고풍 폰트** : 독특한 느낌을 주고 싶을 때, 간판 제목, 빈티지한 느낌, 코미디 컨셉, 친숙한 아이템 설명
  - 장미다방 폰트, 문화방송체, 휴먼옛체, 옥수수, 양재 참숯B 등

SPECIAL Page

무료 글꼴을 다운받고 설치하는 방법과 글꼴을 포함하여 저장하는 방법

무료 글꼴 다운받는 방법

무료로 배포되는 글꼴들이 많은데 그 중 네이버가 제공하는 나눔 글꼴은 예쁘면서도 무료이기에 아주 인기가 많습니다. 특히 나눔 고딕은 온라인뿐만 아니라 오프라인에서도 가독성이 높기 때문에 많이 사용됩니다.

① 파워포인트를 종료하고, 웹 브라우저에서 네이버로 접속합니다. 검색창에 '나눔 폰트'로 검색합니다.

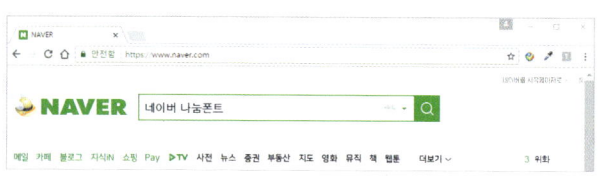

② '네이버 한글한글 아름답게 캠페인' 사이트로 이동하고, 메뉴 중 '나눔 글꼴'을 선택합니다.

③ '나눔 글꼴 모음 설치하기'를 클릭하고 '윈도우용'을 선택합니다.

④ 다운 받아진 exe 실행 파일을 더블 클릭하여 설치합니다.

❺ 설치가 완료된 후 파워포인트를 열어 글꼴을 확인해 보면 나눔 고딕 폰트들이 글꼴 목록에 나타납니다.

글꼴을 포함하여 저장하는 방법

윈도우의 기본 폰트가 아닌 추가로 설치된 폰트를 사용할 경우, 내 PC에서는 잘 보이지만 폰트가 설치되어 있지 않은 환경에서는 그 폰트를 찾을 수 없기 때문에 기본 폰트로 바뀌어 버립니다. 그렇게 되면 글자마다 설정된 크기가 다르고 차지하는 면적이 다르기 때문에 슬라이드 전체 구성이 깨집니다.

이를 방지하려면 파워포인트 파일을 저장할 때 사용할 글꼴을 포함하여 저장해 주면 어떤 환경의 PC에서도 동일하게 보일 것입니다.

❶ [파일]을 클릭하고 [옵션]을 선택합니다.

❷ [PowerPoint 옵션] 대화상자에서 [저장]을 선택하고 [이 프레젠테이션 공유 시 화질 보존] 영역에서 [파일의 글꼴 포함] 옵션을 선택하고 [확인] 버튼을 클릭합니다.

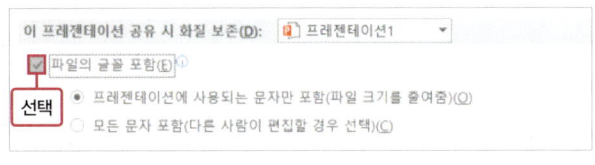

이 설정을 마친 후 저장을 하면 글꼴을 포함하여 저장되며, 글꼴이 포함된 파워포인트 파일을 글꼴이 설치되지 않은 다른 PC에서 열 경우 "읽기 전용"으로 열리게 됩니다.

❸ 만약 글꼴이 설치되지 않은 다른 PC에서 해당 파일을 편집해야 한다면 [모든 문자 포함(다른 사람이 편집할 경우 선택)] 옵션을 선택합니다.

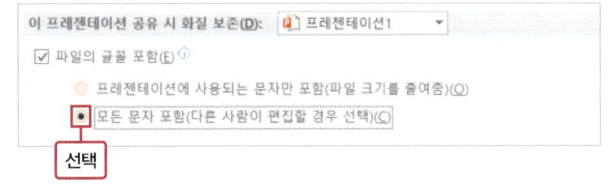

03
넓은 발표장에서도 글자가 잘 보일까요?
폰트 크기를 16pt 이상 설정하세요

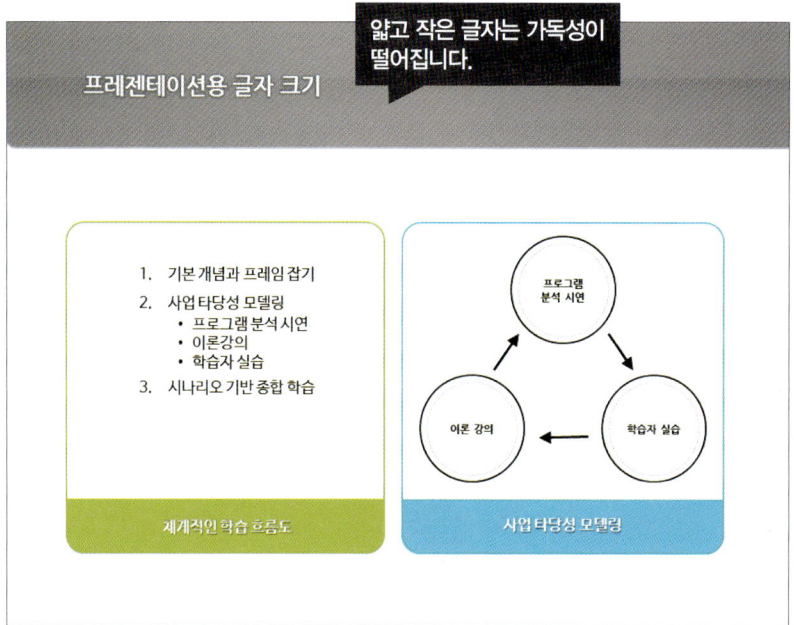

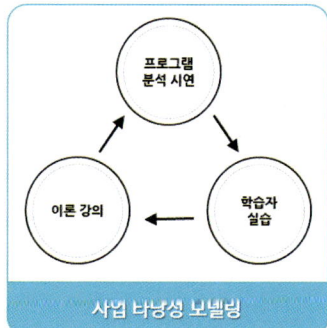

Technique
▶ 프레젠테이션에서 사용하는 제목, 본문 글자 크기를 알아봅니다.
▶ 인쇄용 글자 크기와 프레젠테이션용 글자 크기의 차이점을 알아봅니다.

텍스트는 가독성이 생명입니다

발표장에서는 파워포인트로 제작한 슬라이드가 프로젝터로 영사되어 나타나기 때문에 글자가 얇고 작으면 잘 안 보일 가능성이 높습니다. 특히 넓은 대강당에서 발표를 하는 경우에는 가독성을 더욱 고려해야 합니다. 그렇기 때문에 스크린 상에서 글자가 선명하게 보일 수 있도록 두껍게 표현되는 고딕 계열의 글꼴을 선택해야 하고, 뒷자리에 앉은 사람들까지 잘 보이도록 글자의 크기도 충분히 크게 설정하는 것이 좋습니다. 한 슬라이드에 무리하게 내용을 많이 담으려고 하다보면 글자가 작아지게 마련입니다. 한 슬라이드에는 최소한의 메시지만 담도록 노력하고, 글자와 도해도 슬라이드에 꽉 차게 만드는 것이 좋습니다.

일반적으로 프레젠테이션에서 사용하는 제목 글자는 28pt 이상의 크기로 설정하고, 중제목 글자는 24pt 이상, 본문 내용은 14~18pt 정도로 설정하면 됩니다. 또 표 안에 들어가는 데이터나 참고사항을 표시해야 한다면 12~14pt 크기로 설정합니다.

Before 슬라이드에 비해 After 슬라이드에 사용된 텍스트가 훨씬 크고 굵게 설정했기 때문에 핵심 메시지 전달이 잘되고 넓은 발표장에서도 무리 없이 잘 보일 것입니다.

반면에 인쇄물은 프레젠테이션 슬라이드 저작물보다 A4 한 장에 많은 내용을 담게 되므로 글자 크기를 좀 더 작게 설정해줘야 합니다. 인쇄용에서 제목 글자 크기는 18pt로, 중제목은 16pt로, 본문 내용은 10~12pt 그리고 참고사항은 9~10pt로 설정하면 됩니다.

	발표용	인쇄용
제목	28pt 이상	18pt
중제목	24pt	16pt
본문 내용	14~18pt	10~12pt
참고사항	12~14pt	9~10pt

Power TIP 글자 크기 변경 단축키

Ctrl + [/] 를 이용하여 글자 크기를 빠르게 변경할 수 있습니다.

04 깔끔하게 글자를 표현하려면?
글자 장식을 줄여 보세요

스마트 농촌을 위한 사업내용

과도한 서체 장식 때문에 정보 전달이 안됩니다.

현장중심의 기술 개발과 **실용화**에 더 많은 노력이 필요합니다.

스마트팜 확대
- 이종규격의 **표준기기 보급**
- **표준화** 기술 확산 필요

현장수요 충족
- 쌀 수요 창출 및 **이모작 보급 필요**
- 수출현장 기술 지원

농업의 고부가 산업화
- 신작물의 식품원료 등록
- 신작물 효능입증, **기술이전**

지역자원 활용, 농가소득 증대
- **지역자원**이 농가에 활용
- 작년대비 14.6% **농가 소득 증대**

스마트 농촌을 위한 사업내용

서체 장식을 최소화하여 내용 전달에 집중할 수 있습니다.

현장중심의 기술 개발과 실용화에 더 많은 노력이 필요합니다.

스마트팜 확대
- 이종규격의 **표준기기 보급**
- **표준화** 기술 확산 필요

현장수요 충족
- 쌀 수요 창출 및 **이모작 보급 필요**
- 수출현장 기술 지원

농업의 고부가 산업화
- 신작물의 식품원료 등록
- 신작물 **효능입증, 기술이전**

지역자원 활용, 농가소득 증대
- **지역자원**이 농가에 활용
- 작년대비 14.6% **농가 소득 증대**

Technique
▶ 과도한 문자 장식은 가독성을 높이는데 방해가 됩니다.
▶ 필요 없는 장식을 버리고 심플하게 강조하는 것이 효과적입니다.

과도한 글자 장식은 오히려 독이 됩니다

슬라이드마다 강조하고자 하는 핵심 문구가 있는데, 이를 강조하려고 글자 크기를 크게 하거나, 색을 바꾸거나, 두껍게 하거나, 밑줄을 넣거나, 기울임을 주거나 등의 방법을 사용하게 됩니다. 이러한 텍스트 꾸밈을 Before 슬라이드처럼 한꺼번에 적용하게 된다면 전체적으로 산만해지고, 정작 강조하고자 하는 점은 눈에 들어오지 않게 됩니다.

상단에 사용된 리본 도형은 개성이 강한 도형이기 때문에 다른 도형과 함께 사용을 할 경우 자칫 세련되지 못하게 표현될 수 있습니다. Before 슬라이드에서는 리본 도형에 제목 텍스트를 넣고 거기에 네온 효과까지 입혀줘 너무 과한 느낌이 들 수밖에 없습니다. 그라데이션 직사각형 안에 들어 있는 소제목들도 그림자와 그라데이션 색이 겹쳐지면서 글자들이 전혀 눈에 띄지 않습니다. 내용 부분에 이탤릭체와 밑줄 또한 간결한 표현과는 거리가 멀어 보입니다.

해결 방법은 "글자 장식을 빼라"입니다. 강조하고자 하는 제목 텍스트는 큰 고딕체 글자로 깔끔하게 표현하는 것이 좋습니다. 제목 아래에 4개의 도형이 주 내용이기 때문에 그 쪽에 시선이 가도록 리본 도형은 생략하는 것이 낫습니다.
직사각형에 채우기 색도 짙은 단색이 훨씬 글자를 돋보이게 하며, 글자의 그림자 설정을 삭제하고 도형 색과 명도 차이가 나도록 흰색으로 설정했습니다.
내용 부분에도 불필요한 장식이었던 이탤릭체 장식과 밑줄 장식을 배제하고 강조하고자 하는 키워드에만 굵은 글자로 강조를 넣어주었습니다. 글자와 도형이 깔끔해지니 내용에 더 시선이 가게 됩니다.

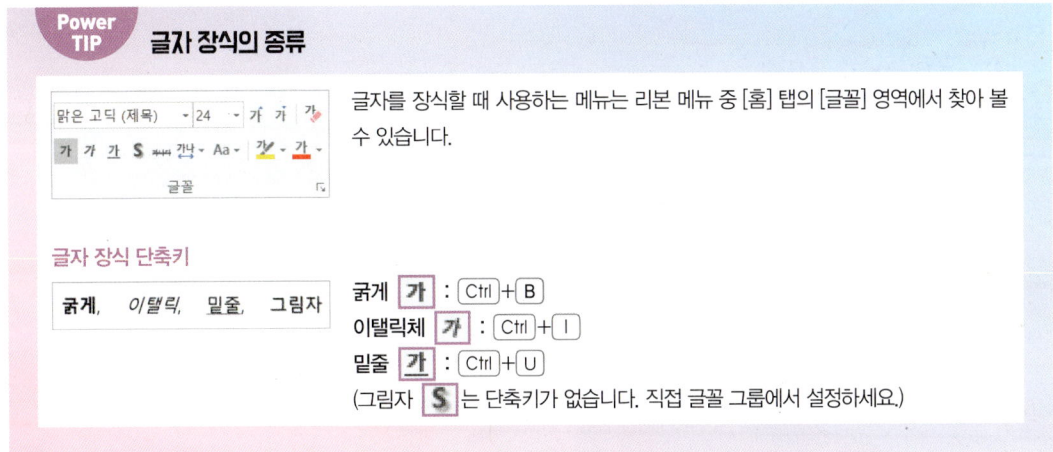

CHAPTER 1 • 텍스트로 슬라이드를 강조하자

05
도형 안의 글자가 너무 많을 때 어떻게 배치하는 게 좋을까요?
글자의 자간과 장평을 조절해 보세요

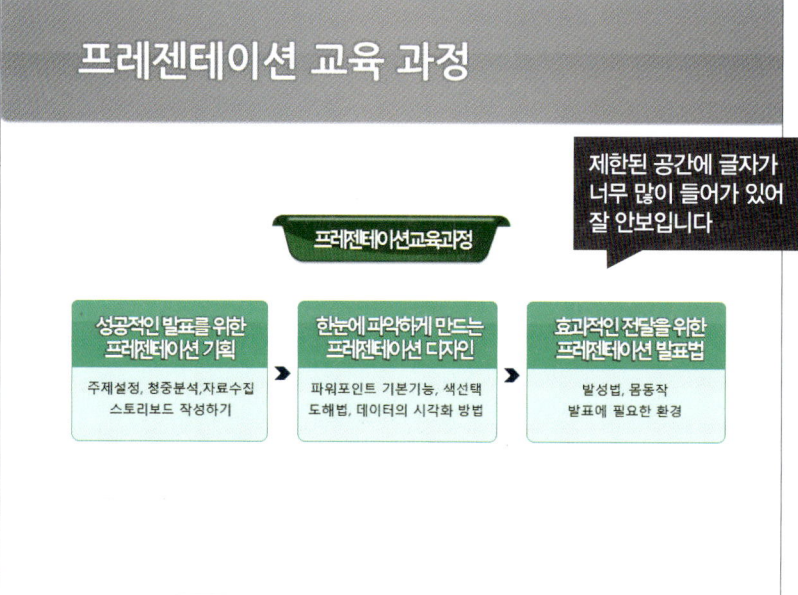

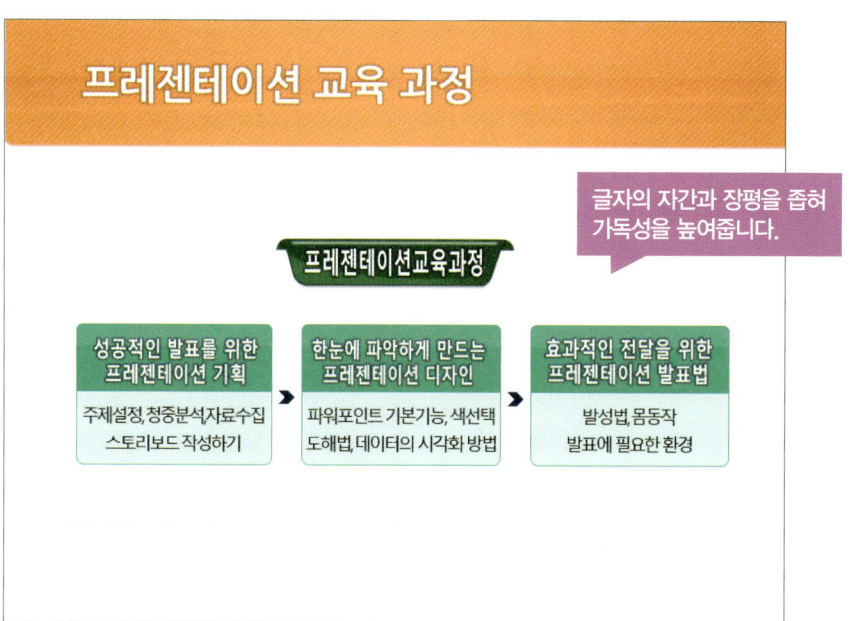

Technique
- ▶ 제한된 공간 안에 글자를 다 넣어야 할 경우에 자간과 장평 기능을 사용합니다.
- ▶ 워드아트를 이용하여 장평 조절하는 방법을 알아봅니다.

제한된 공간에 글자를 다 넣으려면? 자간과 장평이 해답!

내용을 요약할 때 되도록 명사형으로 짧게 만드는 것이 좋지만 그렇게 되지 않는 경우들이 많습니다. 그럴 경우 어떻게 표현해야 할까요? 긴 제목을 가로 너비가 좁은 도형 위에 올려야 한다면 어떻게 하시겠습니까? 보통은 글자 크기를 줄여 쉽게 해결합니다. 하지만 글자 크기를 무리하게 줄이면 가독성이 떨어져 버리게 됩니다.

두 가지 방법을 제안할 수 있습니다. 첫 번째 방법은 문자 간격을 조절하여 자간을 좁히는 방법입니다. 도형에 들어갈 텍스트가 도형의 너비에 비해 많이 넘치지 않을 경우에는 자간을 이용하는 것이 보편적으로 사용되는 방법입니다. 하지만 글자 간격 역시 무리하게 좁히다 보면 글자끼리 너무 겹쳐져 글자를 읽어 내기가 어려워지기도 합니다.

두 번째 방법은 워드아트의 기능을 이용하여 글자 장평을 줄여주는 것입니다. 방법은 조금 복잡하지만 글자 사이가 겹치지 않아 텍스트를 훨씬 읽기 편하게 보여줄 수 있습니다.

After 슬라이드 중 아래쪽 연두색 도형 안의 텍스트는 자간을 이용하여 글자를 배치했습니다. 파워포인트 리본 메뉴 중 [홈] 탭의 [글꼴] 영역에서 [문자 간격] 버튼을 클릭하면 '매우 넓게, 넓게, 표준으로, 좁게, 매우 좁게'를 지정할 수 있고, [기타 간격]을 선택하면 [글꼴] 대화상자가 나타나면서 문자 간격을 수치 값으로 조정 가능합니다. ('좁게' 설정 후 수치 값을 높일수록 더 많이 좁아집니다.)

초록색 제목 도형에 들어간 텍스트는 워드아트 기능으로 장평 조절 방법을 사용했습니다. 워드아트의 기능 중 '텍스트 변환'은 텍스트를 도형처럼 만들어 주는 기능입니다. 도형화된 텍스트를 가로 크기 조절점을 이용하여 가로로 줄이게 되면 글자의 폭이 줄어들어 장평이 좁아지는 효과를 만들어 낼 수 있습니다(Special Page 참조).

SPECIAL Page

자간과 장평을 설정하는 방법

글자 사이 간격을 조절하는 자간 설정 방법과 글자의 너비를 조절하는 장평 설정 방법을 살펴봅니다.

수치 값으로 자간 설정하기

❶ 리본 메뉴 중 [홈] 탭의 [글꼴] 영역에서 [문자 간격] 을 클릭한 후, [기타 간격]을 선택합니다.

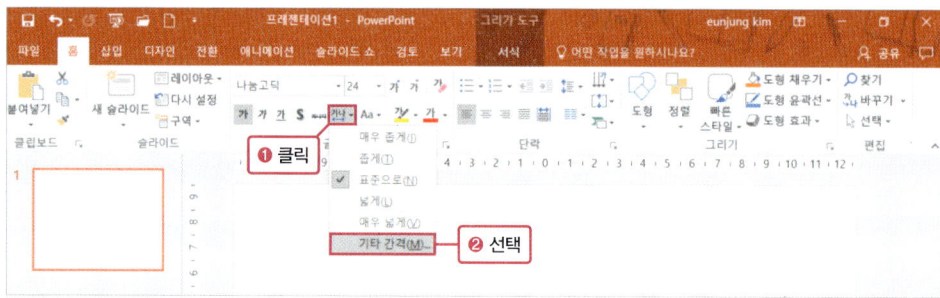

❷ [글꼴] 대화상자에서 간격 설정을 수치 값으로 합니다. 도형의 크기에 맞춰서 수치 값을 변경해 줍니다. ([간격]을 [좁게]로 설정했을 때 수치 값을 높일수록 글자 간의 간격은 좁혀지고, [간격]을 [넓게]로 설정했을 때 수치 값을 높일수록 글자 간의 간격은 넓어집니다.)

장평 설정하기

① 텍스트 상자를 선택하고 [그리기 도구]-[서식] 탭의 [WordArt 스타일] 영역에서 [텍스트 효과]를 클릭합니다. [텍스트 효과]에는 '그림자, 반사, 네온, 입체 효과, 3차원 회전, 변환'의 효과를 선택할 수 있습니다.

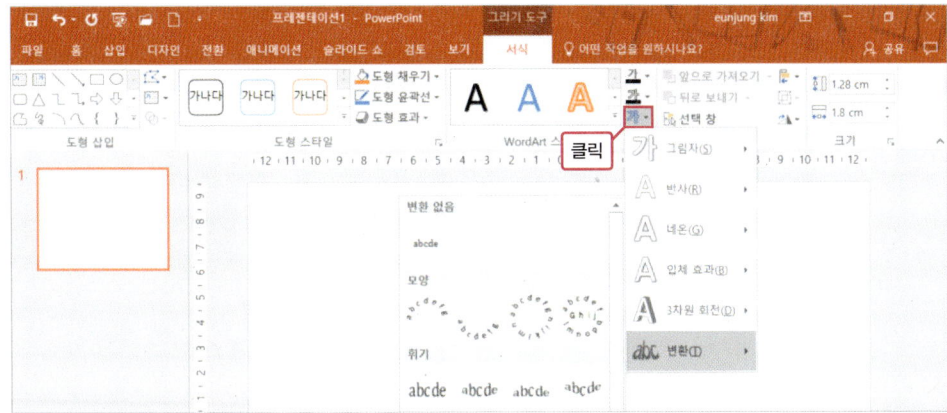

② [텍스트 효과] 중 [변환]-[휘기]-[사각형]을 선택합니다.

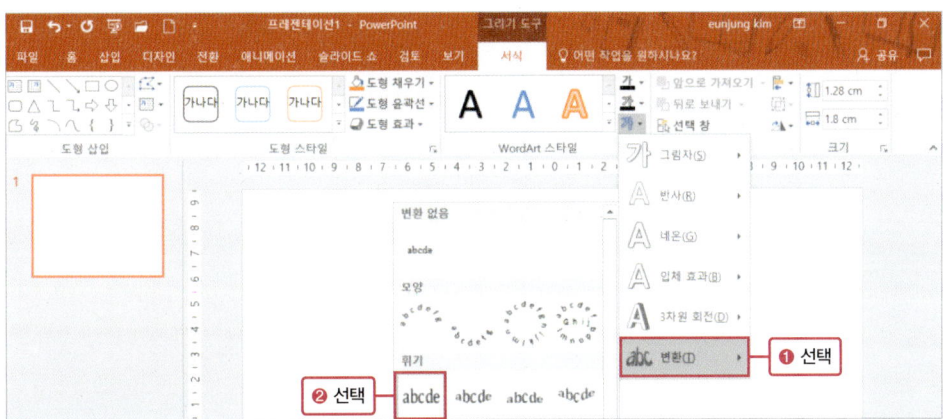

③ 텍스트 변환 기능을 적용하면 텍스트가 도형의 성질을 갖게 됩니다. 오른쪽 혹은 왼쪽 면에 있는 조절점을 이용하여 가로 폭을 좁혀 주면, 세로 길쭉한 텍스트가 됩니다.

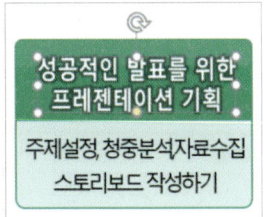

내용을 단락별로 구분하여 보여 주려면?
행간을 넓혀 보세요

개별공장의 입지공급 원활화

현황 및 문제점
- ▶ 1만 m²미만도 공장설립 가능토록 규제완화
  - 지자체의 조례 미개정으로 소규모 공장설립 곤란
- ▶ 소규모 공장에 대한 규제완화 이후 파생규제 신설

단락별 여백이 없어 내용 구분이 어렵습니다.

개선방안
- ▶ 소규모 공장에 대한 시·군의 표준조례안 마련
  - 지자체의 적극적인 참여를 유도
- ▶ 소규모 공장에 대한 업종별 입지 제한 완화
  - 사전 규제를 사후 규제로 전환

개별공장의 입지공급 원활화

현황 및 문제점
- ▶ 1만 m²미만도 공장설립 가능토록 규제완화
  - 지자체의 조례 미개정으로 소규모 공장설립 곤란
- ▶ 소규모 공장에 대한 규제완화 이후 파생규제 신설

줄 간격을 넣어주어 내용 구분이 잘됩니다.

개선방안
- ▶ 소규모 공장에 대한 시·군의 표준조례안 마련
  - 지자체의 적극적인 참여를 유도
- ▶ 소규모 공장에 대한 업종별 입지 제한 완화
  - 사전 규제를 사후 규제로 전환

Technique
▶ 행간 구분이 되어야 하는 이유를 살펴봅니다.
▶ 줄 간격 조절 방법을 알아봅니다.

내용 간 구분을 줄 때는 행간으로 나누세요

행간이란 2행 이상의 문장이 있는 경우 두 문장 사이, 즉 행과 행 사이의 간격을 칭하는 말입니다. 글자와 글자 사이의 간격을 지칭하는 자간과 더불어 가독성을 높이는 중요한 요소라고 할 수 있습니다.

슬라이드에 들어갈 내용이 많을 경우 문장과 문장 사이를 붙여 놓으면 논점이 2개라 하더라도 마치 하나의 덩어리로 보이게 마련입니다. Before 슬라이드에서 문제점과 개선방안의 내용이 두 가지씩 나열되어 있어도 행간의 부재로 구별이 되지 않습니다. 글머리 기호로 표시를 해 줬지만 역부족임을 알 수 있습니다. 프레젠테이션의 생명은 가독성입니다. 가독성을 높이기 위해 텍스트의 글꼴, 크기, 색상, 자간, 행간 등의 요소는 항상 고려되어야 할 것입니다.

After 슬라이드를 보면 논점별로 행간을 띄워주어 내용 구분이 잘 되고 있습니다. 행 간격을 띄워줄 때도 문맥을 고려하여 설정할 필요가 있습니다. 예를 들어, 첫 번째 문제점과 그에 귀속되어 있는 내용과의 간격은 좁게, 그리고 두 번째 문제점이 시작되는 부분의 행간은 넓게 설정하여 차이를 주는 것이 좋습니다.

행간을 설정하는 방법은 리본 메뉴 중 [홈] 탭의 [단락] 영역에서 [줄 간격] 을 선택하여 1.0, 1.5, 2.0, 2.5, 3.0, 배수 간격으로 쉽게 지정할 수 있으며, 더 세밀하게 값을 설정하고 싶다면, [줄 간격 옵션] 메뉴를 이용하여 바꿀 수 있습니다. [줄 간격 옵션]을 선택하여 [단락] 대화상자가 열리면 '줄 간격' 뿐만 아니라 '들여쓰기', '단락 앞', '단락 뒤' 간격도 설정할 수 있습니다.

Power TIP 줄 간격을 조절하는 방법

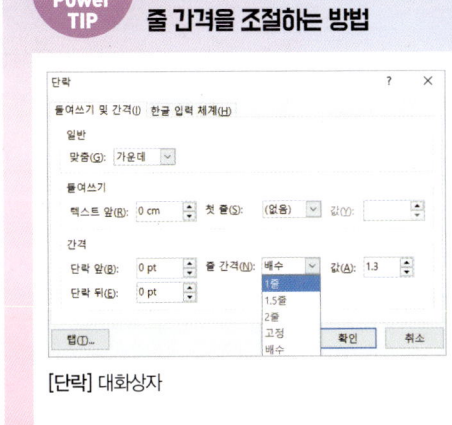

[단락] 대화상자

[단락 앞], [단락 뒤]는 커서가 위치한 곳을 기준으로 문단 위와 아래에 정확한 수치 값으로 간격을 넣어 줄 때 사용하는 기능입니다.

[줄 간격]에 펼침 목록 메뉴를 내려보면 1줄, 1.5줄, 2줄, 고정, 배수로 줄 간격을 설정할 수 있는데, 여기서 줄 수는 배수와 같은 개념으로 생각하면 됩니다.

고정 값은 포인트(pt) 수치 값으로 행간을 지정하는 것인데, 글자 크기가 달라지더라도 지정되어진 수치 값으로 행간이 고정된다는 것입니다.

일반적으로 배수를 이용하여 줄 간격 설정을 많이 합니다. 예를 들어 줄 간격 1.5가 넓게 느껴지는 경우에는 줄 간격을 배수로 설정하고 1.5이하의 값. 즉, 1.2 혹은 1.3 등을 지정하면 됩니다.

07 특수 문자 화살표를 돋보이게 하려면?
자동 고침 옵션의 화살표를 이용하세요

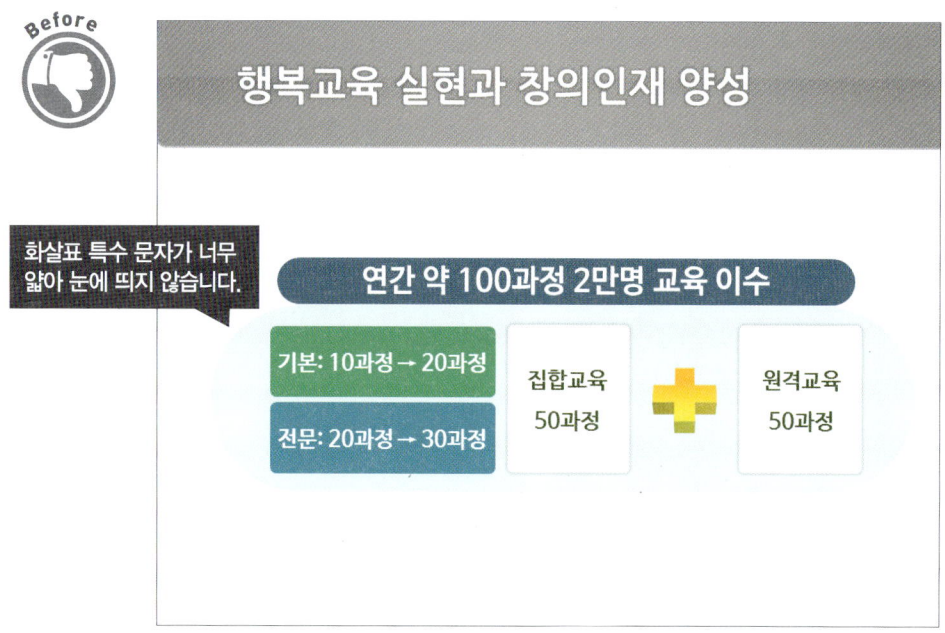

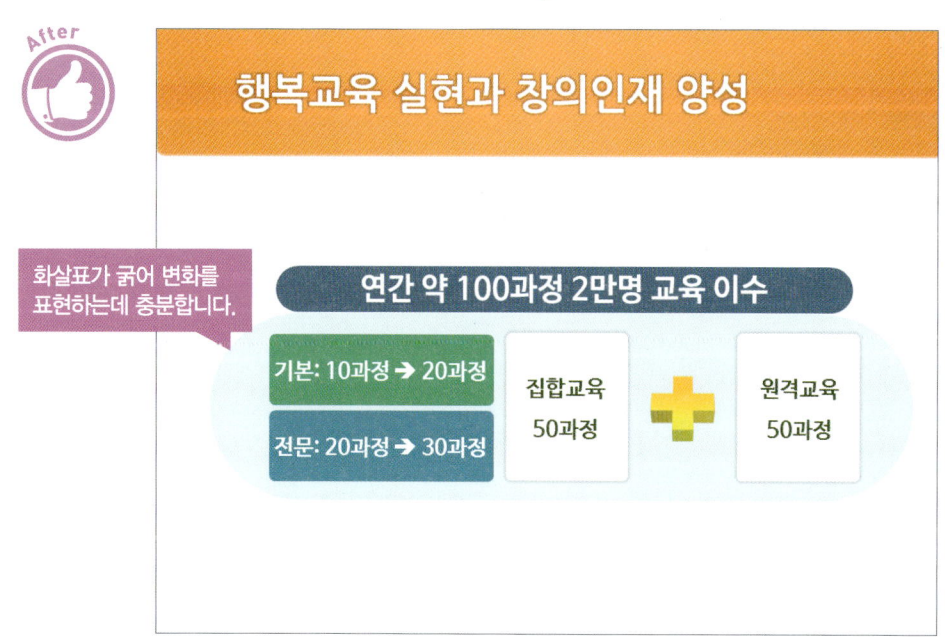

Technique
- ▶ 변화를 보여 줄 때는 특수 문자 화살표를 이용합니다.
- ▶ 특수 문자를 삽입하는 방법을 살펴봅니다.
- ▶ 자동 고침 옵션을 이용하여 자주 사용하는 특수 기호를 넣어 봅니다.

특수 문자 입력의 또 다른 방법, 자동 고침 옵션의 놀라운 기능

화살표는 방향성과 변화의 의미를 가지고 있습니다. 화살표가 너무 얇아서 잘 보이지 않으면 변화라는 내용 전달에도 어려움이 생기게 됩니다. 내용 전달, 가독성을 위해서도 두껍고 확실한 화살표를 사용하는 것이 좋습니다.

일반적으로 특수 기호를 삽입하는 방법은 한글 자음 'ㅁ'을 누르고 〈한자〉 키를 눌러 특수 문자를 입력하는 것입니다. Before 슬라이드에서도 특수 문자를 이용하여 화살표를 입력했는데 화살표가 너무 가늘어서 선인지 화살표인지 멀리서는 표시가 잘 안 납니다.

이럴 때 After 슬라이드처럼 파워포인트의 자동 고침 옵션 기능을 이용하여 화살표를 입력하면 두껍고 강한 느낌의 화살표를 삽입할 수 있습니다. 자동 고침 옵션 기능은 텍스트 입력 시 자주 사용하는 특수 문자를 미리 등록해 놓은 것으로 화살표 외에도 ※, ☎ 등 여러 특수 기호를 쉽게 삽입할 수 있습니다.

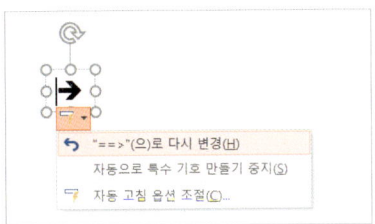

자동 고침 옵션 화살표를 만드는 방법은 슬라이드에 텍스트 상자를 만들어 두고 '==)'를 연속해서 입력하면 자동으로 굵은 화살표로 바뀝니다. 만약 굵은 화살표가 아닌 입력한 그대로 '==)'를 나타내고 싶다면 화살표 바로 아래에 나타난 빨간 줄을 클릭하여 ['==)'(으)로 다시 변경]을 선택하면 됩니다.

자동 고침 옵션의 화살표도 충분히 선명합니다만, 더 확실한 방향성을 나타내고자 한다면 도형 중 '블록 화살표'를 이용하는 방법도 고려할 수 있습니다.

Power TIP 자주 사용하는 자동 고침 옵션들

- 얇은 화살표 만들기 : --)를 입력합니다.
- 굵은 화살표 만들기 : ==)를 입력합니다.
- 당구장 표시 만들기 : -x-를 입력합니다.
- 전화기 문자 만들기 : (tel)를 입력합니다.
- 스마일 : :)를 입력합니다.

SPECIAL Page

자동 고침 옵션 설정은 어디에 있나요?

옵션 창에서 자동 고침 옵션 확인하기

❶ [파일]을 클릭하고 [옵션]을 선택합니다.

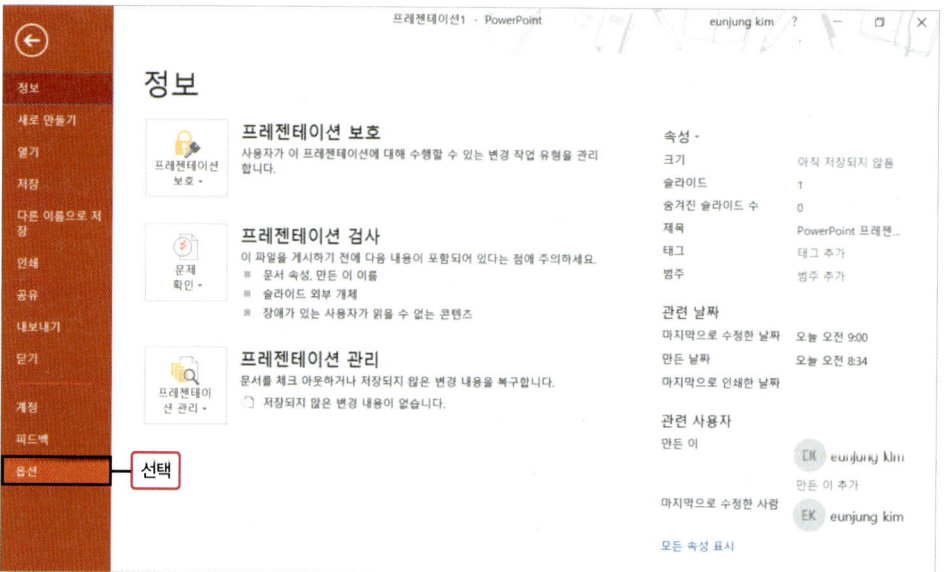

❷ [PowerPoint 옵션] 대화상자에서 [언어 교정]을 선택하고 [자동 고침 옵션]을 클릭합니다. [자동 고침] 대화상자의 [자동 고침] 탭과 [입력할 때 자동 서식] 탭에서 확인할 수 있습니다.

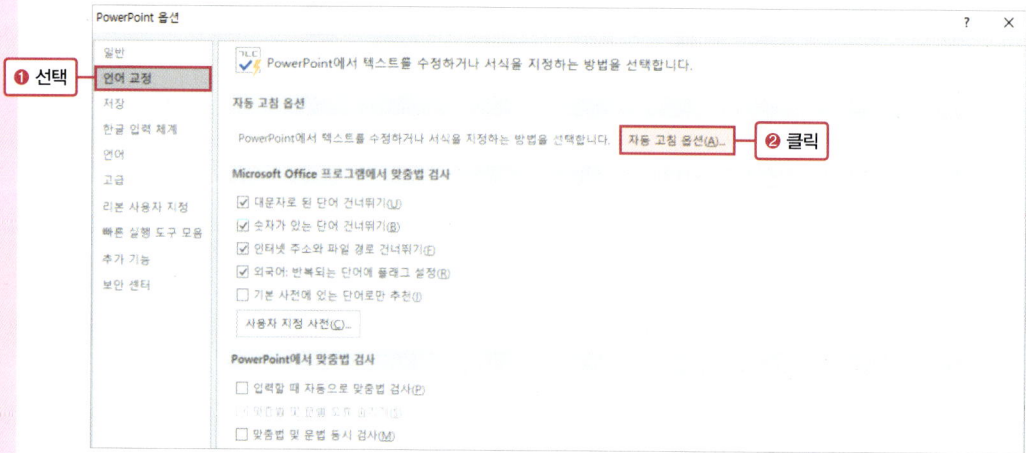

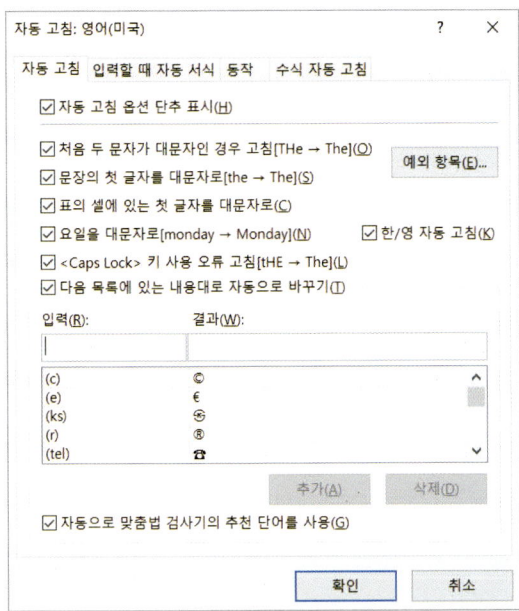

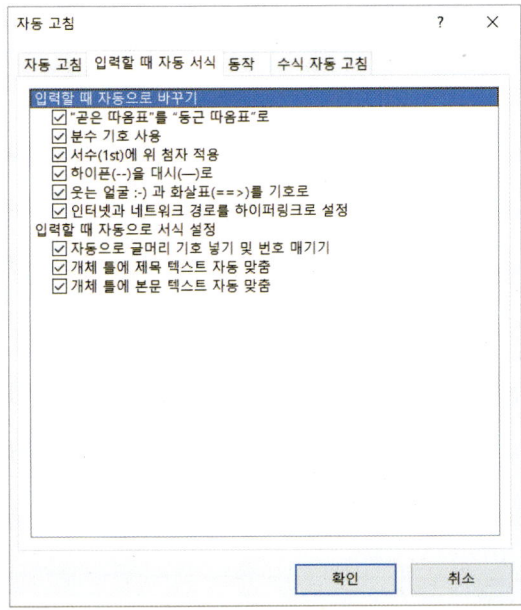

08
글자의 색상 선택은 어떻게 하나요?
색상 수를 줄이고 명도 차이로 표현하세요

Before

우리가 살고 싶은 나라는?

> 너무 많은 색의 사용으로 슬라이드가 산만해 보여요.

1. 행복한 학교가 있는 곳
2. 질 높은 대학교육을 받을 수 있는 곳
3. 능력 중심의 사회가 보장된 곳
4. 열린 기회가 주어지는 곳

After

우리가 살고 싶은 나라는?

> 한 가지 색상으로도 강조할 부분을 돋보이게 할 수 있습니다.

1. 행복한 학교가 있는 곳
2. 질 높은 대학교육을 받을 수 있는 곳
3. 능력 중심의 사회가 보장된 곳
4. 열린 기회가 주어지는 곳

Technique
- ▶ 글자 색상을 선택할 때 주의할 점을 살펴봅니다.
- ▶ 전달 내용이 많을 경우, 다양한 색을 쓰지 말고 유사색을 사용합니다.
- ▶ 명도 값을 조절하여 색을 선택하는 방법을 알아봅니다.

명도 차이를 조절하여 톤을 다양화 시켜 보세요

프레젠테이션을 준비하면서 많은 사람들이 "아! 나는 기획과 발표는 자신 있는데 디자인은 약해. 특히 색상 선택은 하면 할수록 촌스러워져"라고 고민을 합니다. 기존에 나와 있는 프레젠테이션 템플릿을 불러 와서 이리저리 짜깁기해서 슬라이드 작성은 어떻게든 해냅니다. 하지만 여기저기에서 끌어다 붙인 도해들과 텍스트들 모두 각각 살펴보면 다 예쁜 색을 갖고 있지만 한 곳에 모아두면 불협화음을 이루기 십상입니다.

강조하고자 하는 핵심 주제가 여러 가지라 하더라도 Before 슬라이드처럼 한 슬라이드에 너무 많은 색상이 들어가면 산만한 느낌을 주어 핵심 내용에 집중하기 어렵고, 빨강, 노랑, 파랑 등 자극적인 색 조합으로 오래 보게 되면 눈이 피로해지기 쉽습니다.

색상 선택에 자신이 없다면 한 가지 색만 선택하고 그 색상의 명도 차이를 이용하여 배색하는 것이 가장 안전합니다. 예를 들어 파란색을 선택했다면 짙은 파란색, 옅은 파란색 등을 명암 단계별로 사용하거나, 유사한 파란색 계통을 사용한다면 색 선택에서 실패할 경우가 거의 없을 것입니다.

파워포인트 글자 색을 선택하는 창을 보면 테마 색상 팔레트가 나열되어 있고, 각 색상의 아래쪽에는 명도 차이에 의해 나열된 컬러들을 볼 수 있습니다. 그 팔레트를 이용하면 쉽게 색을 선택할 수 있습니다.

명도 차이를 이용하여 글자 색을 선택하면 After 슬라이드처럼 전체 분위기가 차분해지는 것을 볼 수 있습니다.

Power TIP — 명도 차이를 이용한 색 선택 방법 / 유사색 선택 방법

❶ [홈] 탭의 [글꼴] 영역에서 [글꼴 색] 가▼을 선택하면 색상 샘플들을 볼 수 있습니다. 각 색상별로 밝은 색부터 어두운 색까지 명암 단계가 나눠져 있습니다. 여기서 명도 차이를 이용한 색을 선택할 수 있습니다.

❷ 더 많은 색상을 찾기 위해 [다른 색]을 선택하여 [색] 대화상자를 엽니다. [표준] 탭에는 색상들이 벌집 모양으로 360도 돌아가며 배치되어 있는데, 한 개의 색을 기준으로 인근에 위치한 색들이 유사색입니다.

❸ 더 세밀하게 색 조절을 하고 싶다면 [사용자 지정] 탭에서 색을 선택하면 됩니다. 여기서는 유사색이 가로로 펼쳐져 있습니다. 오른쪽 세로 슬라이드를 이용하여 명도 값을 조절할 수도 있습니다.

명시성을 고려한 글자 색 선택

도형에 글자를 입력할 경우 도형 배경색에 따른 글자 색 선택도 중요합니다. 도형의 색이 어두울 경우 글자 색 또한 어둡게 설정하면 도형 색에 묻혀 글자를 읽기가 어려워집니다. 글자 색을 선택할 때는 배경과 비교했을 때 명시성(明視性)이 높은 색을 선택해 주는 것이 좋습니다. 즉, 어두운 색 도형에는 밝은 글자 색을, 밝은 색 도형에는 어두운 글자 색을 선택하면 됩니다.

명시성(明視性)이란 두 색을 배색했을 때 멀리서 구별되어 보이는 정도를 말하며, 명도와 색상 차이가 클수록 명시도가 높아집니다.

왼쪽의 슬라이드는 도형 색과 글자 색의 명도 차이가 크게 나지 않습니다. 특히 빨간 바탕에 초록 글자는 화면상으로도 구분이 잘 안가는데, 하물며 발표장에서는 거의 보이지 않을 것입니다. 특히 적록 색약을 가진 사람들에게는 회색 사각형만 보일 것입니다.

왼쪽의 슬라이드는 도형과 글자의 명시성을 고려하여 색을 선택했습니다. 도형 색이 어두울 경우 글자 색을 밝게 설정하여 명도 차이가 확실히 나도록 설정하니 가독성이 높아집니다. 이는 도형과 글자 관계뿐만 아니라, 슬라이드 배경과 글자, 이미지와 글자 사이에도 해당되는 내용입니다.

09 리스트 형식으로 나열되는 내용들을 돋보이게 하려면?
도형을 이용하여 숫자를 강조해 보세요

안전한 거리 확대 운동

원문자를 사용하여 목록 표현이 뚜렷하지 않습니다.

① 골목길 순찰 확대
② 건물별 담당경찰관 지정
③ 무인 택배보관소 확충
④ 놀이시설 집중관리
⑤ 방법시설물 기준 마련

안전한 거리 확대 운동

도형으로 원문자를 대신하여 강렬하게 표현했습니다.

1 골목길 순찰 확대
2 건물별 담당경찰관 지정
3 무인 택배보관소 확충
4 놀이시설 집중관리
5 방법시설물 기준 마련

Technique
▶ 비슷한 중요도를 가지는 여러 내용들을 목록 형식으로 표현하는 방법을 알아봅니다.
▶ 글머리 기호 및 번호 매기기를 활용해서 순번 및 개수를 표현합니다.
▶ 도형을 이용하여 숫자 부분을 보다 돋보이게 표현해 봅니다.

타원을 이용해 숫자를 강조해 보세요

발표할 내용의 순서나 가짓수를 정확히 언급해야 할 경우 각각의 내용에 번호를 매겨 줍니다. 이렇게 하면 청중들은 어떤 주제로 몇 가지의 내용을 듣게 될 것인가 예상하게 됩니다. 이 과정을 통해 청중은 자신이 관심 있는 내용을 미리 선별해서 파악하고 질문할 내용 등을 정리할 수 있게 됩니다. 결과적으로 다양한 내용들을 확실히 구분 지어 전달할 수 있게 됨으로써 효과적인 프레젠테이션이 될 수 있습니다.

파워포인트의 단락 설정에 [글머리 기호 및 번호 매기기]라는 기능이 있어서 쉽게 불릿을 붙이거나 번호를 매길 수 있습니다. 하지만 Before 슬라이드처럼 글자 선이 가늘고 배경색과 뚜렷하게 차이가 나지 않으면 눈에 확실하게 들어오지 않습니다.

먼저 파워포인트의 단락 기능에서 살펴볼 수 있는 [글머리 기호 및 번호 매기기] 기능은 리본 메뉴의 [홈] 탭의 [단락] 영역에서 [글머리 기호 및 번호 매기기]에서 설정할 수 있으며, [글머리 기호]로는 여러 가지 불릿 기호뿐만 아니라 특수 문자 혹은 그림으로도 설정할 수 있습니다. [번호 매기기]는 아라비아 숫자, 알파벳, 원문자, 로마자 등으로 순서를 매겨서 표현할 수 있습니다.

좀 더 세련되고 또렷하게 넘버링을 매겨주고 싶을 때는 After 슬라이드처럼 직접 도형을 이용하는 것이 좋습니다. [홈] 탭의 [그리기] 영역에서 [도형]의 [타원] ○을 클릭합니다. 그런 다음 Shift를 눌러 정원을 만들고 숫자가 들어갈 도형을 그려준 다음 도형 채우기 색은 짙은 색으로, 텍스트는 밝은 색으로 지정합니다. 원 안에 숫자는 원 안에 꽉 차도록 글자 크기를 크게 만드는 것이 좋으며 숫자의 위치도 원의 가운데 오도록 하는 것이 보기에 좋습니다. 번호 매기기 기능으로 제작된 것보다 도형으로 표현되어 훨씬 넘버링이 강하게 표현되어 한눈에 파악이 잘 됩니다.

Power TIP 도형을 복제하는 여러 가지 방법

❶ 단축키 Ctrl+C / Ctrl+V를 이용합니다.
❷ Ctrl+Shift를 누른 채 도형을 드래그 합니다.
❸ Ctrl+D를 이용해 복제 붙여넣기를 한 번에 처리할 수도 있습니다.
  Ctrl+D를 이용하면 개체의 복사뿐만 아니라 일정한 간격을 유지하며 복제가 가능하다는 장점이 있습니다.

슬라이드의 핵심 문구를 강조하려면?
워드아트를 사용하여 꾸며 보세요

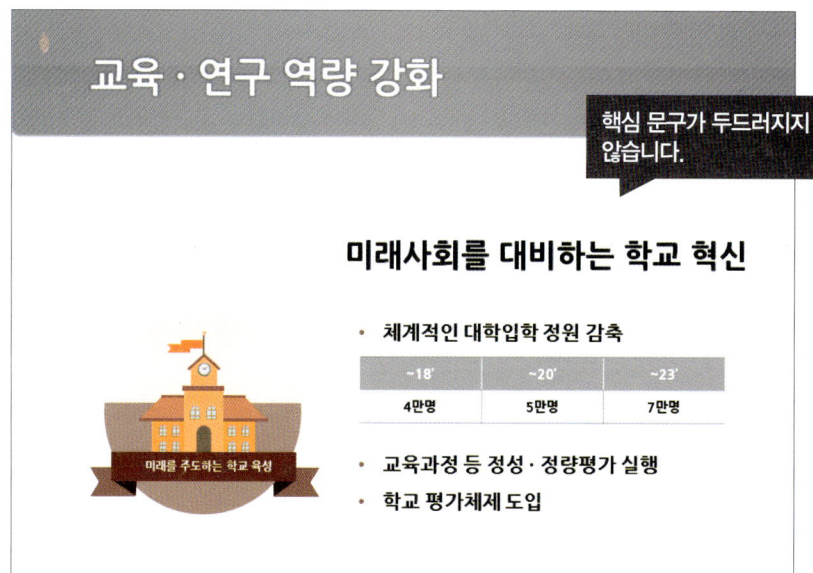

Technique
- 슬로건, 핵심 주장 등의 문구를 다른 텍스트와 차별화 시킬 수 있는 방법을 알아봅니다.
- 워드아트를 이용하여 글자를 강조하는 방법을 알아봅니다.

강조할 텍스트는 워드아트로

일반 텍스트는 객관적인 사실의 나열, 데이터의 표현에 사용됩니다. 하지만, 주의를 집중시켜야 할 슬로건이나 핵심 주장을 전체 본문과 유사한 형식으로 표현할 경우 눈에 띄지 않을 수도 있습니다. 이런 문제를 해결하는 방법으로 워드아트를 들 수 있습니다.

Before 슬라이드처럼 핵심 문구를 고딕체, 글자 크기 24pt 이상으로 설정했지만 그것만으로는 표현의 한계가 있는 경우가 있습니다. 핵심 문구를 돋보이게 하거나 청중들에게 강하게 어필해야 하는 경우에는 After 슬라이드처럼 글자에 장식적인 요소를 추가하여 좀 더 눈에 띄게 만들어야 합니다. [홈] 탭의 [글꼴] 영역에서 설정할 수 있는 표현의 한계를 넘어 더 다양한 장식을 주고자 할 때는 워드아트를 이용하면 됩니다.

워드아트를 이용하면 글자에 테두리 넣기, 그림자 효과, 반사 효과, 입체 효과 설정, 변환 등 텍스트를 다양하게 꾸밀 수 있습니다. 워드아트는 글자를 세련된 텍스트로 만들어 주어 제목 텍스트, 강조 텍스트에 많이 활용되지만, 슬라이드에 워드아트를 너무 많이 사용하게 되면 강조로서의 기능이 떨어지게 됩니다. 과유불급이라는 말이 있듯이 꼭 필요한 곳에 적절히 사용하는 것이 좋습니다.

텍스트 상자를 이용하여 글자를 입력하고 리본 메뉴의 [그리기 도구]-[서식] 탭에서 [WordArt 스타일]을 살펴보면 다양한 WordArt 효과를 볼 수 있습니다. 파워포인트에서 미리 만들어 놓은 스타일을 이용할 수도 있으며, [텍스트 채우기], [텍스트 윤곽선], [텍스트 효과] 메뉴를 이용하여 직접 꾸며줄 수도 있습니다.

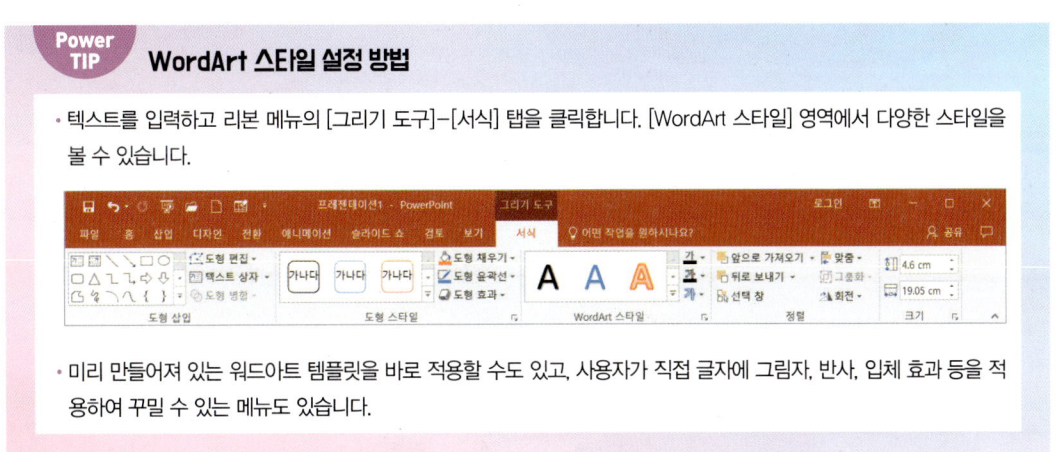

Power TIP — WordArt 스타일 설정 방법

- 텍스트를 입력하고 리본 메뉴의 [그리기 도구]-[서식] 탭을 클릭합니다. [WordArt 스타일] 영역에서 다양한 스타일을 볼 수 있습니다.

- 미리 만들어져 있는 워드아트 템플릿을 바로 적용할 수도 있고, 사용자가 직접 글자에 그림자, 반사, 입체 효과 등을 적용하여 꾸밀 수 있는 메뉴도 있습니다.

11

긴 문장으로 표현된 내용을 간결하게 표현하려면?
핵심 단어를 뽑아서 나열하세요

워크숍 목적

> 서술형 문장은 프레젠테이션에서 사용해선 안 됩니다.

나라별 우호증진과 공동의 문제를 획기적으로 해결하기 위한 교류의 장이 되길 바라는 차원에서 각국 주재관들이 모여 진행을 했으며 그에 따른 주요 평가와 적극적 문화 교류를 통한 시너지 확대를 도모하고자 함

워크숍 목적

> 키워드만 뽑아 워크숍 목적이 뚜렷하게 표현되었습니다

- 각국 나라별 우호증진
- 공동 문제를 위한 대책 강구
- 적극적 문화 교류를 통한 시너지 확대

Technique
- ▶ 긴 문장의 글은 청중이 읽지 않습니다.
- ▶ 서술형이 아닌 명사형으로 텍스트를 축약하는 방법을 살펴봅니다.

키워드를 찾아내세요

프레젠테이션 슬라이드를 만들면서 우리가 명심해야 하는 점은 "문장 그대로 사용하는 슬라이드"가 아닌 "요약된 슬라이드"로 만들어야 한다는 것입니다. 프레젠테이션용 문서는 발표 내용을 "시각적"으로 보여주는 자료이므로 최대한 핵심이 부각되게 작성해야 합니다. 서술형으로 길게 작성한 PPT는 청중이 읽을 수도 없으며, 만약 읽게 된다면 발표자의 발표 내용에 집중하지 못할 것입니다.

키워드를 찾아내야 합니다. 파워포인트 문서를 잘 만들고 싶다면 끊임없이 문장 내에서 "키워드"를 찾아내는 연습을 해야 합니다. 프레젠테이션 초보자들이 처음에 파워포인트를 만들 때는 일반적으로 Before 슬라이드처럼 서술형 텍스트를 가득 적습니다. 그러다가 차츰 발표 경험이 많아지게 되면, 텍스트가 간결해져야 발표하기에도 편하다는 것을 스스로 느끼게 됩니다.

Before 슬라이드의 문장 속에서 핵심 부분은 "각국 나라별 우호증진", "공동 문제 해결", "적극적 문화 교류" 정도로 축약하고 나머지 문장은 모두 지워야 합니다. 더욱 간결한 문장을 표현하기 위해서 불필요한 내용 즉, 서술형 어미, 조사 등도 과감하게 생략해 줍니다. 이렇게 되면 발표자가 말하고자 하는 내용이 명확해 집니다.

처음에는 내용 줄이기가 어려울 수 있습니다만, 지속적인 연습과 관심으로 가능해 지리라 생각합니다.

12 회사 연혁을 보기 좋게 표현하는 방법이 없을까요?
주요 년도별로 구분선을 넣어 보세요

A 기업 회사 연혁

- 1986. 03   KS 마크 획득
- 1996. 06   GOOD DESIGN 마크 획득
- 2000. 02   00백화점 본점 문화홀 관람석 제작 설치
- 2002. 01   00운동장 리모델링 관람석의자 제작 설치
- 2003. 08   00문화홀 수납식 관람석 제작 설치
- 2004. 02   00경기장 관람석의자 제작 설치
- 2005. 08   (주)00 인터내셔날로 법인전환
- 2006. 01   K기업 대강당 관중석 제작 설치
- 2007. 04   00경기장 의자 안전장치 부착
- 2009. 04   국내최초 인바디 체어 개발
- 2010. 04   시설관리공단 공동개발 협정서 체결
- 2015. 01   유럽 체육관 시설 수출
- 2016. 08   제품 특허 출원

> 정보가 너무 많아 읽을 수가 없습니다.

A 기업 회사 연혁

2000~ 2016
- 2016.08 · 제품 특허 출원
- 2015.01 · 유럽 체육관 시설 수출
- 2010.04 · 시설관리공단 공동개발 협정서 체결
- 2009.04 · 국내최초 인바디 체어 개발
- 2007.04 · 00경기장 의자 안전장치 부착
- 2006.01 · K기업 대강당 관중석 세삭 설치
- 2005.08 · (주)00 인터내셔날로 법인전환
- 2004.02 · 00경기장 관람석의자 제작 설치
- 2003.08 · 00문화홀 수납식 관람석 제작 설치
- 2002.01 · 00운동장 리모델링 관람석의자 제작 설치
- 2000.02 · 00백화점 본점 문화홀 관람석 제작 설치

1990 年代
- 1996.06 · GOOD DESIGN 마크 획득

1980 年代
- 1986.03 · KS 마크 획득

> 10년 간격으로 구분선을 넣어주어 정돈이 잘 되었습니다.

Technique
▶ 회사 연혁과 같이 길게 표현되는 텍스트는 중간에 구분선을 넣어 쉬어가도록 합니다.
▶ 선 도형의 굵기 설정 방법을 살펴봅니다.

중간에 구분선을 넣어 보세요

회사 소개 자료를 만들 때 꼭 빠지지 않는 페이지가 회사 연혁 소개입니다. 오랜 경험과 노하우로 다져진 회사의 업적들을 보여 줌으로써 어떤 과제가 맡겨져도 문제없이 해결할 수 있다는 자신감과 신뢰감을 보여주기 좋은 페이지이기 때문입니다.

신생 회사라면 보여줄 업적이 얼마 없겠지만, 10년 이상된 회사의 경우 보여줄 업적은 엑셀 표로 만들어도 빽빽할 것입니다. 그들을 다 보여주기에는 슬라이드의 면적이 너무 협소하므로 굵직한 업적만 뽑아서 보여주는 것이 좋습니다. 하지만 10~15개 정도로 뽑아놓은 리스트를 위와 같이 나열하게 되면 글자 크기가 작고 내용이 많아 청중들이 보기 힘듭니다.

10개 이상의 리스트를 나열해야 할 경우 중간에 쉬어가는 구분선을 넣어 보세요. 비슷하게 생긴 데이터를 읽어 내려갈 경우 눈이 피로해지기 쉽고, 읽어 내려가다 방향성을 잃어 어디까지 읽었는지 헷갈릴 때도 있습니다. 이럴 때 구분선을 넣어 주면 눈이 잠시 쉴 수 있는 휴게소의 역할을 하게 되는 것이죠.

After 슬라이드에서는 구분선을 넣는 기준을 년도별로 잡았습니다. A사의 업적을 80년대, 90년대 그리고 2000년대로 나누어 놓고 보니, 창업 초창기 보다 2000년대에 더 많은 성장을 했음을 알 수 있습니다. 이렇듯 단순한 구분선을 넣어줌으로써 회사가 점점 성장하고 있다는 메시지를 더 강조할 수 있기 때문에 아주 효과적입니다.

만약 최근 회사의 성장이 하락세일 경우에는 회사 업적을 10개 단위로 나눠서 구분선을 넣어주는 방식을 채택하면 됩니다.

Power TIP — 선 두께 설정하기

❶ [홈] 탭의 [그리기] 영역에서 [도형]의 [선] 을 선택하고, [Shift]를 누른 채 드래그하여 긴 수평선을 그어줍니다.

❷ [선]을 선택하고 [홈] 탭의 [그리기] 영역에서 [도형 윤곽선]의 [두께]를 3/4pt로 얇게 설정합니다.

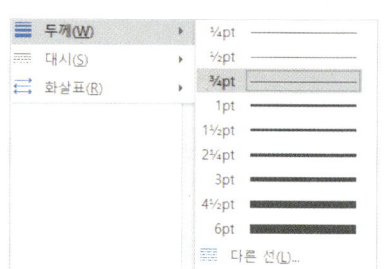

❸ 다시 짧게 수평선을 그리고 선의 두께를 $2\frac{1}{4}$pt로 설정하여 년도 아래에 배치합니다. 선의 두께 차이로 마치 표의 셀이 나눠진 듯한 효과를 볼 수 있습니다. 만약 원하는 선의 두께 값이 없으면 [다른 선]을 선택하여 원하는 값으로 설정하면 됩니다.

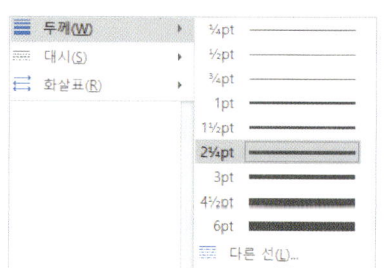

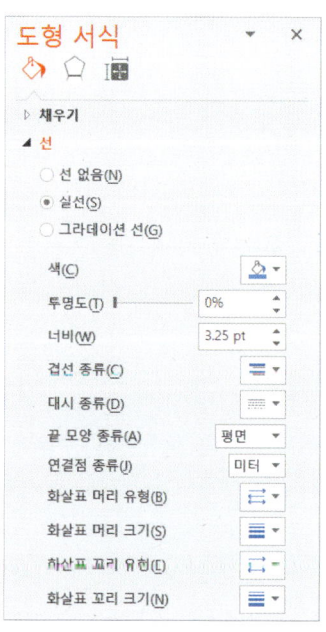

CHAPTER 2

논리 시각화는
도해로

프레젠테이션의 목적은 청중들에게 자신의 의견/의사를 효과적으로 전달하거나 설득하는 것입니다. 발표 단상에 올라갈 때 파워포인트로 제작된 시각적인 보조 자료를 이용하면 발표 내용의 순서를 잊지 않게 해준나든시, 발표 내용의 근거 자료를 보여주먼시 발표의 양괴 질을 높여줄 수 있습니다. 하지만 이러한 시각적인 보조 자료가 효과적으로 잘 만들어지지 못했을 경우에는 오히려 발표에 방해가 될 수도 있다는 점을 간과하면 안 됩니다.

시각화, 도해화, 도식화를 통해 주제 내용이 효과적으로 전달될 수 있도록 제작해야 합니다. 이를 가능하게 해주는 파워포인트 기능 중 대표적인 것은 '도형'입니다.

이번 장에서는 도형의 올바른 사용으로 효과적인 내용을 전달할 수 있도록 도해의 구성 방법, 시선의 흐름, 그리고 색상의 선택 방법 등을 살펴보겠습니다.

01 내용이 너무 많아 메시지 전달이 잘 안 돼요
한 슬라이드에는 하나의 메시지만 전달하세요

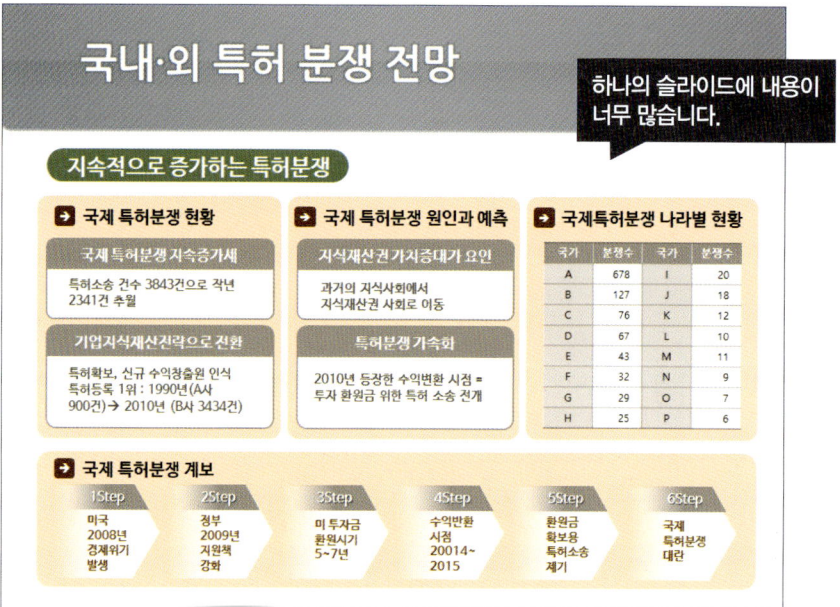

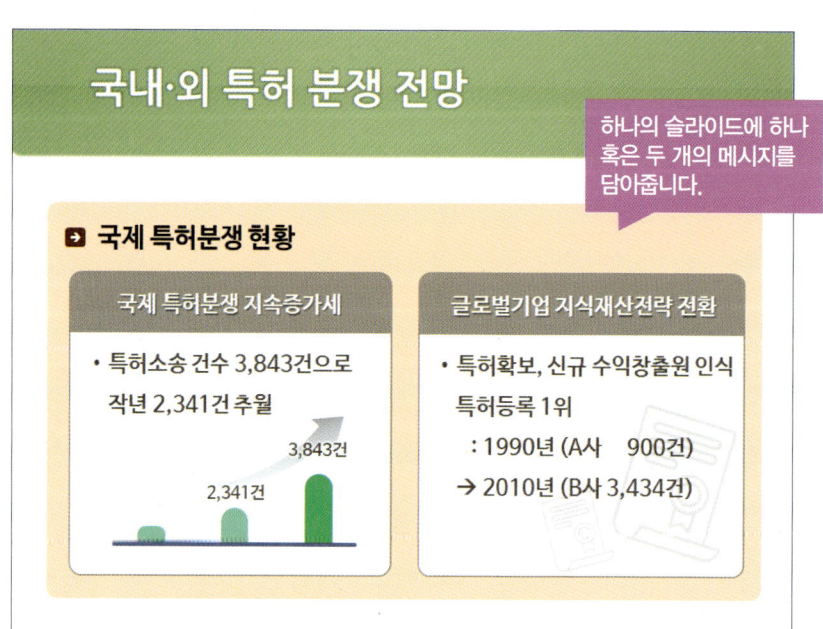

| Technique | ▶ 1 Slide, 1 Message 원칙을 지킵니다.
▶ 내용이 많을 경우 두 개의 슬라이드로 나누세요. |

1 slide, 1 Message

학위 논문, 정책 브리핑, 영업 사원 프레젠테이션 등 각 분야에서 발표 자료를 만드는 사람들의 공통적인 고민 중에 하나가 콘텐츠는 많은데 삭제할 정보가 없다는 것입니다. 공들여 연구한 데이터들, 힘들게 구한 자료들을 묵혀두기 너무 아까워 발표할 때 잠깐이라도 언급하고 싶은 욕심이 생기기 마련입니다.

학술 논문 발표 같은 경우에는 난해한 공식과 설계도가 들어 있는 복잡한 40여 장의 슬라이드, MBA 과정 학생들은 영문으로 된 내용의 30여 장 슬라이드, 경영 컨설턴트들은 200여 장의 발표문을 만든다고 합니다. 이렇게 많은 내용을 효과적으로 전달하기 위해서는 어떻게 해야 할까요?

여기에 대한 답은 1 Slide, 1 Message입니다. 한 슬라이드에 하나의 핵심 메시지를 넣어 그 주제만 정확하게 전달하는 것입니다. 하나의 슬라이드에 하나의 주제를 담기 어렵다면 슬라이드에 최대 두 개의 내용을 담아 보세요.

Before 슬라이드에는 4개의 주제가 한 슬라이드에 들어가 너무 복잡한 반면에 After 슬라이드에서는 주제를 2개만 넣어주어 전달 내용이 명확해지고 발표자가 전달하기 훨씬 쉬워집니다.

욕심 때문에 준비한 자료를 버리지 못하고 하나의 슬라이드에 꽉 채워 담게 되면 발표할 때 시간이 부족한 것은 물론이고, 받아들이는 청중이 이해하기 어렵다는 것을 염두에 두시기 바랍니다. 그 외에도 슬라이드에 담지 못한 내용은 유인물로 배포하는 것이 좋습니다.

도형을 보기 좋게 정렬할 수 있나요?
맞춤 및 정렬 기능을 이용해 보세요

정렬이 안 맞아서 미완성의 느낌을 줍니다.

출제관리종합시스템 구축 완료

● 수험생 만족도 UP & 시험 신뢰도 제고

- 문제은행 관리
  - 한 층 완성도 높은 문제 출제 및 선정
  - 문제 출제 · 선정 및 편집 과정 전산화
- 시험위원 관리
  - 시험위원 발굴, 문제 질 향상 등
  - 시험위원 명부 자동 생성
- 시험문제 편집
  - 출제 프로그램 이용 문제 출제
  - 출제 부수 업무 One Stop 처리

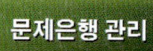

도형의 정렬이 맞아 발표 내용의 신뢰도까지 올려줍니다.

출제관리종합시스템 구축 완료

● 수험생 만족도 UP & 시험 신뢰도 제고

- 문제은행 관리
  - 한 층 완성도 높은 문제 출제 및 선정
  - 문제 출제 · 선정 및 편집 과정 전산화
- 시험위원 관리
  - 시험위원 발굴, 문제 질 향상 등
  - 시험위원 명부 자동 생성
- 시험문제 편집
  - 출제 프로그램 이용 문제 출제
  - 출제 부수 업무 One Stop 처리

Technique
▶ 가지런히 정돈된 도해는 신뢰도까지 올려줍니다.
▶ 도형의 정렬 기능에 대해 알아봅니다.

깔끔하게 보기 좋게 배치해 보세요

발표자는 내용에 대한 전문성을 가져야 하고 청중에게 이해를 시키거나 설득시킬 수 있도록 목소리 톤이나 제스처 등으로 신뢰감을 증폭시켜야 합니다. 모든 것이 완벽하게 갖추어졌어도 발표 슬라이드의 도해들이 가지런히 정돈되어 있지 않거나 대충 만든 느낌을 주게 된다면 아무리 멋진 언변으로 발표를 한다고 해도 신뢰도는 떨어질 수밖에 없습니다. 왜 그럴까요? 사람의 판단은 시각에 많이 지배를 받기 때문입니다.

Before 슬라이드처럼 정돈이 안 된 슬라이드를 보며 청중들은 의례 "아! 저 프레젠터가 발표 준비를 하면서 시간이 많이 부족했나보다. 그럼 발표하는 저 자료는 제대로 조사한 게 맞을까?" 이렇게 생각을 하겠지요. 그렇기 때문에 정렬은 단순한 기능이지만 발표의 성패를 좌우할 수 있는 아주 중요한 기능입니다.

도형이나 개체들의 정렬을 할 수 있는 메뉴는 [홈] 탭의 [그리기]-[정렬]에서 볼 수 있습니다. 파워포인트의 개체 정렬은 개체의 중심과 끝을 기준으로 정렬됩니다. 여러 개의 개체를 Shift 를 눌러 동시 선택하고 [정렬] 메뉴로 들어가서 [왼쪽 맞춤], [가운데 맞춤], [오른쪽 맞춤]으로 수평 정렬을 할 수 있고, [위쪽 맞춤], [중간 맞춤], [아래쪽 맞춤]으로 수직 정렬을 할 수 있습니다. 그리고 [가로 간격을 동일하게]와 [세로 간격을 동일하게]를 이용하여 선택된 개체들의 배분 설정을 할 수 있습니다.

Power TIP

- 만약 1개의 개체를 선택했다면, 정렬 기준은 선택된 개체가 아니라 '슬라이드'와 개체를 중심으로 작동합니다.
- [가로 간격을 동일하게], [세로 간격을 동일하게]와 같은 배분 기능은 3개 이상의 개체를 선택했을 때만 작동합니다.

정렬로 완성도를 높일 수 있나요?
맞춤 정렬 기능은 프레젠테이션의 기본입니다

Technique
▶ 맞춤이 잘되어야 완성도가 높아집니다.
▶ 도형의 정렬 기능에 대해 알아봅니다.

맞춤 정렬로 깔끔하게!

'보기에 좋은 떡이 맛도 좋다'는 속담이 있습니다. 프레젠테이션에서는 '보기 좋은 슬라이드가 성공적인 발표를 만든다'라고 빗대어 말할 수 있겠지요. 발표자 모두 멋지고 세련된 디자인의 슬라이드를 만들 수 있으면 얼마나 좋겠습니까마는 그러지 못하니 우리가 할 수 있는 최선을 다해야 합니다. 즉 세련된 색감이나 도해는 만들지 못할 지라도 간단한 도형들의 간격과 정렬이라도 각을 맞춰 정돈된 슬라이드를 제작할 수 있다면 완성도를 올릴 수 있을 것입니다.

Before 슬라이드에는 모서리가 둥근 직사각형, 평행 사변형, 그림 등 다양한 개체가 포함된 슬라이드입니다. 각 개체끼리 정렬 및 배분이 이뤄지지 않아 산만하고 어지러운 인상을 주고 있습니다. 슬라이드에서 정렬은 매우 중요합니다. 정돈되지 않은 도형들은 산만한 인상뿐만 아니라 내용의 진실성까지 의심받게 할 수 있습니다.

After 슬라이드에서는 제일 위에 위치한 제목 도형부터 제일 아래에 위치한 평행 사변형까지 간격을 동일하게 맞추었고, 그림과 평행 사변형의 아랫선도 맞추어 전체적인 균형과 안정감을 줍니다. 정렬이 흐트러지거나 안정감이 느껴지지 않은 배치는 보는 사람으로 하여금 불안감을 느끼게 하므로 슬라이드를 제작할 때 항상 정렬 및 배분에 신경을 써야 합니다.

SPECIAL Page

도형의 맞춤 및 배분 정렬하기

슬라이드에 삽입하는 도형, 텍스트, 그림 등을 보기 좋게 배치하기 위해 정렬을 맞출 필요가 있습니다. 파워포인트의 눈금선 기능과 맞춤 및 배분 정렬 기능을 이용하면 됩니다.

눈금선 이용하기

도형이나 글자를 가지런히 할 때 아무런 잣대도 없이 배치하기는 어렵습니다. 파워포인트에서 자 대신 사용할 수 있는 것이 눈금선인데, 눈금선을 보이게 하는 방법은 간단합니다. [보기] 탭의 [표시] 영역에서 '눈금선'을 체크하면 슬라이드에 눈금선들이 나타나면서 기준선을 잡아 줄 수 있습니다.

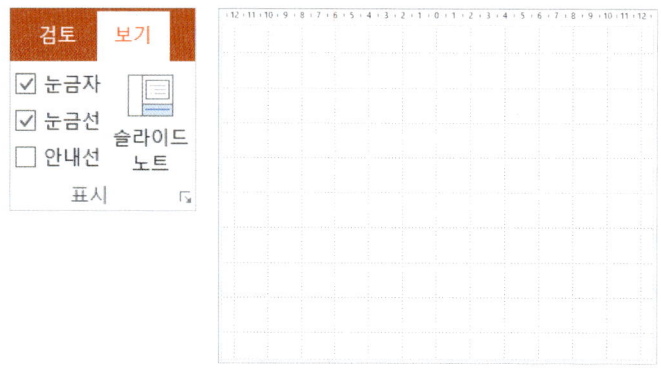

맞춤 정렬하기

두 개 이상의 개체를 수평 정렬, 수직 정렬시키고 싶을 때 파워포인트의 맞춤 기능을 사용하면 편리합니다. 정렬하고자 하는 개체들을 Shift 를 이용하여 동시 선택하고 [홈] 탭의 [그리기] 영역에서 [정렬]-[맞춤]에서 명령을 선택합니다.

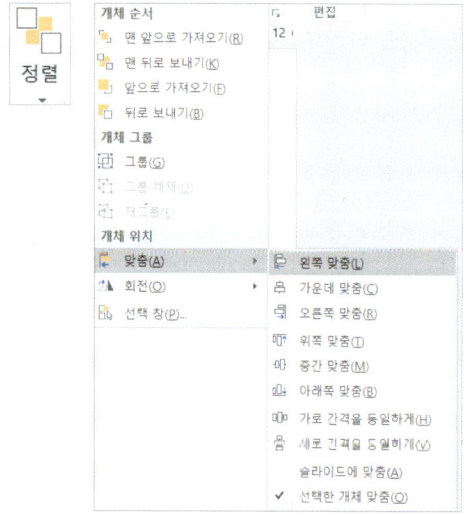
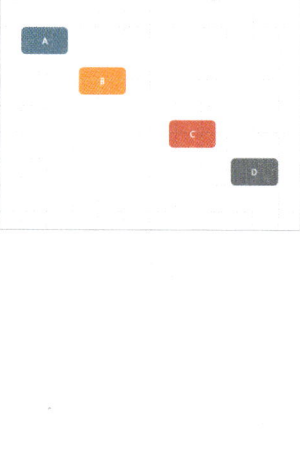

[왼쪽 맞춤]   [가운데 맞춤]   [오른쪽 맞춤]

[위쪽 맞춤]   [중간 맞춤]   [아래쪽 맞춤]

배분 정렬하기

세 개 이상의 개체를 가로 간격 혹은 세로 간격을 동일하게 띄우고 싶을 때 파워포인트의 배분 기능을 사용하면 편리합니다. 정렬하고자 하는 개체들을 Shift 를 이용하여 동시 선택하고 [홈] 탭의 [그리기] 영역에서 [정렬]-[맞춤]에서 명령을 선택합니다.

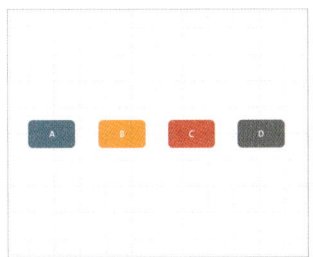 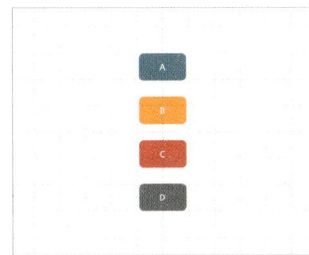

[가로 간격을 동일하게]   [세로 간격을 동일하게]

제목이 잘 보이게 하려면 어떻게 해야 하나요?
도형 안에 글자를 넣어 보세요

베트남 정부의(교통) 인프라 투자 유치 방안

- **투자관련 법규정비**
    - BOT 등에 관한 시행령 개정
    - 관련 모델 도입 검토
- **외국인 투자 유치 목록 발표**
    - 주요 인프라 사업 목록
    - 외국인 투자 유치 희망 목록

> 소제목과 내용의 구분이 뚜렷하지 않아 자칫 같은 레벨의 내용으로 오해하기 쉽습니다.

베트남 정부의(교통) 인프라 투자 유치 방안

투자관련 법규정비
- BOT 등에 관한 시행령 개정
- 관련 모델 도입 검토

외국인 투자 유치 목록 발표
- 주요 인프라 사업 목록
- 외국인 투자 유치 희망 목록

> 소제목을 도형으로 둘러싸 내용과 구분을 확실히 시켜주었습니다.

Technique
▶ 도해의 기본인 둘러싸기를 이용하여 글자를 독립된 정보로 분리합니다.
▶ 제목 박스로 많이 사용되는 도형을 살펴봅니다.

제목에 주목시키고 싶을 때는 도형을 사용해 보세요

도해의 가장 기본적인 유형은 '둘러싸기, 연결하기, 배치하기'입니다. 이를 복합적으로 적용하면 아무리 복잡한 개념도 효과적으로 표현할 수 있습니다. 도해 기본 유행 첫 번째인 '둘러싸기'는 텍스트를 도형 안에 넣음으로써 그 텍스트가 의미하는 바가 하나의 독립된 요소임을 표현하는 방법입니다. 이때 사용되는 도형에는 원, 사각형, 삼각형 등 다양합니다.

Before 슬라이드에 소제목으로 사용된 '투자관련 법규정비'와 '외국인 투자 유치 목록 발표'는 그 아래 나오는 설명 부분과는 구별되어야 하기 때문에 글머리 기호를 생략하는 것이 좋습니다. 글머리 기호를 내용과 같이 붙여놓으면 자칫 같은 레벨의 내용으로 오해되기 쉽습니다.

After 슬라이드에는 제목 부분에 글머리 기호 대신 사각형 도형 중 [모서리가 둥근 직사각형]을 사용하여 강조했고, 내용 부분 역시 [모서리가 둥근 직사각형]을 이용하여 텍스트 부분을 엮어 주었습니다. 이렇게 도형으로 내용을 박스 처리하게 되면 청중의 시선이 박스 안쪽에 머무르게 되어 내용에 더욱 집중하게 되고, 박스를 두 개 사용함으로써 두 개의 주제가 제시되고 있다는 점이 명확하게 됩니다.

둘러싸기에 많이 활용되는 도형은 사각형 계열 중 [모서리가 둥근 직사각형]이 있습니다. 사각형에 약간 곡선의 느낌을 주어 딱딱한 사각형의 슬라이드에 부드러움과 유연함을 덧붙여 직선과 곡선의 조화를 부여할 수 있기 때문입니다.

[모서리가 둥근 직사각형]을 가로로 길게 그리고, 도형을 선택했을 때 나타나는 [모양 조절 핸들] ◯ 을 드래그해 모서리의 둥근 정도를 조절할 수 있습니다.

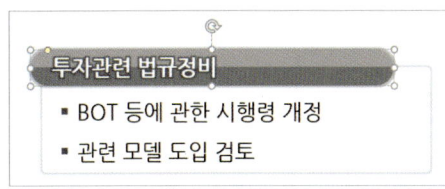

05

제목과 내용의 구분을 확실하게 하려면?
도형 안에 글자를 넣어 보세요

프레젠테이션 프로세스

1. 기획 — 주제선정과 목적의식 / 청중분석 및 자료수집
2. 제작 — 시각자료 / 디자인과 제작
3. 실행 — 리허설 / 발표 및 피드백

> 제목과 내용의 구분이 잘 안됩니다.

프레젠테이션 프로세스

1. 기획 — 주제선정과 목적의식 / 청중분석 및 자료수집
2. 제작 — 시각자료 / 디자인과 제작
3. 실행 — 리허설 / 발표 및 피드백

> 도형으로 둘러싸 제목과 내용의 구분이 잘 됩니다.

Technique
▶ 도해의 기본인 둘러싸기를 이용하여 제목과 내용을 독립된 정보로 분리합니다.
▶ 접힌 듯한 효과를 표현하는 방법에 대해 알아봅니다.

다양한 도형 표현으로 제목과 내용을 구분지어 보세요

슬라이드에는 핵심이 되는 제목이 있고 제목에 속해 있는 내용이 있을 것입니다. 제목과 내용의 수준에 맞게 표현을 해야 제목과 내용 구분이 정확하게 생길 수 있는데 오로지 텍스트로만 표현하면 구분이 생기지 않습니다. 그럴 때는 도해를 이용해 보세요.

Before 슬라이드는 텍스트로 프레젠테이션 프로세스를 표현한 것입니다. 기획, 제작, 실행 순으로 나열되어 있기는 하지만 단락 구분이 명확하게 표현되지 않아 내용을 읽을 때, 가로로 세 단락이 나눠진 것이 아니라, 세로로 두 단락이 나눠진 것처럼 잘못 읽을 가능성도 있습니다. 내용의 구분을 선 혹은 면을 이용하여 구분시켜주는 것이 좋습니다.

After 슬라이드는 **도형을 넣어주어 프로세스 단계마다 구분이 될 수 있도록 표현**했습니다. 각 단계마다 제목 도형의 채우기 색과 내용이 들어가는 박스의 윤곽선 색을 매치시켜 하나의 연속된 내용임을 표현했습니다. 숫자와 제목을 구분하기 위해서 선을 대각선으로 그어주었고, 그라데이션이 채워진 삼각형을 올려서 마치 접힌 듯한 느낌을 주었습니다.

Power TIP 접힌 느낌의 효과 만들기

❶ 사각형 도형을 그립니다. 도형의 면색을 단색으로 채웁니다.
❷ 삼각형 도형을 그립니다. 위 사각형을 채웠던 색에서 짙은 색으로 이어지는 그라데이션 색을 채우고, 두 도형을 겹쳐주면 마치 종이가 접힌 듯한 표현을 할 수 있습니다.

06 고객의 의견을 전달하려면?
말풍선을 사용해 보세요

고객의 소리

현장감이 느껴지지 않아요.

A 고객   "기능이 복잡해요. 필요한 기능만 요약해서 알려주면 좋겠어요."

B 고객   "디자인은 좋아졌는데 새롭게 업그레이드 된 기능이 없네요."

고객의 소리

고객이 실제로 말하는 느낌을 줍니다.

기능이 복잡해요. 필요한 기능만 요약해서 알려주면 좋겠어요.

A 고객

디자인은 좋아졌는데 새롭게 업그레이드 된 기능이 없네요.

B 고객

※ Icon made by Freepik from www.flaticon.com

Technique
▶ 고객의 의견 즉 현장감을 전달할 때 말풍선을 사용합니다.
▶ 말풍선 도형을 그리는 방법을 살펴봅니다.

고객의 목소리는 말풍선으로 표현하세요

말풍선은 대사 전달이나 고객의 의견 등을 전달할 때 현장감을 주어 설득력을 갖게 하는 방법으로 많이 사용됩니다. 이 방법을 사용하면 자칫 경직되고 무거운 분위기로 흐를 수도 있는 발표 시간의 긴장을 풀어주고 청중을 보다 집중할 수 있게 만들어 줍니다. Before 슬라이드는 오로지 텍스트로 표현되어 고객의 소리가 전달되는 힘이 약하고, 서체도 고딕체라서 가독성은 높지만 고객들의 불만이 섞인 감정이 전혀 느껴지지 않아 현실감이 떨어집니다. 이런 경우에는 말풍선 도형을 사용해 보세요.

After 슬라이드는 말풍선과 손글씨체를 사용하여 현실감을 잘 표현했습니다. 게다가 사람의 아이콘을 넣어주고 거기서 말풍선이 나오게 연출하여 실제 말하는 듯한 이미지를 연출함으로써 내용 전달을 더 쉽게 해줍니다. 이런 표현 외에도 소비자의 의견을 사실적으로 전달하기 위해 포스트잇에 손글씨를 쓴 듯한 표현을 사용해도 효과적일 것입니다.

말풍선 도형은 [홈] 탭의 [그리기] 영역에서 [도형]–[설명선] 항목에서 찾을 수 있으며, [모양 조절 핸들] 을 이용하여 말풍선 꼬리의 방향을 바꿀 수 있습니다.

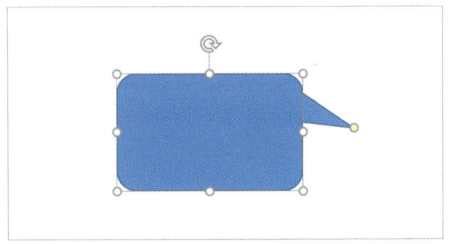

After 슬라이드에 사용된 캐릭터 일러스트는 인터넷에서 무료로 배포하는 아이콘 사이트, 픽토그램 사이트에서 손쉽게 구할 수 있습니다(4장 참고).

07
도형이 연속되는 느낌을 표현하려면?
화살표를 하나만 길게 이어 보세요

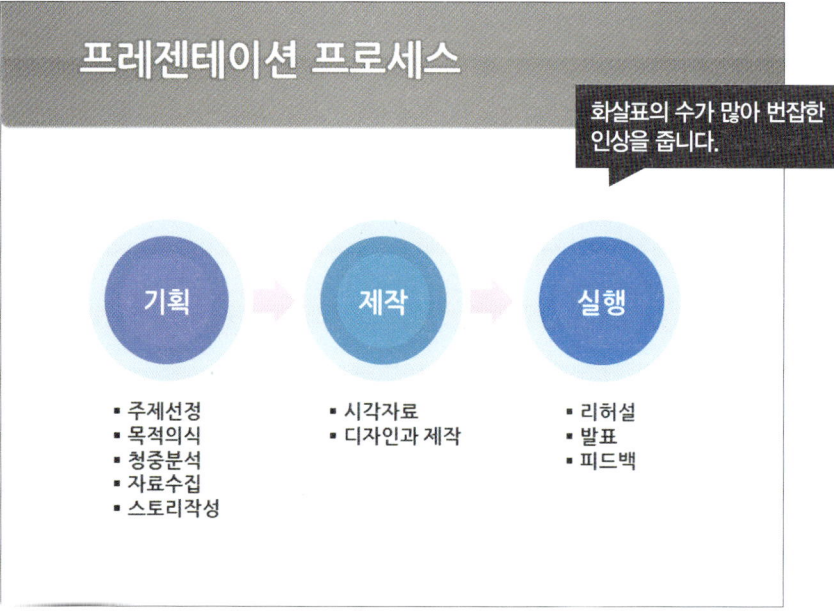

Technique
- 도해의 기본인 연결하기를 이용하여 연속성 표현을 극대화 합니다.
- 화살표로 시선의 흐름을 이끌어 갑니다.

연속성을 나타내고 싶을 때는 화살표 도형을 길게 사용해 보세요

도해의 가장 기본적인 유형은 '둘러싸기, 연결하기, 배치하기'입니다. 두 번째 '연결하기'는 독립된 요소들 간의 관계를 표현하는 방법으로 계층구조에서 상위 계층과 하위 계층을 연결하거나, 하나의 요소에서 여러 개의 요소들로 확산 수렴되는 것을 표현하거나, 시간의 흐름, 일의 진행 단계 등을 나타낼 때 방향성을 부여하거나, 반복적으로 순환되는 과정을 나타낼 때 사용됩니다.

Before 슬라이드에서 프레젠테이션의 제작 단계를 표현하기 위해 화살표 도형을 각각 넣어주었습니다. 연결하기 표현에 크게 잘못된 것은 아니지만 여러 개의 개체가 사용되어 전체적으로 슬라이드가 복잡하게 보입니다. 이 슬라이드에서 보여주고 싶은 것은 전체적인 흐름이므로 각 단계들 사이에 화살표를 각각 넣을 필요는 없습니다.

After의 화살표 도형을 살펴보면 화살표 하나를 길게 늘여주어 시원스럽게 보입니다. 그리고 왼쪽부터 오른쪽으로 자연스럽게 청중의 눈이 흘러갈 수 있도록 가이드 역할을 하는 것을 볼 수 있습니다. 아주 작은 차이지만 방향성을 나타내어야 한다면 Before 표현보다는 After의 표현이 훨씬 강렬하게 다가갈 수 있습니다.

화살표 도형의 색을 선택할 때도 고려해야 할 점이 있습니다. 슬라이드의 주제는 '기획, 제작, 실행'이라는 3단계이지, 화살표가 아닙니다. 화살표는 말 그대로 방향성을 제시해주면 그 역할을 다하는 것입니다. 그래서 주제가 되는 '기획, 제작, 실행'에는 컬러를 넣어주고, 화살표 도형은 무채색(회색)으로 주제 도형보다 눈에 띄지 않게 해주는 것이 좋습니다.

Power TIP 블록 화살표 조정하기

방향성을 나타낼 때에는 블록 화살표 도형을 자주 사용합니다. 다른 도형과 달리 블록 화살표에는 조절점이 많이 있습니다. 화살표 머리의 위치 바꾸는 조절점, 화살표 꼬리 두께 조절점, 굽은 화살표 휘어지는 반경 조절점 등 각 조절점들을 잘 다루면 다양한 표현이 가능합니다.

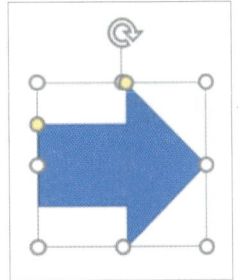 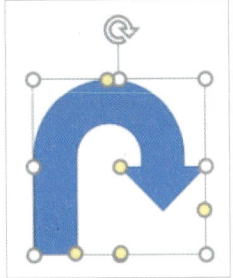 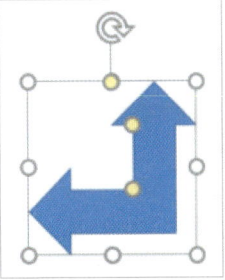 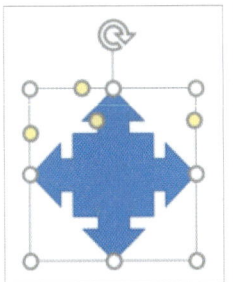

시선이 왼쪽에서 오른쪽으로 흘러가려면?
화살표와 색상의 명도 차이를 이용해 보세요

Technique
▶ 진행 단계를 표현할 때는 연결하기 유형 중 프로세스형 도해가 효과적입니다.
▶ 단계를 표현할 경우 명도 조절을 하여 옅은 색에서 짙은 색으로 시선이 옮겨가도록 합니다.

화살표 도형의 사용으로 진행사항을 표현해 보세요

Before 슬라이드에서 '교육과정 개발' 도해는 대등한 목록의 나열 혹은 발표 목차에 어울리는 도해라고 할 수 있습니다. 프로세스형 슬라이드에는 단순한 숫자 대신 방향성을 나타내는 도형을 사용하는 것이 좋은데 일반적으로 블록 화살표가 많이 사용되고, 그 외에도 오각형이나 갈매기형 수장 도형도 한쪽 부분이 뾰족하게 나와 있어 방향을 표시하기에 적당한 도형입니다.

After 슬라이드를 보면, 오각형, 갈매기형 수장 도형을 사용하여 왼쪽에서 오른쪽으로 시선이 흘러가도록 도해를 꾸몄습니다. 왼쪽 오각형 도형은 왼쪽 면이 직선으로 표현되어 Start의 느낌을 주고, 오른쪽 면은 뾰족하게 돌출되어 나와 있어서 오른쪽으로 진행됨을 나타내기에 효과적입니다. 그 다음에 나오는 갈매기형 수장은 왼쪽과 오른쪽 면이 뾰족하게 들어가거나 돌출되어 있어서 왼쪽과 오른쪽의 내용의 연속성을 나타내기에 좋습니다.

사람의 시선은 왼쪽에서 오른쪽으로, 위에서 아래쪽으로 흘러간다고 합니다. 색상의 경우 짙은 색은 옅은 색보다 시선이 오래 머무르기 때문에 짙은 색 도형에 중요한 내용이나 결과를 넣어 줘야 합니다. 그러므로 과정 개발 프로세스에서 옅은 색으로 출발하고 최종적으로 가야할 목적 부분에 짙은 색을 넣어주어 시선이 오른쪽으로 흘러가도록 표현해야 합니다.

영향의 확대를 나타내려면?
방사형 도해를 사용해 보세요

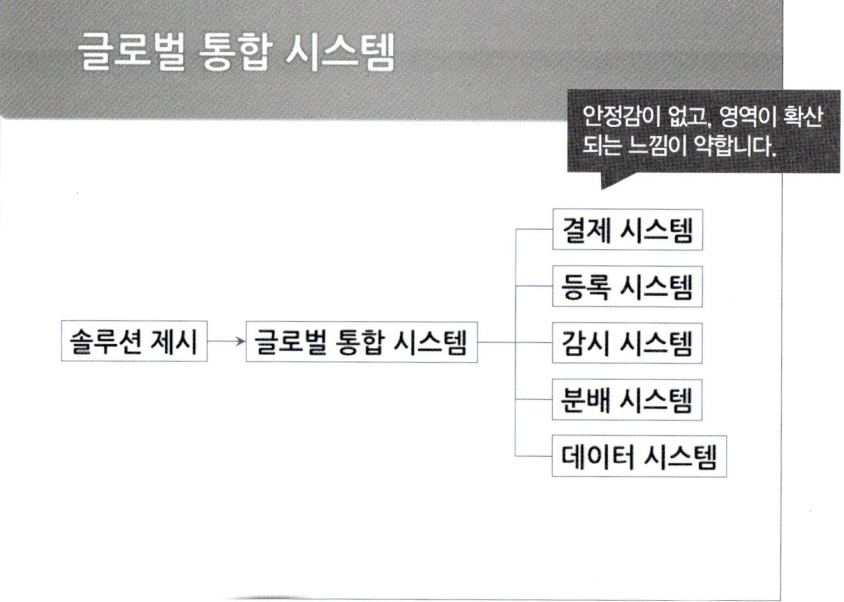

안정감이 없고, 영역이 확산되는 느낌이 약합니다.

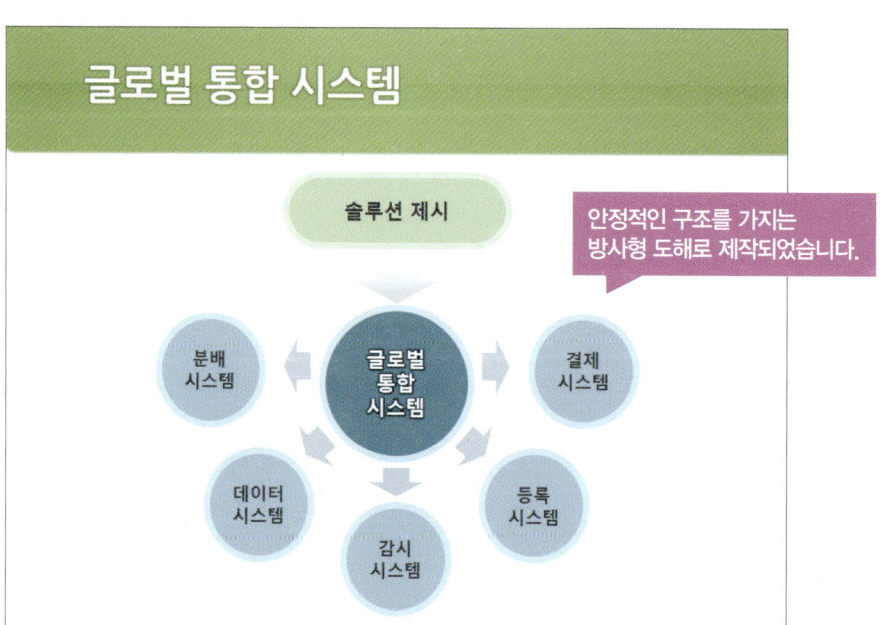

안정적인 구조를 가지는 방사형 도해로 제작되었습니다.

Technique
▶ 연결하기 유형 중 하나의 요소에서 여러 개의 요소로 확산하는 도해 표현을 살펴봅니다.
▶ SmartArt의 방사주기형 도해를 사용하여 표현해 봅니다.

방사형 도해로 여러 요소로 확산되는 표현을 해 보세요

Before 슬라이드에서는 도해의 기본 유형 '연결하기' 중 상위 계층과 하위 계층을 연결하는 계층형 도해로 제작되어 있습니다. 본 도해로도 상위 시스템에서 하위 시스템으로 영향력이 내려간다는 것이 표현되지만 상하관계의 표현에 더 가깝게 느껴집니다. 이것은 계층형 도해가 조직도에 많이 사용되어서 그렇게 느껴지기도 합니다. 중심 요소가 여러 개의 개별 요소에 영향을 미치는 내용의 슬라이드에서는 상하관계가 나타나는 계층형 도해보다는 확산의 개념이 더 강조될 수 있는 방사형 도해가 적당합니다.

또한 Before 슬라이드에 제시된 도해는 가로로 구조가 표현되어 전체 균형이 불안해 보입니다. 도해를 작성할 때 면적이 크고, 다수인 것이 아래쪽에 배치되도록 하는 것이 전체적으로 균형이 맞아 안정되어 보입니다.

방사형 도해는 중심 요소가 여러 개의 개별 요소에 영향을 미치는 관계를 표현합니다. After 슬라이드에서는 중앙에 있는 '글로벌 통합 시스템'이 주변에 있는 여러 가지 시스템 활성화에 영향을 미치는 방사형 도해로 표현하고 있습니다.

파워포인트에서는 SmartArt를 이용하여 방사형 도해를 손쉽게 제작할 수 있습니다. SmartArt로 제작하는 방법은 리본 메뉴 중 [삽입] 탭의 [일러스트레이션] 영역에서 [SmartArt]를 클릭하면 여러 가지 도해 범주가 나타납니다. 그 중 [주기형]을 선택하고 [분기 방사형]을 선택한 후 [확인] 버튼을 클릭하면, 바로 도해가 슬라이드에 삽입됩니다.

SmartArt를 선택하고 [SmartArt 도구]-[디자인] 탭의 [그래픽 만들기] 영역에서 [도형 추가]를 클릭하여 원하는 도해를 쉽게 제작할 수 있습니다.

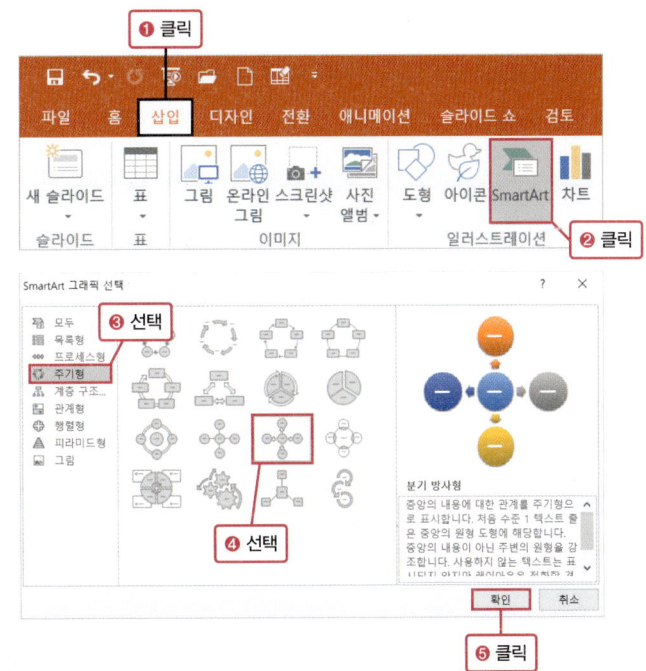

CHAPTER 2 • 논리 시각화는 도해로

복잡하게 얽힌 내용을 보기 좋게 하려면?
화살표로 시선의 흐름을 정리해 주세요

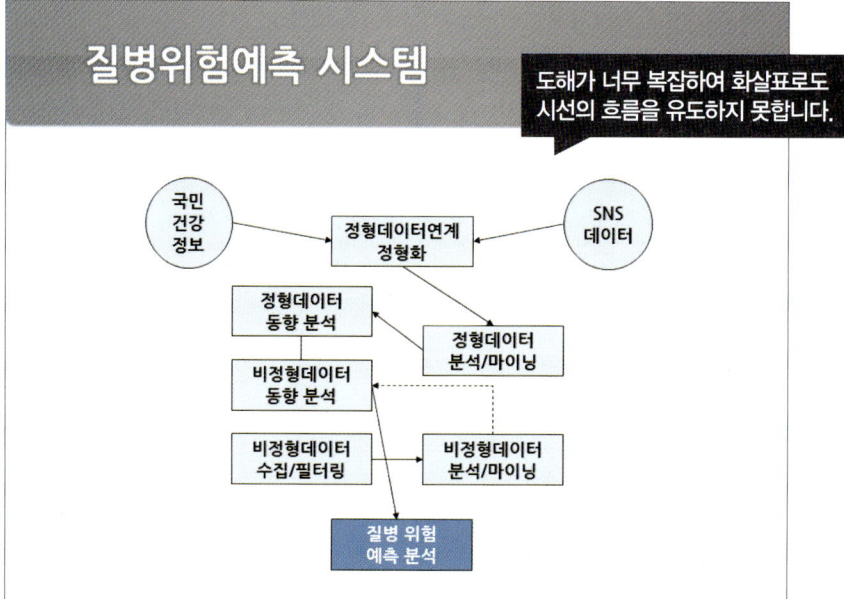

도해가 너무 복잡하여 화살표로도 시선의 흐름을 유도하지 못합니다.

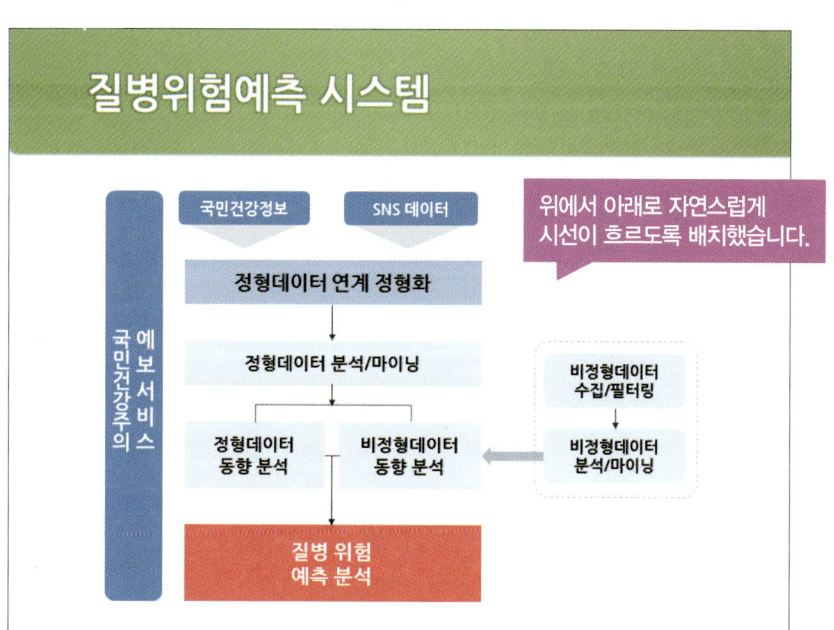

위에서 아래로 자연스럽게 시선이 흐르도록 배치했습니다.

Technique
▶ 도해 유형 중 연결하기를 사용하여 정보의 이동을 표현합니다.
▶ 시선의 흐름과 배색에 신경 씁니다.

시선의 흐름에 맞게 배치하세요

사람의 시선은 왼쪽에서 오른쪽으로, 위에서 아래로, 시계 방향으로 흐르는 것이 기본입니다. 슬라이드를 제작할 때도 그 시선의 흐름에 맞게 표현해야 청중들도 쉽게 받아들일 수 있습니다. 그러나 기본 시선의 흐름을 역행해야 할 경우에는 화살표를 이용하여 강제적으로 시선의 흐름을 유도해야 합니다. 도해의 기본 유형 중 연결하기 기법으로 요소들을 연결하여 물건이나 정보의 이동을 표현하는데 이때 직선, 곡선, 화살표, 실선, 점선, 굵은 선, 가는 선 등 다양한 연결선 화살표가 사용됩니다.

Before 슬라이드에는 논리 흐름의 구조가 너무나 복잡합니다. 화살표를 이용하여 방향을 제시했음에도 불구하고 복잡하게 얽혀 있는 도형들이 혼란스럽게 보입니다. 그리고 도형의 색상에 강약이 없어 강조해야 할 포인트 부분이 돋보이지 않습니다.

해결책으로 도형을 배치할 때도 전달하고자 하는 정보의 시작과 매듭이 분명하도록 시선의 흐름에 따라 순서대로 배치해야 합니다. After 슬라이드에서는 위에서 아래로 흐르는 시선 방향으로 도해를 만들었습니다.

포인트가 되는 핵심 도형의 색상을 달리하여 눈에 띄게 강조합니다. 색상을 사용할 경우 유사색 혹은 명도 차이가 나는 색을 선택하는 것이 좋고, 강조가 되는 핵심 부분만 메인 도형 색의 보색(補色)이나 따뜻한 계열의 색을 선택하여 최종적으로 시선이 그 도형에 머무를 수 있도록 합니다.

만약 시선의 흐름을 역행하는 도해를 만들어야 하는 경우 화살표를 강하게 표현하여 역방향 화살표가 청중에게 잘 전달되도록 합니다.

SPECIAL Page

시선의 흐름

사람들의 시선은 위에서 아래로, 왼쪽에서 오른쪽으로 흘러갑니다. 한 프레임 안의 화면이든, 신문과 잡지 등의 지면 레이아웃에서도 시선의 흐름이 존재하듯이 슬라이드에서도 시선의 흐름이 중요합니다.

도형의 배치, 선의 흐름, 각 요소의 크기의 변화에 따라 시선이 흘러가고 혹은 인물이 들어있는 사진이 있을 경우 인물의 시선의 방향에 따라 청중의 시선이 따라가게 됩니다. 시선의 흐름에서 중요한 것은 방향성입니다. 그 방향성에 맞추어 중요한 내용을 배치할 필요가 있고, 마지막에 최종적으로 시선이 머무는 곳에 슬라이드의 결론을 배치하면 됩니다.

시선의 흐름

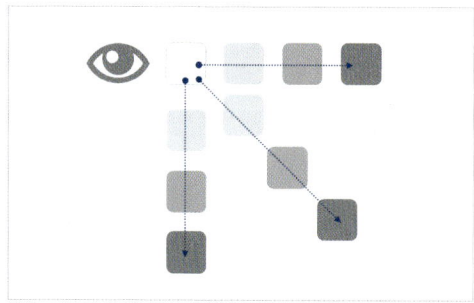
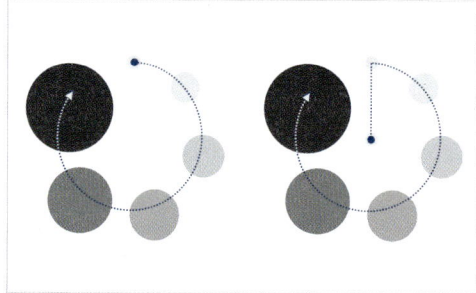
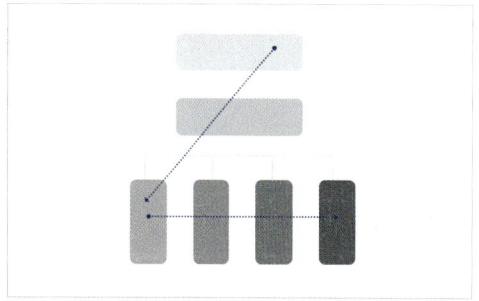

역방향 시선의 흐름(화살표가 반드시 필요)

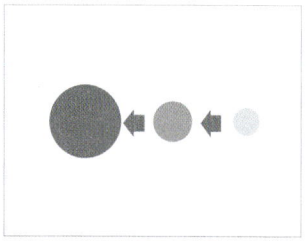
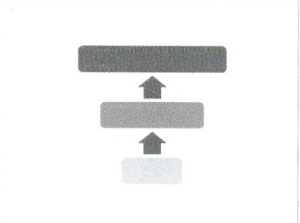

포인트 도형의 강조

강조할 도형만 돋보이도록 하고 나머지 부분은 눈에 띄지 않게 표현하는 것이 좋습니다. 다음과 같은 방법을 이용하여 포인트를 강조시켜 보세요.

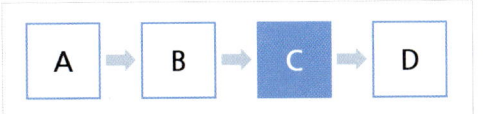

포인트 도형 색만 바꾸기   포인트 도형에 그림자 적용하기

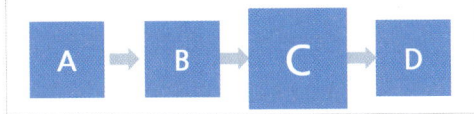

포인트 도형 크기를 크게 만들기   포인트 도형 모양을 바꾸기

색상으로 포인트 강조

도형의 색이 모두 똑같을 경우에도 강조가 안 되지만, 강조할 부분마다 색상이 들어가게 되면 정작 강조되어야 할 부분이 두드러지지 않는 경우가 있습니다. 도형을 강조할 때에도 색상을 신축성 있게 사용할 필요가 있습니다.

같은 계통의 색에서 명도를 조절한 예   강조 도형에 유재색으로 사용한 예

강조 도형에 짙은 보색을 사용한 예

긴 문장으로 표현된 내용을 핵심만 간단하게 표현하려면?
도형과 키워드를 조합해 보세요

제품 선정기준

서술형 문장은 전달력이 떨어집니다.

- 현재 시중에 나온 제품들 중 **내구성**이 가장 뛰어난 제품을 선정.
- **안전 및 편의장치**를 확보할 수 있는 제품의 선정.
- **편안한 실사용**을 위한 인체공학적인 측면 고려하여 선정.
- **제품 상태의 변화** 가능 시기를 고려하여 선정.
- 요즘 트렌드에 부합할 수 있는 **디자인**의 제품 선정.

제품 선정기준

명사형으로 표현하여 전달력을 높였습니다.

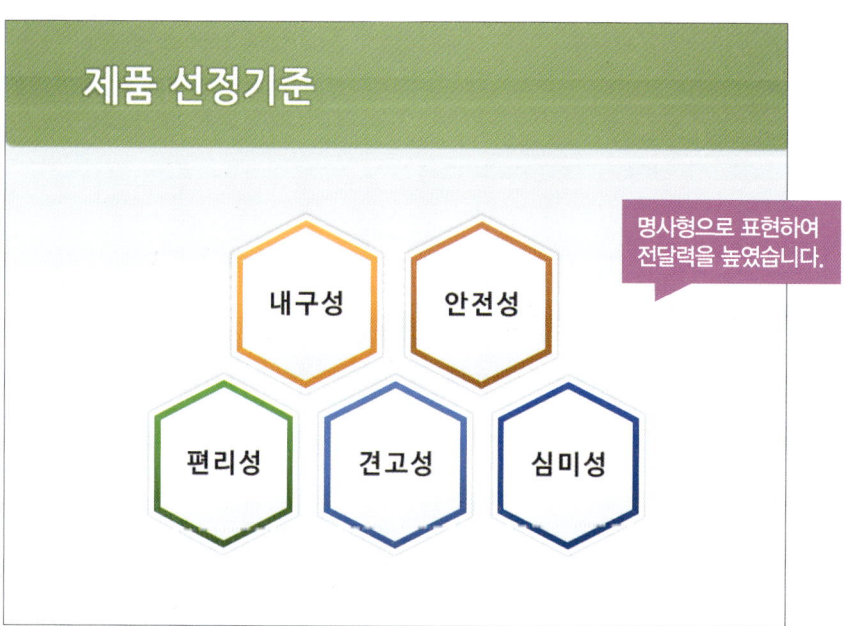

내구성 · 안전성 · 편리성 · 견고성 · 심미성

Technique
▶ 내용을 명사화 시키는 연습이 필요합니다.
▶ 도해의 기본 유형 중 배치하기를 사용하여 내용을 배열합니다.

도해로 내용을 시각화 하세요

프레젠테이션에서 재차 언급 강조되는 것이 단순화, 명료화, 시각화입니다. 효과적인 파워포인트 문서 작성은 "말하고자 하는 긴 내용을 키워드 위주로 요약할 수 있어야 하며, 줄일 만큼 줄인 내용을 시각적으로 청중에게 어필할 수 있도록 이미지화 하는 것"입니다. Before 슬라이드는 내용 축약을 많이 한 상태이지만 여전히 복잡하고 핵심 내용이 잘 보이지 않습니다. 한 문단에 빨간색으로 만들어 놓은 키워드만 뽑고, 그 키워드에 대한 부연 설명은 발표할 때 말로 풀어가는 것이 훨씬 청중들에게 효과적으로 전달할 수 있을 것입니다.

Before 슬라이드처럼 텍스트를 다 적어 놓은 상태에서 발표를 하게 되면 발표자가 각 항목을 읽으면서 발표를 할 가능성이 높게 됩니다. 이는 발표 스킬 측면에서도 세련되지 못한 방법입니다. 핵심 단어들만 뽑아두고 그 항목에 대한 부연 설명을 매끄러운 발표로 전달하게 되면 발표자의 기량까지 높아보이게 될 것입니다.

도해의 기본 유형에는 앞 장에서 언급했듯이, '둘러싸기, 연결하기, 배치하기'가 있습니다. 이 중 '배치하기'는 여러 개의 구성 요소를 1차원 혹은 2차원적으로 배열하는 것으로 각 요소의 위치는 전체에서 차지하는 중요도, 순서 또는 위상을 반영하여 결정됩니다. After 슬라이드를 살펴보면 5개의 문장에서 축약된 키워드가 중요도에 따라 위에서부터 아래로, 왼쪽에서 오른쪽으로 배치된 것을 볼 수 있습니다.

키워드의 추출과 적절한 배치로 서술형으로 작성된 슬라이드보다 훨씬 명확하게 제품의 장점을 부각시킬 수 있습니다.

SWOT 분석에 적합한 도해는?
매트릭스 배치 기법을 사용하세요

SWOT 분석

- Strengths
    - Communication Skills
    - Self-Discipline
    - Organization
- Weaknesses
    - Perfectionism
    - Harsh Self-Judgement
    - Procrastination
- Opportunities
    - School Placements
    - Blogging
- Threats
    - Failling Course
    - Losing Focus

> 텍스트로만 작성되어 SWOT 분석 비교가 잘 안됩니다.

SWOT 분석

> 매트릭스 기법을 이용하여 SWOT 분석 비교가 잘 됩니다.

	Favourable	Unfavourable
Internal	**Strengths** • Communication Skills • Self-Discipline • Organization	**Weaknesses** • Perfectionism • Harsh Self-Judgement • Procrastination
External	**Opportunities** • School Placements • Blogging	**Threats** • Failling Course • Losing Focus

PRESENTATION design

Technique
▶ 도해의 기본 요소 중 배치하기를 이용하여 SWOT 분석 슬라이드를 제작합니다.
▶ 배치하기 기법의 종료를 살펴봅니다.

SWOT 분석은 매트릭스 기법으로 표현하세요

슬라이드 도해의 기본 유형은 '둘러싸기, 연결하기, 배치하기'가 있습니다. 이 중 '배치하기'는 여러 개의 구성 요소를 1차원 혹은 2차원적으로 배열하는 것으로 각 요소의 위치는 전체에서 차지하는 중요도, 순서 또는 위상을 반영하여 결정됩니다.

배치하기의 종류
- 좌표를 사용한 배치 기법
- 매트릭스 배치 기법

먼저 좌표를 사용한 배치 기법은 요소의 위상을 비교해서 표현하기 위한 효과적인 방법입니다. 요소들을 비교하기 위해 일정한 기준에 따라 나누고 각 영역에 의미를 부여하면 요소 분류가 쉽게 됩니다. 요소들을 비교하는 기준이 정량적(Quantitative)인 경우에 주로 사용됩니다.

두 번째는 매트릭스 배치 기법입니다. 이는 요소들을 비교하는 기준이 정성적(Qualitative)인 경우에 주로 사용됩니다. 좌표를 이용한 방법은 내용의 중요도에 따라 요소들의 위치를 임의로 정할 수 있지만, 매트릭스 기법은 요소들의 위치를 임의로 정할 수 없고 나눠진 각 영역이 바로 비교하고자 하는 요소가 됩니다. 매트릭스 기법 중에는 PPM, SWOT 분석 등과 같은 경영 분야에서 많이 사용되는 전형적인 분석 기법이 있습니다.

Before 슬라이드에서는 텍스트의 나열로 표현되어 SWOT 분석 내용이 한눈에 들어오지 않는 반면, After 슬라이드에서는 SWOT 분석의 기본 포맷인 매트릭스 기법으로 약속된 위치에 Strengths, Weaknesses, Opportunities, Threats를 입력하여 즉각적으로 비교가 가능하게 했습니다.

Power TIP

매트릭스형(matrix) 중 가장 많이 쓰이는 것이 2×2 매트릭스입니다. 가로 축, 세로 축을 등분할하여 만드는 매트릭스는 적절한 키워드로 채우면 세분화된 개별요소가 전체에서 차지하는 위치를 뚜렷이 인식하는 데 매우 효과적입니다.

13
프레젠테이션에 적합한 도형 색 선택은?
차가운 색이나 중성색을 사용해 보세요

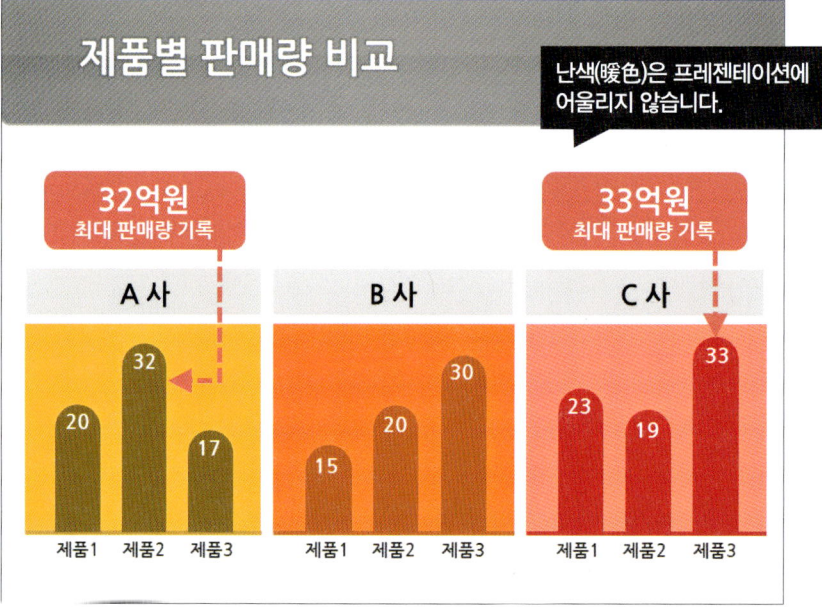

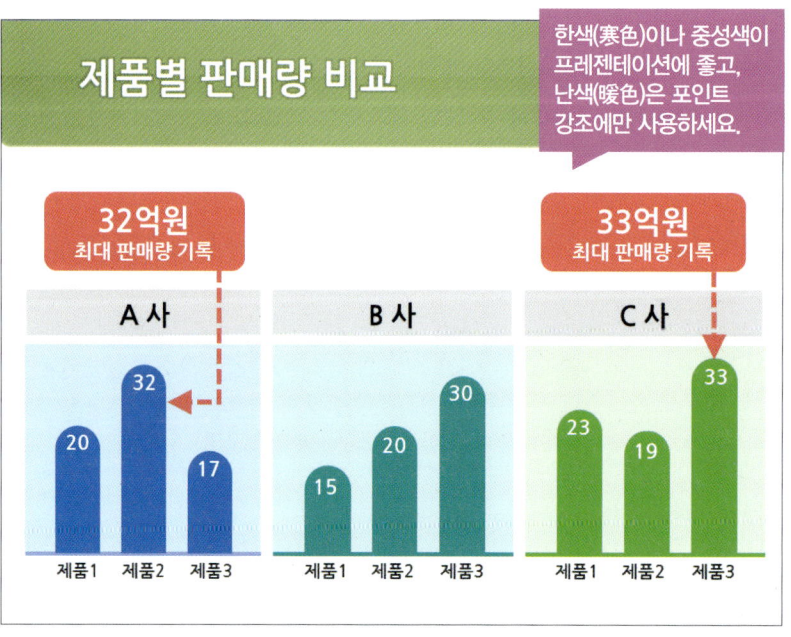

Technique
- 프레젠테이션에서 주로 사용되는 색상은 차가운 색이나 중성색입니다.
- 중요한 부분만 짙은 색으로 강조하고 나머지 부분은 무채색이나 파스텔 톤으로 합니다.

프레젠테이션에서는 일반적으로 파란 계통이 많이 쓰인다

발표의 주제에 따라 도형의 색과 슬라이드 배경색이 결정될 수 있습니다. 젊고 건강한 내용을 발표 주제로 할 때는 파란색, 녹색 계통이 많이 사용되고, 비즈니스에서는 주로 무채색이나 파란 계통의 색이 주를 이루고 있습니다. 붉은 계통은 슬라이드에서 잘 사용되지 않지만, 만약 기업을 대표하는 색상이 빨간색이라면 슬라이드를 기업 색상으로 꾸미는 경우도 있습니다. 하지만 대체적으로 붉은 계통의 따뜻한 색은 슬라이드에서 많이 사용되지 않습니다.

Before 슬라이드를 살펴보면 눈을 자극하는 난색(暖色)을 사용하여 차분하지 않고 공격적인 느낌을 줌으로써 비즈니스 프레젠테이션 발표용으로는 적절하지 않습니다. 모든 부분에 난색(暖色)으로 도배가 되어 어느 부분을 강조할 것인지 명확하지 않습니다.

프레젠테이션 슬라이드에는 따뜻한 색보다는 차가운 색 즉, 한색(寒色)이나 중성색이 적합합니다. 파란 계통은 성실, 희망, 믿음, 책임을 의미하며, 신뢰도를 주어야 하는 프레젠테이션에 어울리는 색이라 할 수 있습니다. 중성색인 녹색은 마음을 평온하게 해주는 색으로 생명, 젊음을 의미하며, 건강한 느낌의 발표를 하고자 할 때 선택하면 좋습니다.

파란색, 녹색 중 한 가지만 선택해서 사용하는 것보다는 유사색인 두 색상을 조합하여 사용하는 것이 색상의 다양성과 밸런스 표현에 도움이 됩니다. 만약 After 슬라이드에서 도형 색상을 파란 계통만 사용하고 명도 차이만 줬다면 무미건조한 슬라이드가 되었을 것입니다. 파란 계통만 사용하면 냉정한 비즈니스 느낌을 줄 수는 있지만 활기, 젊음, 생명의 느낌은 없어 보일 것입니다.

강조가 되는 그래프 모양의 도형에는 강한 색으로 표현해 주고, 그래프 아래쪽 배경에 사용된 도형들은 옅은 파스텔 톤으로 채웠습니다. 그리고 '최대 판매량 기록'이라는 핵심 내용을 더욱 강조하기 위해 그 부분에만 난색(暖色)을 사용하여 시선을 집중시키도록 했습니다.

SPECIAL Page

색 선택 방법

색상은 흰색, 검은색, 회색의 무채색과 그 이외의 색인 유채색으로 나뉩니다. 유채색은 따뜻한 계통의 난색과 차가운 계통의 한색, 따뜻하지도 차갑지도 않은 중성색 세 가지로 나누어집니다. 따뜻한 색은 말 그대로 따뜻한 느낌을 내포하고 있는 색이며 빨강, 주황, 노랑이 대표적입니다. 차가운 색은 물과 바다를 연상시키는 차가운 느낌의 색이며 청색, 청록 등이 있습니다. 중성 색상은 난색과 한색의 어느 쪽에도 속하지 않는 색으로 초록, 연두, 보라색 등이 있습니다.

색상표

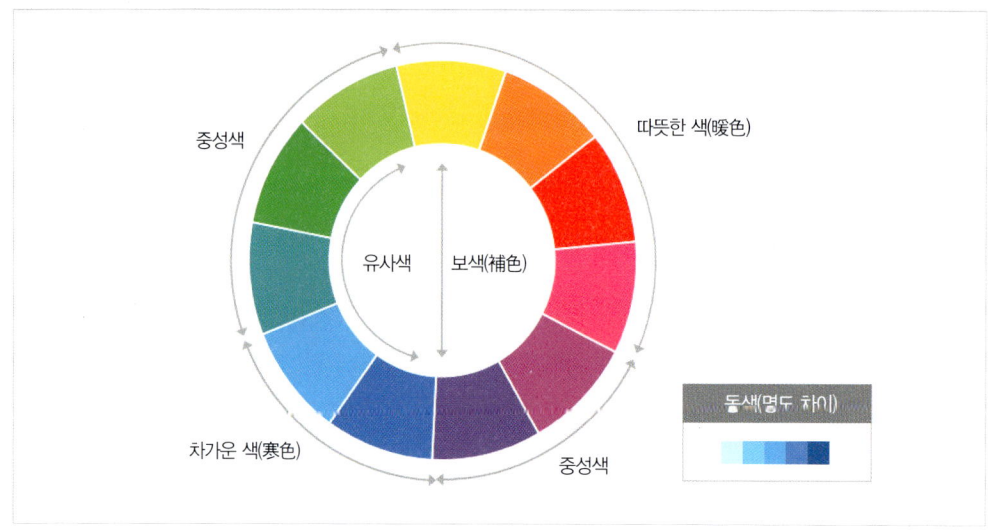

색상	색의 종류	사용되는 곳
보색(반대색)	색상환에서 반대에 있는 색	플러스, 마이너스와 수입, 수출 등 상대적인 관계를 나타낼 때 사용
유사색	색상환에서 이웃에 있는 색	비슷한 의미나 목록을 나열할 때 사용
동색	같은 색에서 명도가 다른 색	색의 개수를 줄이고, 계조(명도 차이)로 표현할 때 사용
난색	따뜻한 계통의 색	화려한 느낌의 슬라이드를 제작할 경우
중성색	난색과 한색의 중간에 위치한 색	여러 가지 색상의 수를 사용해야 하는 경우나 색상으로 단계를 나타내고 싶은 경우
한색	차가운 계통의 색	차분한 느낌으로 표현하고 싶은 경우

배색의 기본

색상에는 각각 성질이 있고 그것을 활용함으로써 표현의 다양성을 만들 수 있습니다. 슬라이드에서 배색이 기본은 다음과 같습니다.

① 연한 색을 사용
② 한색 계통이나 중성색 계통을 기준으로 사용
③ 적은 색상으로 배색(무채색)을 효율적으로 사용
④ 강조 부분에만 강한 색(짙은 색, 따뜻한 색)을 사용

위 기본 법칙을 도형 간의 배색, 도형과 바탕과의 배색에 적용하면 실패가 없을 것입니다.

① 옅은 색을 사용해 보세요

강하고 진한 색만 배치하게 되면 눈이 쉽게 피로해지고, 모든 요소가 강조되어 특정한 부분을 강조하기 어려워집니다. 파스텔 톤으로 옅게 배색하는 것이 눈에 피로감도 덜 수 있고, 강조 부분에만 강하고 진한 색을 넣어 사용하면, 발표하고자 하는 내용도 명확하게 전달될 수 있습니다.

도형 색이 강하여 눈이 피로함

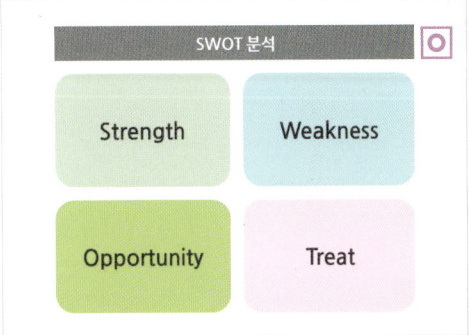
옅은 도형 색으로 피로감 감소

② 한색 계통이나 중성색 계통을 사용해 보세요

한색은 청량감을 주어 보는 사람으로 하여금 색에 대한 부담감을 많이 느끼지 않습니다. 게다가 한색은 차분함, 신뢰감을 주는 느낌이 있어서 비즈니스 문서에 많이 활용되는 색입니다.

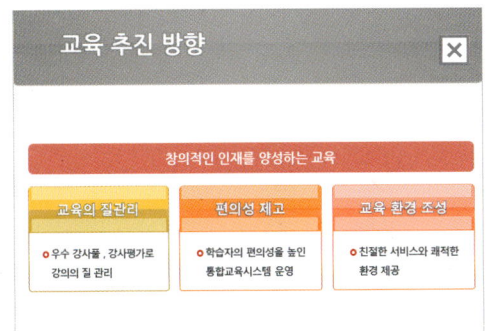
따뜻한 색으로 제작된 슬라이드. 비즈니스 콘텐츠와 어울리지 않습니다.

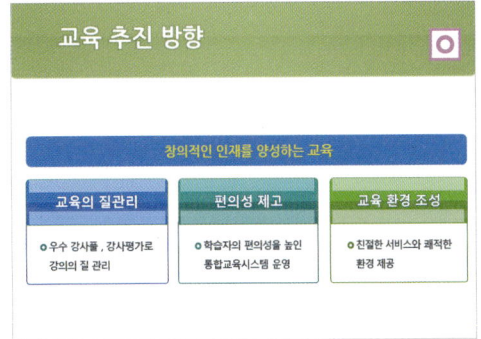
차가운 계통과 중성색으로 제작된 슬라이드. 청량감과 신뢰감을 줍니다.

❸ 색상 수를 줄이세요

색상도 정보의 일종이므로, 색상 수가 너무 많으면 청중도 부담이 늘어납니다. 같은 계통 색이나 무채색(흰색, 검은색, 회색)을 활용하고 색상 수는 최소로 줄입니다.

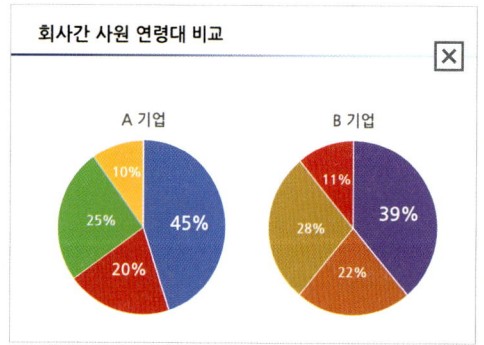
색상 정보가 많이 들어간 슬라이드. 강조 부분이 두드러지지 않습니다.

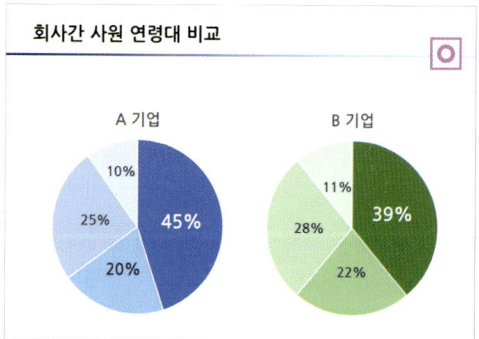
같은 계통 색의 명도 차이를 이용해 제작된 슬라이드. 강조 부분이 두드러집니다.

❹ 강조 부분에만 강한 색을 사용해 보세요

같은 계통 색이나 무채색(흰색, 검은색, 회색)을 활용하고 색상 수는 최소로 줄이고, 강조할 부분만 진한 색이나 따뜻한 색으로 강조하면 청중들이 결론을 찾아 이해하기 훨씬 쉬워집니다.

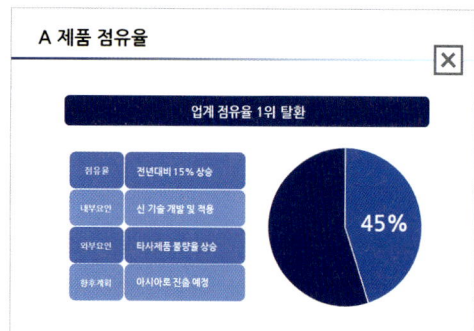
모든 요소에 색이 진하게 들어감

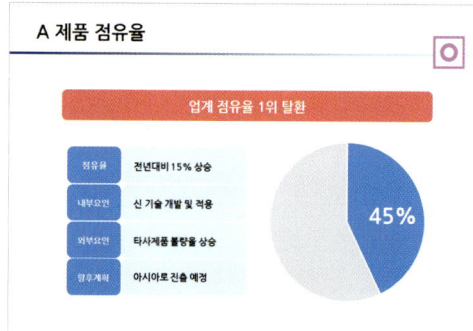
강조할 포인트에만 색이 강하게 들어감

CHAPTER 3

이미지로 슬라이드에
생명을 불어넣자

발표 자료를 제작하다 보면 텍스트나 도형만으로 내용을 시각화하기에 부족한 경우가 있습니다. 그럴 때는 관련 이미지나 동영상 자료 등 구체적인 증거 자료를 보여주면 한 번에 청중을 이해시킬 수 있습니다. 예를 들어 소방 장비를 설명하는데 텍스트와 도형으로 설명하는 것보다 장비가 나온 사진을 크게 보여주는 것이 훨씬 효과적입니다. 하지만 모든 슬라이드를 이미지로만 구성하여 넣게 되면 오히려 역효과가 날 수도 있습니다. 이미지를 꼭 필요한 곳에 적절한 효과를 적용하여 사용할 때 시각 자료로 손색없이 제 역할을 해 낼 수 있을 것입니다.

앞 장에서 도형으로 시각화, 도해화, 도식화를 표현했다고 하면 이번 장에서는 이미지를 이용하여 효과적으로 슬라이드를 시각화하는 기법에 대해 알아봅니다.

01 주제를 강하게 어필하려면?
배경에 사진을 넣어 보세요

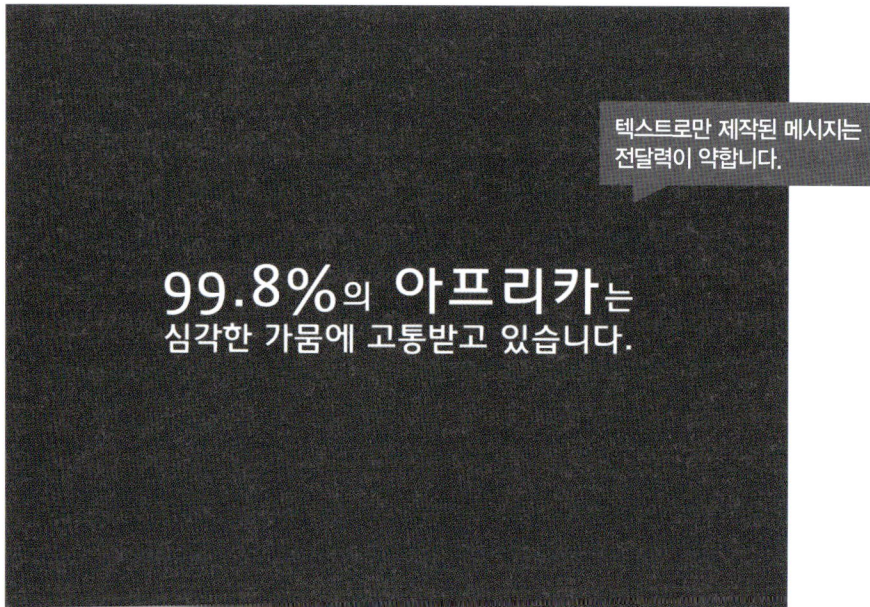

텍스트로만 제작된 메시지는 전달력이 약합니다.

이미지로 청중에게 강력하게 호소합니다.

Technique
- 파워풀한 이미지를 사용하여 메시지를 강조합니다.
- 도형으로 백분율 값을 표현합니다.

이미지로 호소력 있는 슬라이드를 만드세요

청중을 설득해야 하는 시각적인 자료를 만들 경우 텍스트와 도형만으로 역부족입니다. 그럴 경우에는 메시지와 관련이 있는 감성적인 이미지를 함께 보여줌으로써 청중의 감정적인 반응을 이끌어 내어 성공적인 프레젠테이션에 한발 더 나아갈 수 있을 것입니다.

Before 슬라이드에서는 아프리카가 가뭄에 고통 받는다는 사실을 검은색 배경에 흰색 텍스트로 위기감을 표현하고 있습니다. 배경을 어둡게 처리하여 암담한 현실을 표현한 것은 나쁘지 않으나, 가뭄 현장의 사진이 덧붙여진다면 효과는 더 극대화 될 것입니다. 일반적으로 사람은 사실을 인지할 때 시각과 청각에 영향을 많이 받습니다. 특히 시각에 영향을 더 많이 받는데요. 호소력 있는 슬라이드를 제작하고 싶다면 사람의 시지각 본능을 잘 이용할 필요가 있습니다.

After 슬라이드에는 배경에 고화질의 이미지를 사용함으로써 무미건조한 슬라이드에 생명을 불어 넣어 주었습니다. 슬라이드 배경에 가뭄이 들어 말라버린 아프리카 대지의 사진과 고통 받는 아프리카 아이의 이미지도 부드러운 가장자리 효과를 적용하여 넣었습니다. 이런 강렬한 이미지를 삽입함으로써 메시지가 더 극대화 될 수 있습니다.

99.8%라는 백분율 값을 표현하기 위해 '막힌 원호' 도형을 도넛 차트처럼 만들어 아프리카 대부분이 심각한 가뭄을 겪고 있음을 나타냈습니다.
이미지 위에 텍스트를 넣을 때 자칫 복잡한 이미지 때문에 텍스트가 묻혀 버릴 수 있습니다. 그럴 경우에는 이미지 위에 그라데이션 도형이나 짙은 단색 도형을 올린 후 텍스트를 입력하는 것이 좋습니다.

Power TIP 막힌 원호로 그래프 효과 만들기

❶ [홈] 탭의 [그리기] 영역에서 [도형]-[기본 도형]-[막힌 원호]를 선택합니다.

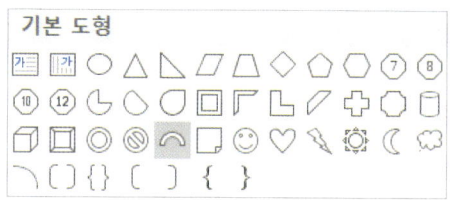

❷ Shift 를 누른 채 드래그하여 정방향의 반원 도형을 그립니다.

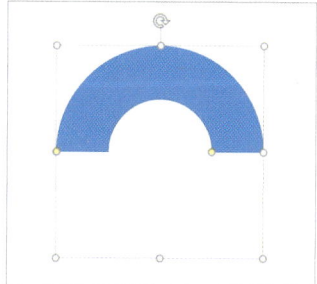

❸ [회전 핸들] 을 이용하여 잘린 단면이 위쪽에 오도록 합니다.

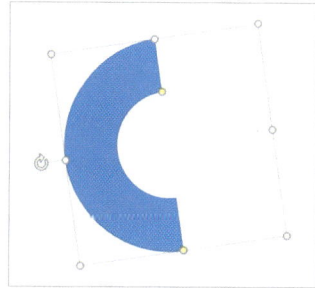

❹ [모양 조절 핸들] 을 이용하여 단면의 위치를 바꿔줍니다.

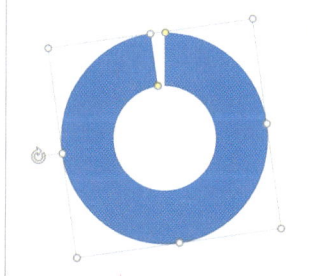

❺ 막힌 원호의 색을 변경하고 가운데 데이터 값을 입력하여 마무리 합니다.

Power TIP 슬라이드 배경 서식 바꾸는 방법

❶ 슬라이드의 빈 화면에서 마우스 오른쪽 버튼을 클릭하거나, [디자인] 탭의 [사용자 지정] 영역에서 [배경 서식]을 클릭합니다.

❷ [배경 서식] 창에서 채우기를 단색, 그라데이션, 그림 또는 질감, 패턴으로 채울 수 있는 옵션들을 볼 수 있습니다. 배경을 그림으로 채우려면 [그림 또는 질감 채우기] 옵션을 선택하고 [파일]을 클릭합니다.

❸ 가지고 있는 이미지 중에서 배경으로 사용될 그림 파일을 선택하면 됩니다.

이미지들의 크기를 맞추려면?
도형에 사진을 넣어 보세요

교육 운영 계획

이미지 크기가 동일하지 않아 산만해 보입니다.

교육의 품질관리
- 우수 강사 영입, 강사평가로 강의 품질 관리

교육의 편의성
- 학습자의 편의성을 높인 통합교육시스템 운영

연수 환경 조성
- 친절한 서비스와 쾌적한 환경 제공

교육 운영 계획

이미지 크기가 통일되어 깔끔하고 정돈된 느낌입니다.

교육의 품질관리
- 우수 강사 영입, 강사평가로 강의 품질 관리

교육의 편의성
- 학습자의 편의성을 높인 통합교육시스템 운영

연수 환경 조성
- 친절한 서비스와 쾌적한 환경 제공

Technique
- 슬라이드에 들어가는 이미지들의 크기가 제각각이면 완성도가 떨어져 보입니다.
- 도형의 채우기로 이미지의 크기를 정확하게 맞추어 봅니다.

도형 채우기로 이미지 크기를 맞추세요

이미지가 복수로 들어갈 경우에는 각 이미지들의 크기, 정렬을 맞추어 전체적인 밸런스가 맞도록 배치해야 보기 좋습니다. 수집해 놓은 이미지가 모두 같은 크기, 같은 비율의 이미지를 사용한다면 문제가 없겠지요. 하지만 이미지들은 저마다 크기, 가로 세로 비율도 다양할 것입니다.

이때 이미지의 크기를 무리하게 맞추다보면 가로 세로 비율이 찌그러져서 정확한 이미지 정보 전달에 문제가 생길 수도 있고, 비율이 제각각인 이미지를 그대로 사용하게 되면 이미지마다 크기가 달라 슬라이드 전체 통일성이 흐트러진다는 점을 고려해야 합니다.

Before 슬라이드에서는 이미지마다 비율과 크기가 통일되지 않아 슬라이드의 완성도가 떨어져 보입니다. 여러 가지 해결책이 있을 수 있으나 가장 간단하게 이미지 크기를 동일하게 맞추는 방법은 이미지가 들어갈 자리에 도형을 그리고 도형을 이미지로 채우기를 하는 방법입니다. 이 방법은 이미지의 가로 세로 비율이 왜곡되는 단점이 있습니다만, 비율이 왜곡되어도 이미지 정보 전달에 크게 영향을 끼치지 않을 때 사용하면 좋습니다. After 슬라이드를 살펴보면 도형에 이미지로 채우기를 하여 세 개의 이미지가 깔끔하게 삽입되어 전체적인 슬라이드 균형이 맞고 완성도가 올라갔습니다.

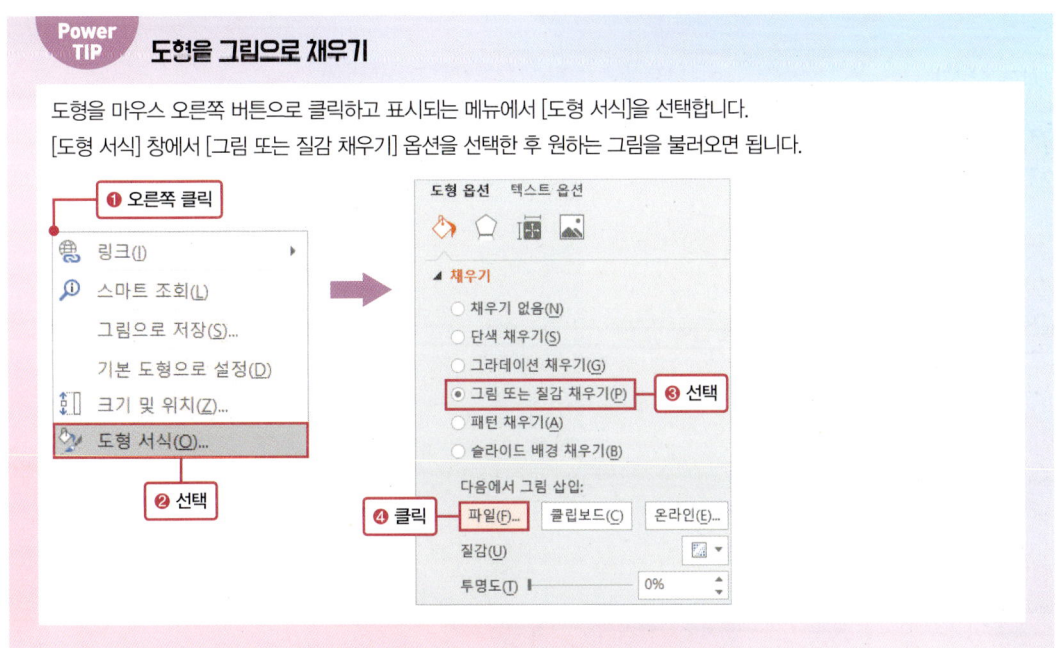

CHAPTER 3 • 이미지로 슬라이드에 생명을 불어넣자

이미지 위에 텍스트가 잘 보이게 하려면?
이미지의 색을 단색 톤으로 변경해 보세요

배경 이미지에 색상이 너무 많아 제목이 보이지 않습니다.

배경 이미지의 색상을 단순화 하여 제목 글자가 잘 보입니다.

Technique
- 이미지에 색이 화려한 경우 그 위에 텍스트를 올리면 잘 보이지 않습니다.
- 이미지의 조정 기능을 이용하여 단색 톤 이미지로 변경해 보세요.

포토샵 못지않은 파워포인트의 색 보정 기능!

요즘은 DSLR, 미러리스 카메라뿐 아니라, 스마트폰으로도 멋진 사진을 찍어낼 수 있는 시대가 되었습니다. 직접 촬영한 고품질, 고해상도의 이미지를 사용하여 슬라이드를 장식하면 컬러풀한 색감으로 청중의 눈을 사로잡기에 충분하지요.

하지만 컬러 이미지를 편집하지 않고 그대로 사용한다면 위에 올려놓은 개체들은 그 화려함에 묻혀 눈에 띄지 않게 될 것입니다.

Before 슬라이드를 살펴보면 한국의 멋진 관광명소의 사진이 나열되어 있습니다. 멋진 한국의 모습을 보여주는 목적은 달성했으나 화려한 사진들 때문에 제목 텍스트가 거의 보이지 않습니다.

사진 위의 텍스트를 잘 보이도록 하려면 텍스트 아래에 도형을 그려주어 텍스트와 사진의 구분을 만들어 줄 수도 있고, 두 번째 방법은 사진의 색을 흑백 혹은 단일 톤으로 보정하여 톤다운(Tone Down)시키는 방법이 있습니다.

After 슬라이드에서는 텍스트가 올려져 있는 사진에 흑백 톤이나 파란색 단일 톤으로 변경한 것을 볼 수 있습니다. 이미지 색상 정보가 없어지니 그 위에 올려진 텍스트가 잘 보이게 되었습니다.

파워포인트에서 사진의 색 보정을 하는 방법은 사진을 선택하고 [그림 도구]-[서식] 탭의 [조정] 영역에서 '수정, 색, 꾸밈 효과' 조정이 가능합니다.

이미지보다 정보에 눈길이 가도록 하려면?
이미지를 실루엣 처리해 보세요

정보보다 모델에 더 시선이 가면 안 됩니다.

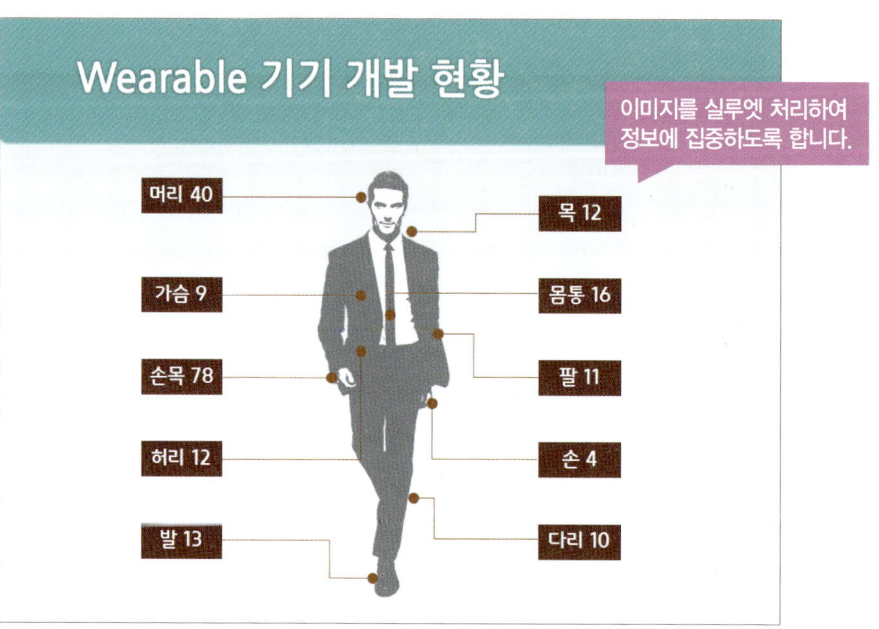

이미지를 실루엣 처리하여 정보에 집중하도록 합니다.

Technique
▶ 이미지가 화려한 경우 정보보다 이미지에 눈길이 먼저 갑니다.
▶ 이미지의 조정 기능을 이용하여 실루엣 이미지로 변경해 보세요.

컬러 이미지를 단순한 실루엣으로 바꿔 보세요

슬라이드마다 강조해야 하는 주제나 내용이 하나씩 들어 있습니다. 그 주제에 집중할 수 있도록 슬라이드를 제작하는데 노력을 기울여야 하는 게 발표 자료를 제작하는 사람의 기본자세라고 할 수 있습니다. 슬라이드에 배치된 모든 개체들이 각자의 개성을 드러내어 주제가 부각되지 않는다면 그 슬라이드는 잘못 제작된 슬라이드일 것이고, 발표할 때 역시 성공적인 전달도 이뤄지지 않을 것입니다.

Before 슬라이드를 살펴보면 멋진 모델이 슬라이드 가운데 서 있습니다. 그 모델의 외모와 의상의 색상 때문에 중요한 정보에는 시선이 덜 가게 됩니다. 이 슬라이드에서 이미지의 역할은 신체 부위만 구별되면 되는 것이기 때문에 모델의 눈, 코, 입, 양복의 색상 등은 중요하지 않습니다.

After 슬라이드에서는 모델의 색상을 흑백으로 실루엣 처리하여 사람의 아웃라인만 보이도록 했습니다. Before의 이미지보다 훨씬 간단해져서 정보에 집중이 잘되고 세련된 표현이 되었습니다.

컬러 이미지를 흑백으로 만드는 방법은 이미지를 선택하고 [그림 도구]–[서식] 탭의 [조정] 영역에서 [색]–[다시 칠하기]–[흑백]을 선택하면 됩니다.

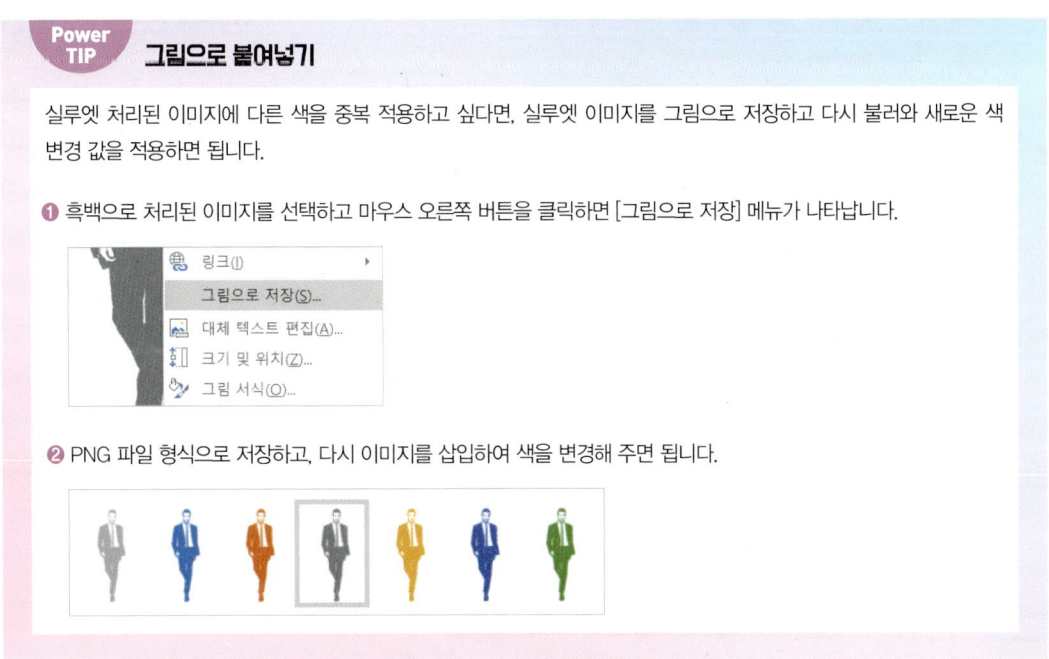

Power TIP 그림으로 붙여넣기

실루엣 처리된 이미지에 다른 색을 중복 적용하고 싶다면, 실루엣 이미지를 그림으로 저장하고 다시 불러와 새로운 색 변경 값을 적용하면 됩니다.

❶ 흑백으로 처리된 이미지를 선택하고 마우스 오른쪽 버튼을 클릭하면 [그림으로 저장] 메뉴가 나타납니다.

❷ PNG 파일 형식으로 저장하고, 다시 이미지를 삽입하여 색을 변경해 주면 됩니다.

SPECIAL Page
파워포인트에서 이미지를 보정해 보세요

이미지는 시각적 정보를 많이 담고 있기 때문에 프레젠테이션에서 많이 사용됩니다. 원본 이미지를 그대로 사용하기보다 그림의 색 조정이나 효과를 주게 되면 좀 더 슬라이드가 세련되어짐은 물론이고 전달력도 높아질 수 있습니다.

이미지를 편집하려면 포토샵과 같은 이미지 전문 편집 소프트웨어가 필요합니다. 그러나 포토샵은 고가의 프로그램이고 일반인들이 다루기도 쉽지 않습니다.
우리에게는 파워포인트가 이미지 편집을 가능케 해줍니다. 파워포인트에 포함되어 있는 기능만으로도 충분히 이미지를 편집할 수 있으며 그 기능이 포토샵 못지않다는 점에 처음 접하는 사람들은 깜짝 놀라기도 합니다. 사진에 간단히 그림자, 테두리를 넣을 수 있는 것은 물론이고, '입체 효과', '가장자리 부드럽게'까지 처리할 수 있습니다. 이미지들의 색 보정 기능, 특수 효과를 넣을 수 있는 꾸밈 효과 기능과 특정 배경을 제거할 수 있는 기능까지 포토샵에 대적할 만하다고 할 수 있습니다.

그림 스타일로 간단하게 액자 효과, 그림자 효과, 입체 효과 적용하기
이미지를 선택하고 리본 메뉴의 [그림 도구]-[서식] 탭의 [그림 스타일] 영역에서 미리 만들어진 스타일 템플릿 중 원하는 스타일을 클릭하여 바로 적용할 수 있습니다.

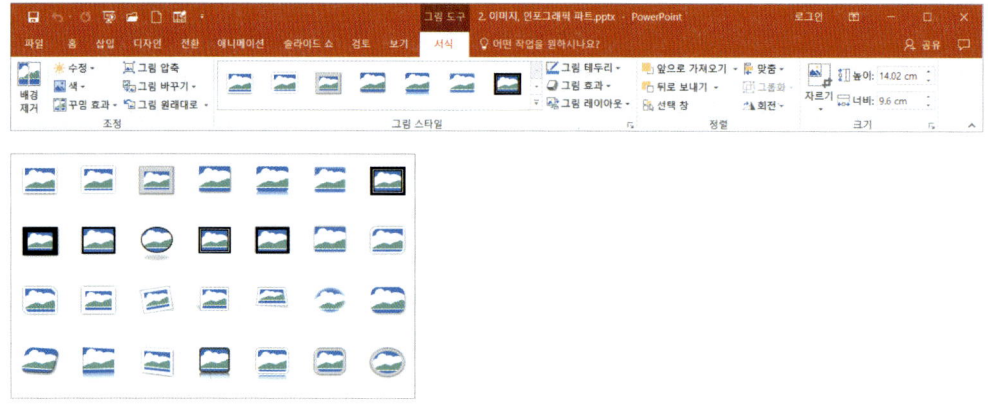

그림 효과를 이용하여 수동으로 조정하기

'그림 스타일 템플릿'은 자동화 기능으로 그림에 효과를 넣어주는 것이고, 직접 그림자, 반사, 네온, 부드러운 가장자리 등을 직접 설정하려면 리본 메뉴의 [그림 도구]-[서식] 탭의 [그림 스타일] 영역에서 [그림 효과]를 선택하면 됩니다.

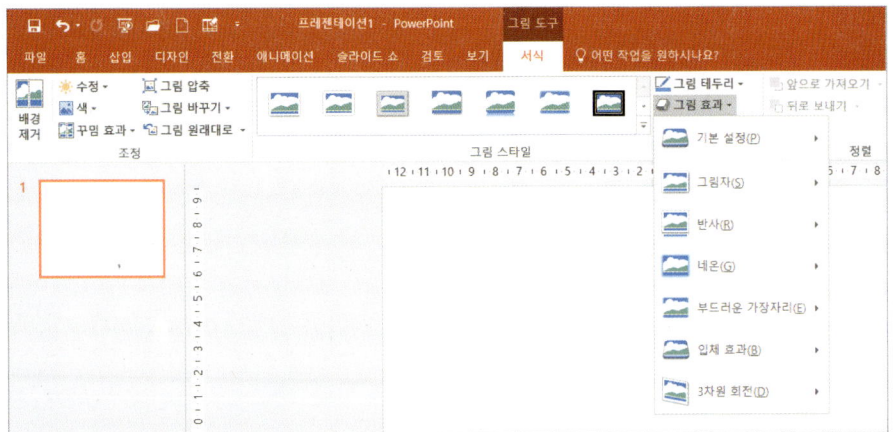

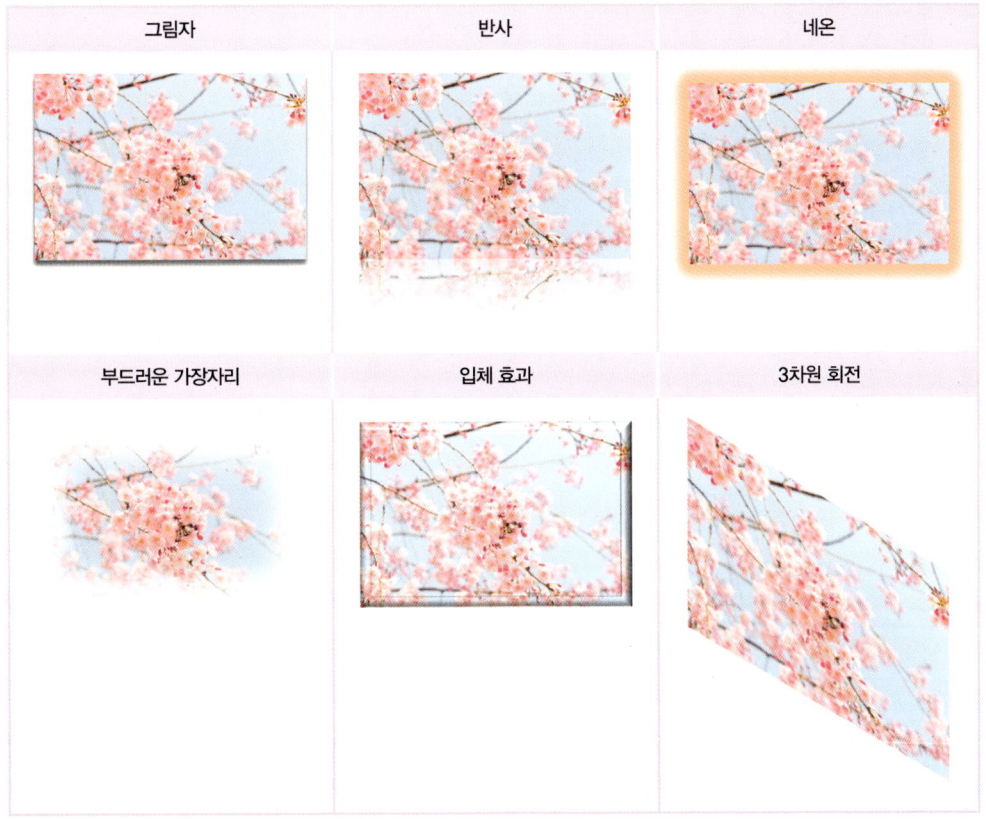

그림의 색상 조정하기

- **수정** : 이미지의 선명도, 밝기/대비 값을 조정할 수 있습니다.

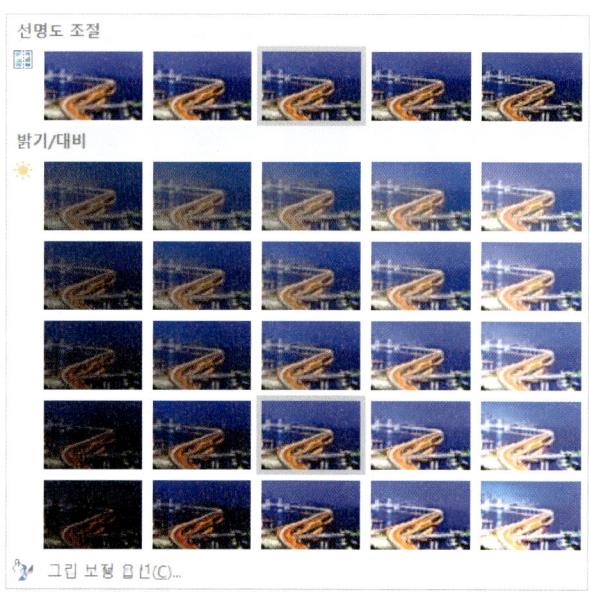

[수정] 메뉴들

- **색** : 채도, 색조, 다시 칠하기를 설정하며, 다시 칠하기에서는 이미지를 흑백 톤, 단일 톤으로 변경할 수 있습니다. 단색을 투명하게 설정하는 기능도 있습니다.

[색] 메뉴들

- **꾸밈 효과 :** 이미지에 파스텔 효과, 가장자리 효과, 스케치 효과 등 특수 효과를 적용할 수 있습니다.

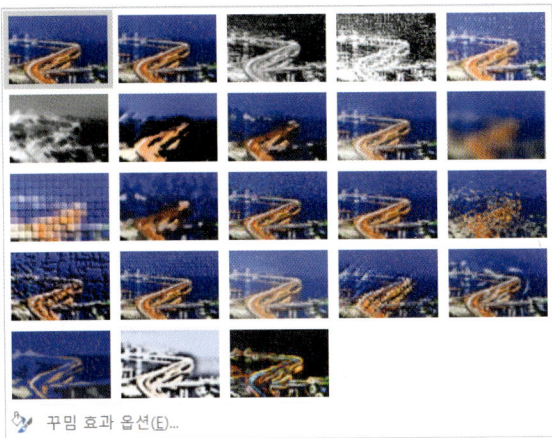

[꾸밈 효과] 메뉴들

05 배경이 눈에 거슬린다면?
배경 제거 기능을 사용해 보세요

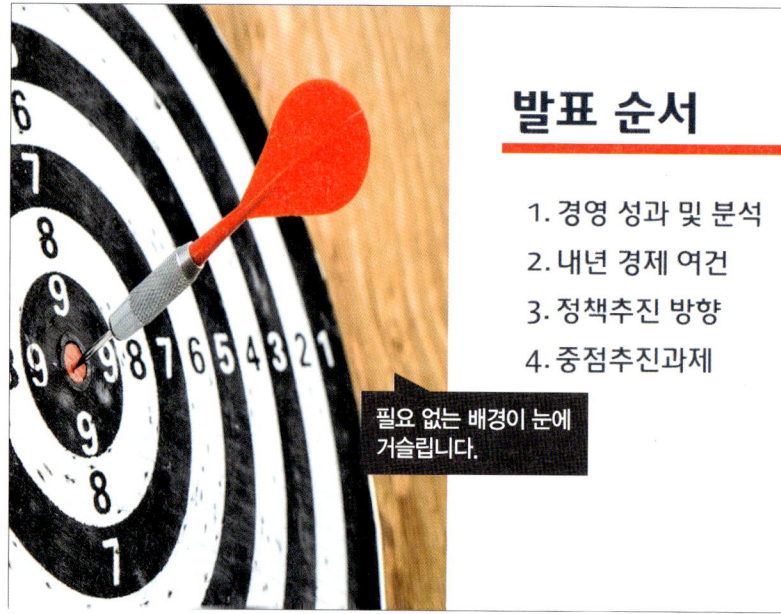

필요 없는 배경이 눈에 거슬립니다.

원 포인트 컬러가 돋보여 세련되어 보입니다.

Technique
▶ 배경 제거는 주인공을 돋보이게 해줍니다.
▶ 이미지에서 필요 없는 영역을 효과적으로 제거해 봅니다.

불필요한 주변부를 제거하세요

프레젠테이션용 목차 슬라이드를 제작할 때 건설적인 이미지, 목표 지향적인 이미지, 상승하는 이미지들을 많이 사용합니다. Before 슬라이드에서도 목표를 상징하는 과녁 이미지를 사용했는데 배경 부분의 노란색이 눈에 거슬립니다.

파워포인트의 자르기 기능을 이용해도 완벽하게 제거되지 않고 노란 배경이 일부 남게 됩니다. 노란색 배경이 깨끗하게 사라지고 과녁만 남는다면 더 깔끔한 이미지가 될 것입니다.

After 슬라이드에서는 깔끔한 과녁의 이미지가 목표 달성했다는 의미 전달을 잘하고 있습니다. 색상 수 측면에서도 슬라이드 색상이 검은색, 흰색, 빨간색 세 가지 색으로 정리되어 훨씬 세련되어 보입니다.

이미지의 배경을 제거하는 방법은 이미지를 선택하고 리본 메뉴에서 [그림 도구]-[서식] 탭의 [조정] 영역에서 [배경 제거]를 선택합니다. 보라색 부분은 제거될 부분이고, 컬러로 나타난 부분은 유지될 부분을 뜻합니다. 가장자리 조절점을 이용하여 유지시킬 부분의 영역을 대략적으로 잡아주고, 리본 메뉴에 있는 도구들을 이용하여 영역을 추가, 삭제하면 됩니다.

Power TIP 배경 제거하기

❶ 단색의 배경을 제거할 때 : [그림 도구]-[서식] 탭의 [조정] 영역에서 [색]-[투명한 색 설정]으로 제거합니다.
❷ 여러 가지 색이 들어간 배경을 제거할 때 : [그림 도구]-[서식] 탭의 [조정] 영역에서 [배경 제거]를 이용하여 제거합니다.

06
단색 배경을 제거하려면?
투명한 색 설정 기능을 사용해 보세요

Technique
- 제품 이미지와 배경을 자연스럽게 합성시켜줍니다.
- 단색 배경 부분을 효과적으로 제거해봅니다.

배경을 투명하게 만들어 보세요

신제품을 소개하는 슬라이드에서 제품 이미지 배경에 흰색이 들어간다면 어떨까요? 슬라이드의 배경과 어울리지 않아 어색해 보일 것입니다. 슬라이드의 배경이 흰색일 경우에는 상관이 없지만 Before 슬라이드와 같이 배경 사진이 들어갈 경우나 흰색과 다른 색이 채워진 경우에는 주의를 해야 합니다.

Before 슬라이드를 보면 슬라이드 배경에 밝고 희망찬 느낌의 하늘 이미지가 깔려 있고 그 위에 신제품 이미지가 올려져 있습니다. 하늘 배경과 제품 이미지의 흰색 배경의 차이가 눈에 많이 거슬립니다.

After 슬라이드에서 신제품 이미지의 배경을 투명하게 처리하여 배경과 아주 자연스럽게 합성된 것을 볼 수 있습니다. 단색 제거 기능은 파워포인트 2007 버전부터 제공되는 기능으로 그 이전 버전에서는 포토샵과 같은 그래픽 프로그램에서 작업한 후 PNG 파일로 저장하여 파워포인트로 가져와 사용했었습니다. 파워포인트 버전이 업그레이드되면서 일반 파워포인트 유저들도 손쉽게 포토샵 효과를 적용할 수 있게 된 것입니다.

슬라이드에 사용된 제품 이미지처럼 배경이 단색으로 된 경우에는 리본 메뉴에서 [그림 도구]-[서식] 탭의 [조정] 영역에서 [색]-[투명한 색 설정] 기능을 이용하는 것이 수월합니다.
제거하고 싶은 색이 여러 가지일 경우에는 [배경 제거] 기능을 사용하는 것이 좋습니다.

Power TIP 색상을 기준으로 배경 제거하기

리본 메뉴에서 [그림 도구]-[서식] 탭의 [조정] 영역에서 [색]-[투명한 색 설정]을 클릭하고, 이미지 중 제거하고 싶은 색을 마우스 커서로 클릭하면 그 부분이 투명하게 설정됩니다.

07 이미지 정보 전달을 잘 하려면?
이미지의 크기를 크게 하세요

샐러드(Salad)

샐러드의 역할
- 고기와의 맛의 조화
- 고기의 강한 산성의 맛을 중화 시키는 영양학적

먹는 법
- 고기 요리와 번갈아 가며
- 미국식 : Main 前에 서브 된다
- 유럽식 : Main 後에 서브 된다
- Salad Fork를 사용한다

> 사용된 이미지가 너무 작아 전달력이 약합니다.

샐러드(Salad)

> 이미지를 크게 하여 신선한 느낌을 강조할 수 있습니다.

샐러드의 역할
- 고기와의 맛의 조화
- 고기의 강한 산성의 맛을 중화 시키는 영양학적 의미

먹는 법
- 고기 요리와 번갈아 가며
- 미국식 : Main 前에 서브 된다
- 유럽식 : Main 後에 서브 된다
  Salad Fork를 사용한다

Technique
▶ 이미지 크기와 정보 전달력은 비례합니다.
▶ 이미지와 배경이 자연스럽게 어울릴 수 있도록 그라데이션 도형을 사용합니다.

보기 좋은 그림은 크게 보면 더 좋다!

사진은 시각적 정보가 직관적이고 전달력이 높기 때문에 발표 자료에서 설명적 자료로 자주 사용됩니다. 하지만 텍스트의 경우에도 글자가 얇고 작으면 가독성이 떨어지듯이 사진도 마찬가지입니다. Before 슬라이드에 사용된 사진이 너무 작아서 잘 보이지도 않고 신선한 샐러드의 느낌이 전달되지 않습니다.

After 슬라이드를 살펴보면 사진을 슬라이드 크기로 확대하여 시원한 인상을 주고, 샐러드의 신선한 느낌이 잘 전달됩니다. 이미지를 크게 확대하여 슬라이드에 꽉 차게 배치하면 마치 **슬라이드 바깥 부분과의 연결이 느껴지고 공간적인 확대로 인하여 박력**이 생겨납니다. 이런 표현을 통해 사진의 분위기가 잘 전달되어 **청중의 상상력을 자극하는 방법**이 되기도 합니다. 가끔은 틀에 박힌 배치 방법보다는 고정 관념에서 벗어나 이미지를 배치하는 것도 개성적인 표현법이 될 수 있습니다.

컬러 사진이라 텍스트의 가독성에 방해가 될 수 있으니 텍스트가 들어갈 부분에는 흰색 그라데이션 도형을 깔아주어 텍스트를 읽을 때 방해를 주지 않게 했습니다.

그라데이션 도형을 만들어 줄 때는 사진 크기와 같게 도형을 그리고, 흰색(투명도 0%)에서 투명한 색(흰색 투명도 100%)의 수평 그라데이션 채우기를 해 주면 됩니다. 2행의 문단처럼 텍스트가 길어 컬러 사진 위에 올려져야 한다면 그 부분의 텍스트에만 [텍스트 효과]-[네온] 흰색 네온이 적용되도록 하면 글자와 사진이 분리될 수 있습니다.

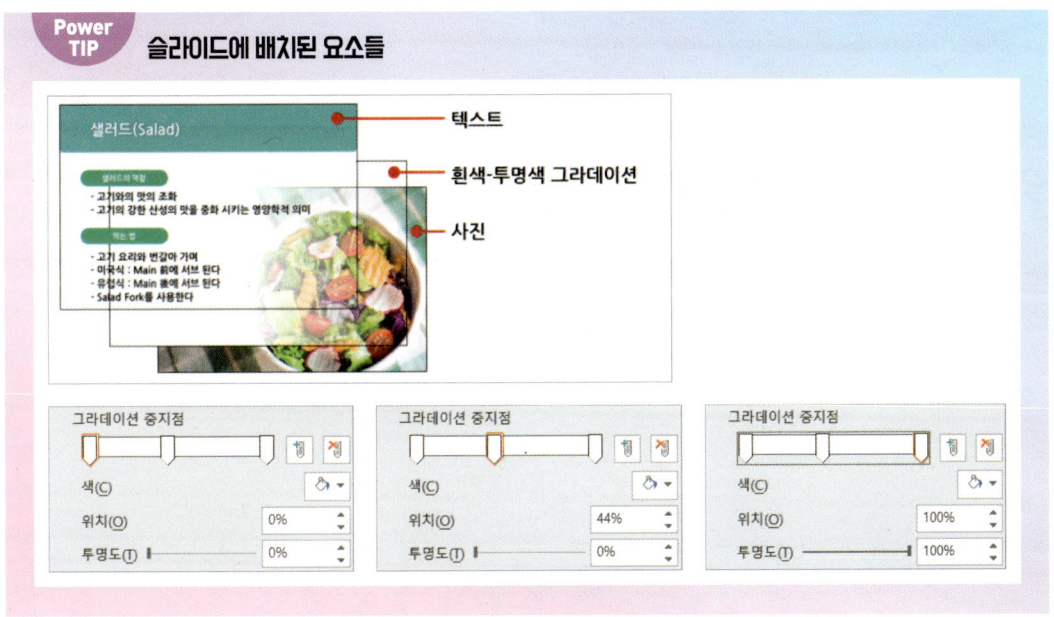

08
고품질의 아이콘을 넣고 싶다면?
PNG 파일을 사용해 보세요

Before

텍스트로만 전달되는 슬라이드는 눈에 띄지 않습니다.

After

적절한 이미지 사용으로 슬라이드에 활기를 불어 넣어줍니다.

Technique
- ▶ 고품질의 이미지가 슬라이드의 질을 좌우합니다.
- ▶ PNG 이미지의 특징을 살펴봅니다.
- ▶ 인터넷에서 PNG 이미지를 검색하는 방법을 살펴봅니다.

고품질의 아이콘을 사용하여 슬라이드를 고급스럽게 만드세요

슬라이드를 실사 이미지로 제작하여 현장감을 보여주는 경우도 있지만, 깔끔하고 고급스러운 아이콘을 사용하여 전달 이미지를 세련되게 표현해 줄 수도 있습니다. 경우에 따라 복잡한 사진보다 **깔끔한 아이콘이 훨씬 효과적**으로 전달될 수 있습니다.

이미지 파일의 종류는 크게 JPEG, GIF, PNG 파일로 나눌 수 있습니다.

JPEG 파일 포맷은 원본에 손상을 가해 이미지의 용량을 줄이는 방식이며, 1600만 이상의 컬러를 포함할 수 있고, 다양한 색상과 명도를 가진 이미지의 용량을 줄이는데 가장 높은 효율을 보여주기에 주로 사진을 저장하는 용도로 사용됩니다.

GIF 파일은 하나의 이미지에 저장 가능한 색상이 256색으로 제한되는 탓에 많은 색을 담을 수 없어 단순한 이미지를 저장할 때 사용됩니다. 단색 투명 층을 통해 투명 이미지를 지원합니다(투명이거나 아니거나).

PNG 파일은 트루 컬러(24비트)를 지원하고, 비손실 압축 방식을 사용하여 원본을 손상 없이 그대로 저장할 수 있습니다. 또한 GIF 파일과 달리 단색 투명 층이 아닌 8비트 알파 채널을 통한 투명 층을 지원하기 때문에 이미지에 농도를 조절하여 투명 효과를 정밀하게 줄 수 있습니다. 손상이 발생하지 않기 때문에 이미지의 품질을 중요시 하는 경우에는 사진을 저장할 때에도 많이 사용되고 있습니다.

위 설명에서도 확인할 수 있듯이 이미지 파일 포맷 중에서 **투명 층을 가장 자연스럽게 표현해 주는 것이 PNG 파일**입니다. 투명한 단계에서 불투명한 단계까지 아주 자연스럽게 표현해 주는 형식이므로 고급스런 투명 아이콘 저장에 많이 이용됩니다.

고급스러운 PNG 아이콘을 검색하려면 http://google.co.kr에 접속하여 'PNG'라는 검색어를 넣어 아이콘을 찾을 수도 있고 http://pngimg.com 사이트에 접속하여 무료 PNG 아이콘을 다운받아 사용할 수 있습니다.

09
부분을 설명하고 싶을 때는?
자르기 기능을 이용하여 특정 부위를 확대해 보세요

Technique
▶ 각 부분에 대한 부연 설명을 넣어줄 때 확대 효과를 써 보세요.
▶ 이미지의 자르기 기능을 살펴봅니다.

각 부분의 추가 설명을 할 때는 확대 효과를 써 보세요

곤충의 해부도나 식물의 해부도 혹은 각 지역의 특징 등 세부요소를 설명해야 할 경우 각각의 부분을 확대해서 보여주면 청중들의 이해도가 더 높아질 수 있습니다.

Before 슬라이드는 서울의 관광 명소를 설명하는 자료입니다. 지도와 텍스트로 명소를 설명하고 있어 이 슬라이드만으로는 실제 관광객에게 정보를 주기가 어렵습니다.

After 슬라이드에서는 각 지역을 소개하는 관련 이미지를 부분별로 넣어주었습니다. 청중에게 이해도를 높일 수 있는 사진 자료를 제공함으로써 더욱 설명적인 슬라이드가 되었습니다. 만약 이미지들이 들어가 슬라이드가 복잡해질 것을 걱정한다면 이미지마다 나타나기와 끝내기 애니메이션을 적용하여 발표자가 해당 지역을 설명할 때 이미지가 확대되며 나타났다가 축소되며 사라지게 하면 슬라이드가 그렇게 복잡해 보이지 않을 것입니다.

사각형의 이미지를 사용하지 않고 원형으로 이미지를 잘라주어 작은 점에서 큰 원으로 확대되는 느낌을 줄 수 있습니다.

리본 메뉴에서 [그림 도구]-[서식] 탭의 [크기] 영역에서 [자르기]-[도형에 맞춰 자르기]를 이용하여 원형으로 자를 수 있습니다.

SPECIAL Page
이미지를 정원으로 자르려면?

이미지를 정원으로 만드는 방법은 두 가지가 있습니다. 하나는 타원 도형을 그리고 난 후 도형 채우기로 이미지를 넣는 방법과 두 번째는 이미지를 도형에 맞춰 자르는 방법입니다. 자르기를 이용하면 이미지에서 원하는 부분만 남겨서 정원으로 만들고자 할 때 좋습니다.

1 이미지들을 삽입하고, 정원의 이미지로 제작하기 위해 리본 메뉴에서 [그림 도구]–[서식] 탭의 [크기] 영역에서 [자르기]–[가로 세로 비율]–[1 : 1]로 먼저 잘라 줍니다.

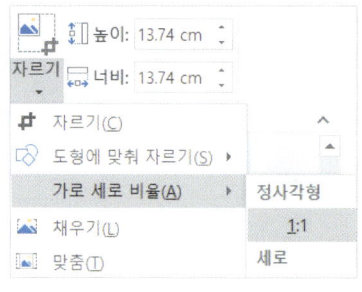 

※ 이미지를 슬라이드 배경으로 사용할 경우에는 4 : 3 비율로 잘라집니다.

2 그런 다음 [그림 도구]–[서식] 탭의 [크기] 영역에서 [자르기]–[도형에 맞춰 자르기]–[타원] ◯으로 설정합니다. 앞 과정에서 1 : 1 비율로 잘라 놓았기 때문에 정원으로 잘려집니다.

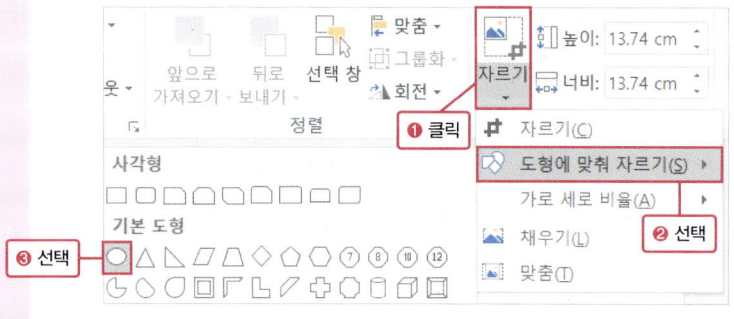 

❸ 이미지에 윤곽선과 네온 효과를 함께 적용하여 배경과 분리할 수 있습니다.

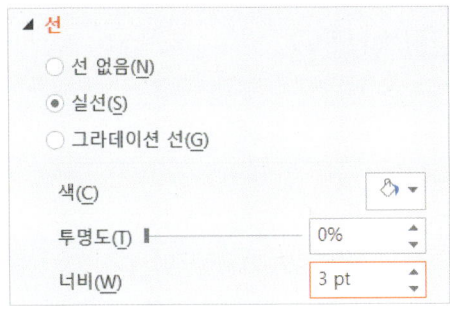 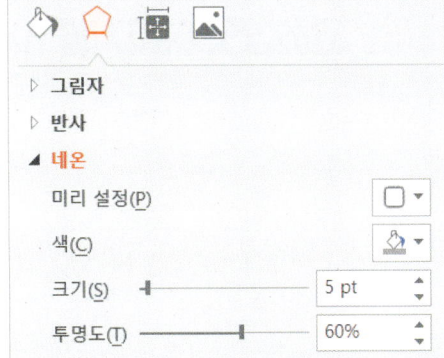

❹ 하나의 이미지 설정이 끝났으면 첫 번째 이미지를 복사하여 리본 메뉴에서 [그림 도구]-[서식] 탭의 [조정] 영역에서 [그림 바꾸기]를 이용하여 편하게 다른 그림으로 바꿔줄 수 있습니다.

표지 슬라이드를 멋지게 제작할 수 있나요?
고해상도 이미지를 사용해 보세요

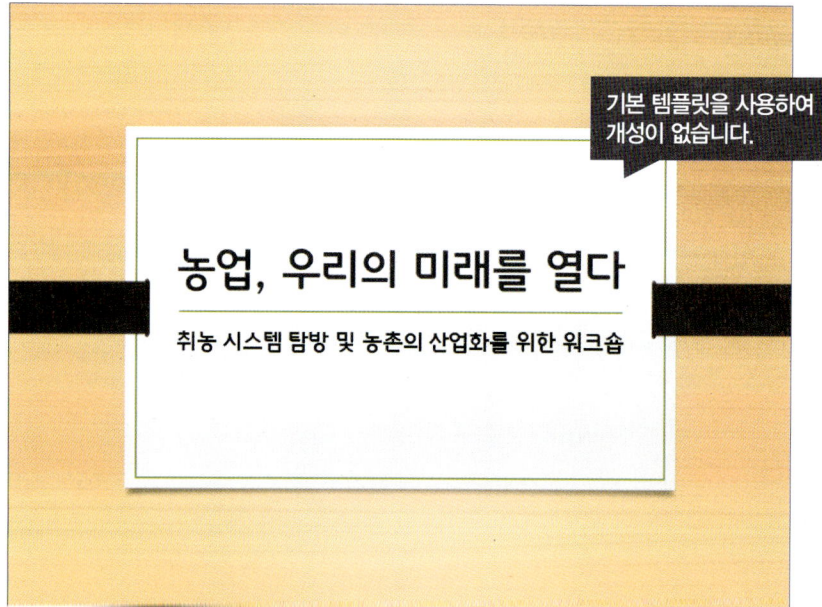

기본 템플릿을 사용하여 개성이 없습니다.

주제와 어울리는 이미지를 배경을 사용하여 앞으로 나올 발표 내용에 힘을 실어줍니다.

Technique
▶ 파워포인트에서 기본적으로 제공하는 디자인 템플릿에서 벗어나세요.
▶ 발표 주제와 어울리는 고품질의 이미지를 배경에 넣어 보세요.

파워포인트 기본 템플릿에서 벗어나 보세요

슬라이드의 가장 첫 장면을 장식하는 표지 슬라이드는 발표자의 첫인상과 연결이 되기 때문에 매우 중요하다고 할 수 있습니다. 그러나 프레젠테이션 제작에 익숙하지 않은 분들은 대부분 파워포인트에서 제공하는 기본 템플릿들을 활용하여 개성이 없는 표지를 사용하거나 다른 사람들이 제작한 슬라이드를 복사해 와서 표지로 사용하기도 합니다. 혹은 흰 뭉게구름이 떠 있는 파란 하늘과 녹색 잔디밭이 밝고 건강한 느낌의 이미지는 고정 관념 때문에 그런 이미지로 꾸며진 기성품 즉, 유료 템플릿을 구매하여 이용하는 경우도 종종 있습니다. 발표마다 주제와 핵심이 다르기 때문에 획일화된 템플릿을 사용할 경우 발표 내용과는 이질감이 생겨 겉도는 인상을 줄 수 있고, 청중들이 많이 봐 왔던 템플릿을 재사용했을 경우는 발표에 대한 기대 심리까지 낮아져 버립니다.

After 슬라이드를 살펴보면 특별하게 효과를 주지 않았지만 그림 한 장으로 세련되고 시원한 인상을 주고 있습니다. 그리고 발표 주제와 관련이 있는 이미지를 사용함으로써 앞으로 발표할 내용에 대한 예고와 기대감을 줄 수 있어서 더 좋습니다.

이렇듯 잘 선택된 이미지는 많은 것을 설명하는 힘이 있기 때문에 복잡한 표현 방법을 사용하지 않아도 표지를 세련되게 만들어 줄 수 있습니다.

표지 이미지를 선택할 때 고려해야 할 점은 해상도입니다. 슬라이드는 프로젝터를 통해서 큰 화면으로 보여주기 때문에 작은 사이즈의 이미지나 해상도가 낮은 이미지를 사용했을 경우 청중에게 좋은 인상을 주기 어렵습니다.

고해상도 무료 이미지를 얻을 수 있는 사이트 픽사베이 http://pixabay.com에서 다운받거나, 셔터스톡 https://www.shutterstock.com과 같은 유료 이미지 사이트에서 구매하는 방법도 있습니다. 혹은 요즘은 DSLR 카메라가 대중화되었기 때문에 고화질의 이미지를 직접 찍어서 발표 자료로 사용하는 것도 좋은 방법이라 할 수 있습니다.

> **Power TIP 이미지를 슬라이드 비율에 맞게 자르기**
>
> 일반적으로 슬라이드는 4 : 3 혹은 16 : 9 비율로 사용합니다. 인터넷에서 다운받은 이미지는 이와 다른 비율을 가질 수 있는데, 이때 슬라이드 크기에 맞도록 이미지를 무리하게 줄이게 되면 가로와 세로의 비율이 맞지 않아 보기 좋지 않습니다. 이럴 때는 이미지를 선택하고 [그림 도구]-[서식] 탭의 [크기] 그룹에서 [자르기]-[가로 세로 비율]을 통해 비율에 맞게 자르고 난 후, 슬라이드 크기에 맞게 확대시켜 주는 것이 이미지에 왜곡이 생기지 않습니다.

11 목차 슬라이드는 어떻게 제작해야 할까요?
표지에 사용한 이미지를 그대로 활용해 보세요

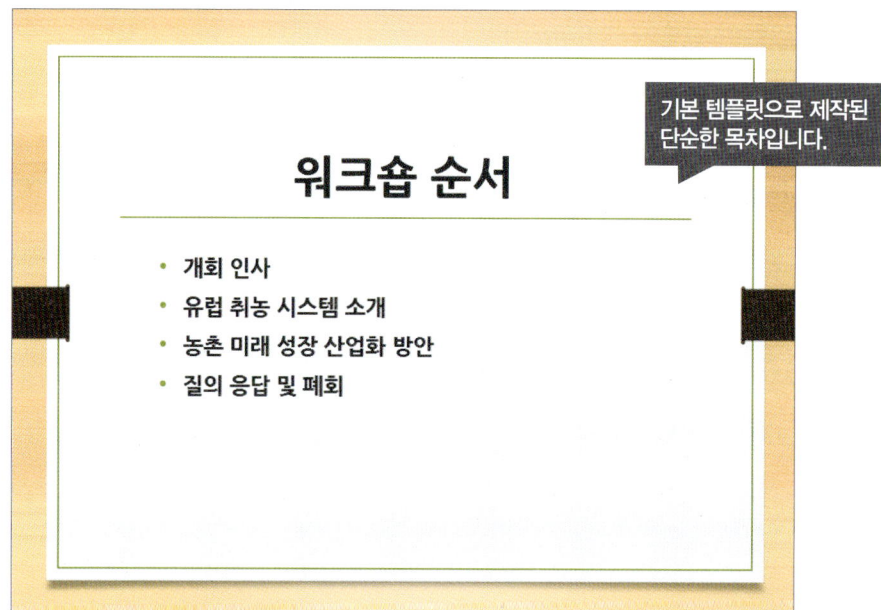

기본 템플릿으로 제작된 단순한 목차입니다.

표지 이미지를 목차 슬라이드에 사용하여 내용의 연속성을 줄 수 있습니다.

Technique
- 목차 슬라이드는 표지 다음에 나오는 슬라이드라 표지와 연계가 되면 더 좋습니다.
- 표지에 사용한 이미지를 넣되 목차가 잘 보이도록 배경 처리를 해 주세요.

목차 슬라이드는 표지의 연속!

일반적으로 표지 슬라이드 다음 단계가 목차 슬라이드입니다. 이 단계에서 발표의 순서를 안내하게 됩니다. 목차 슬라이드를 어떻게 꾸며줄까 고민하는 분들이 많은데 여기에서도 표지와 마찬가지로 주제에 맞는 이미지를 넣는 것이 좋고, 표지에 사용된 이미지가 꼭 아니더라도 발표 주제와 연관이 있는 이미지들로 구성하면 됩니다.

물론 주제에 따라 연관 이미지를 구하기 힘든 경우나 연관 이미지가 청중에게 보여주기 부적절할 경우에는 보편적인 이미지를 사용하여 목차 슬라이드를 꾸며도 됩니다.

Before 슬라이드에서는 역시 앞 장과 마찬가지로 파워포인트에서 제공하는 기본 템플릿을 사용하고 있습니다. 주제와 연관이 없는 배경과 텍스트만으로 구성된 딱딱한 표현이 발표장의 분위기를 건조하게 유도할 가능성이 높습니다.

After 슬라이드에서는 표지와 같은 이미지를 써서 주제가 연결되고 있는 느낌을 줄 수 있습니다. 배경에 표지와 같은 이미지를 사용하게 되면 연속성을 주어 발표를 듣는 청중들도 안정감을 느낄 수 있고 보다 내용에 집중할 수 있을 것입니다. 일부 발표자들은 다양성을 추구하려고 슬라이드마다 다른 이미지들로 배경을 넣기도 하는데, 이는 보는 이로 하여금 산만한 인상을 주게 됩니다.

배경에 이미지가 들어가는 경우 복잡한 배경 때문에 텍스트가 눈에 띄지 않을 수 있으니 흰색 그라데이션으로 배경 이미지 위에 넣어 주고, 텍스트에도 짙은 색 박스 처리를 해주어 시선을 모아줍니다.

PRESENTATION
design

CHAPTER 4

인포그래픽으로 많은 정보를 한방에 전달하자

요즘 여러 분야에서 사용되고 있는 인포그래픽은 복잡하고 많은 정보를 효율적으로 보여주기 위한 중요한 요소입니다. 빅데이터 시대를 맞이하여 그만큼 사회가 복잡해지고 워낙 다양해졌기 때문이 아닐까 싶습니다. 이런 세태를 반영하듯 프레젠테이션에도 인포그래픽이 접목되어 사용되는 추세가 계속 이어지고 있습니다. (※ 인포그래픽 = 정보(Information)와 그래픽(Graphics)의 합성어로 정보가 담긴 이미지라는 뜻입니다)

인터넷에 검색 결과로 나오는 대부분의 인포그래픽은 실제 파워포인트 표현과는 거리가 먼 작품들이 많습니다. 프레젠테이션용 슬라이드에서는 그런 인포그래픽 표현법과는 같은 개념으로 접근 및 제작하기보다는, 업무 중심의 문서를 그래픽적으로 나타낼 수 있는 도식이나 표현법, 그리고 내용 기획에 좀 더 어울리는 방법들을 중심으로 사용되어야 하고 그에 맞는 표현법을 연구해야할 것입니다. 이번 장에서는 인포그래픽을 슬라이드에 접목하여 내용을 효과적으로 전달할 수 있는 방법을 살펴보겠습니다.

01
심플한 이미지로 정보를 표현하고 싶다면?
픽토그램 아이콘을 사용해 보세요

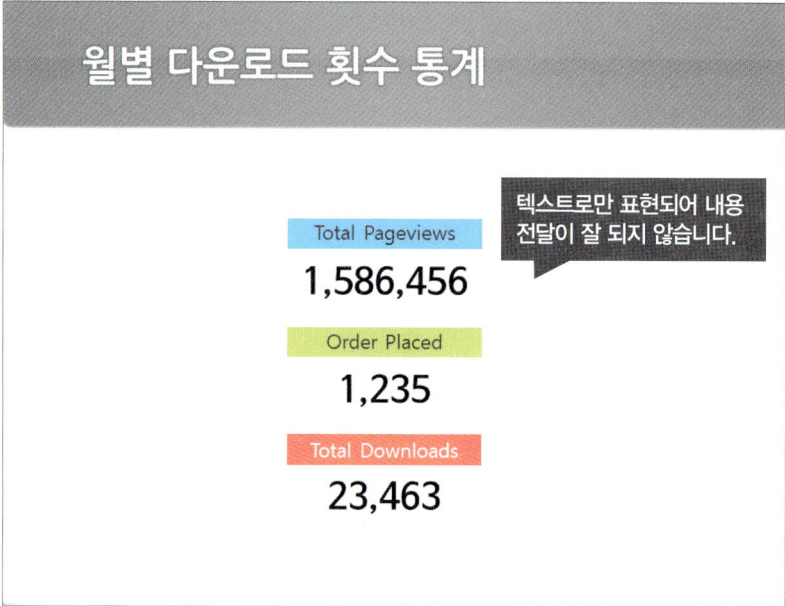

※ Icon made by Freepik from www.flaticon.com

Technique
▶ 픽토그램 아이콘은 작은 그림 안에 많은 정보를 담고 있습니다.
▶ 픽토그램을 인터넷에서 다운받아 활용하는 방법을 살펴봅니다.

픽토그램으로 함축적 의미를 표현해 보세요

슬라이드를 작성할 때 사용되는 이미지 종류에는 사진, 일러스트, 아이콘, 불릿 등 여러 가지 형식들이 있고 그마다 특징들이 있습니다. 이 장에서 소개하고자 하는 것은 픽토그램입니다.

일반적으로 픽토그램으로 불리는 기호는 간단한 단색 그림 문자로 표현되어 있음에도 불구하고 많은 정보를 포함하고 있습니다. 일상생활에서 자주 만날 수 있는 대표적인 픽토그램으로는 비상구 표시나 식당을 나타내는 포크와 나이프를 들 수 있습니다. 픽토그램은 일러스트나 사진에 비해 비교적 작은 크기이고 색도 단순하지만 그 효과는 매우 큽니다.

픽토그램에는 사람, 자동차와 같이 1차적인 개념의 아이콘도 있고, 시스템, 상승, 차가움 등의 추상적인 개념의 모티브도 표현이 가능합니다. 사람들에게 낯익은 모티브를 검색하여 슬라이드에 삽입해 주면 청중의 이해도도 훨씬 올라갈 것입니다. 픽토그램을 슬라이드에 삽입함으로써 **직감적인 이해도 올라갈 뿐만 아니라 심플하면서도 세련된 느낌이 있어 청중의 눈길을 끄는 아이캐치 기능**도 합니다.

Before 슬라이드는 오로지 텍스트로만 작성되어 의미 전달이 약한데 반해서 After 슬라이드는 픽토그램의 사용으로 메시지 전달이 강력해졌습니다.

픽토그램을 다운 받을 수 있는 사이트는 꽹장히 많습니다. 그 중 가장 많은 픽토그램을 제공하고 회원가입이 필요 없는 대표적인 사이트는 Flaticon.com 사이트입니다. Flaticon.com에 접속(크롬 브라우저에서 잘 구동이 되는 사이트)하고 원하는 검색어를 영어로 검색 창에 입력한 다음 SVG 혹은 EPS 파일이나 PNG 파일을 다운 받습니다.

SVG와 EPS 파일은 EMF 파일로 변환하여 파워포인트에 삽입해야 합니다(Special Page 참조). SVG와 EPS 파일 사용이 번거롭기 때문에 초보자들은 PNG 파일을 다운받아 사용하는 것이 편리합니다.

SPECIAL Page
픽토그램 다운로드 및 활용하기

픽토그램 다운받기

❶ 크롬 웹 브라우저에서 flaticon.com 으로 접속합니다.

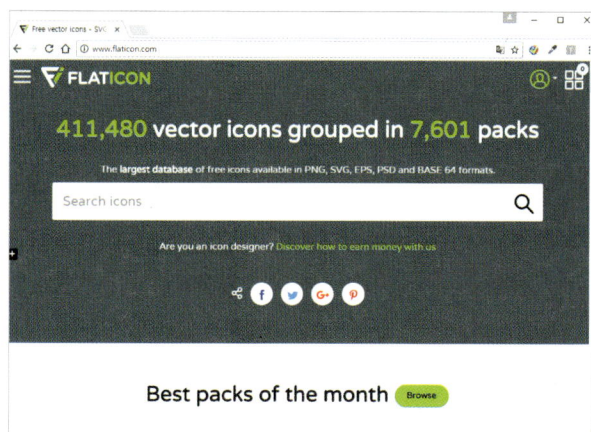

❷ 검색 창에 원하는 키워드를 입력합니다.

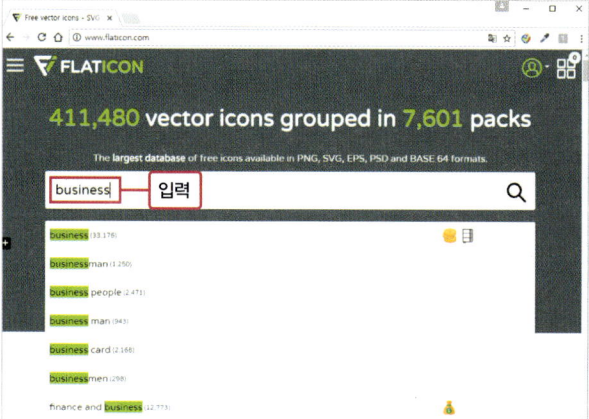

❸ 아래쪽에 검색된 결과 이미지들 중 원하는 이미지 위에 마우스 포인터를 올리면 사각형 버튼과 눈 모양의 버튼으로 나누어져 보입니다. 눈 모양의 버튼을 클릭합니다.

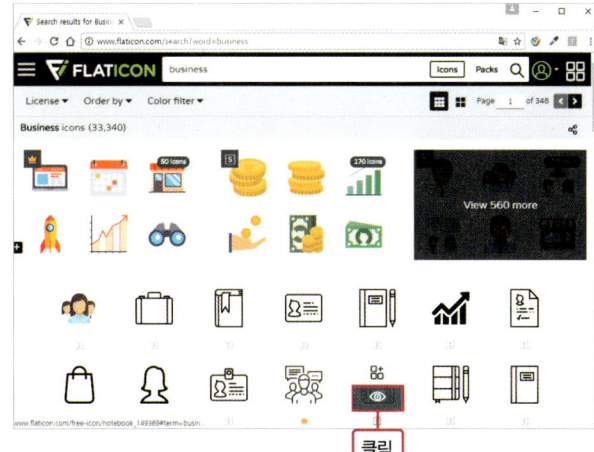

❹ 검색된 이미지가 크게 보이고 그 아래에 이미지 파일 포맷들이 나타납니다. 그 중 SVG 파일을 선택하여 다운받습니다.

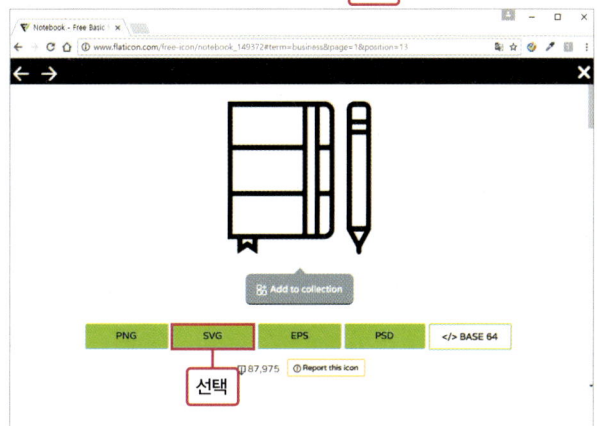

Power TIP

PNG 형식은 웹 사이트에서 바로 색상과 크기를 선택하여 다운받을 수 있습니다.

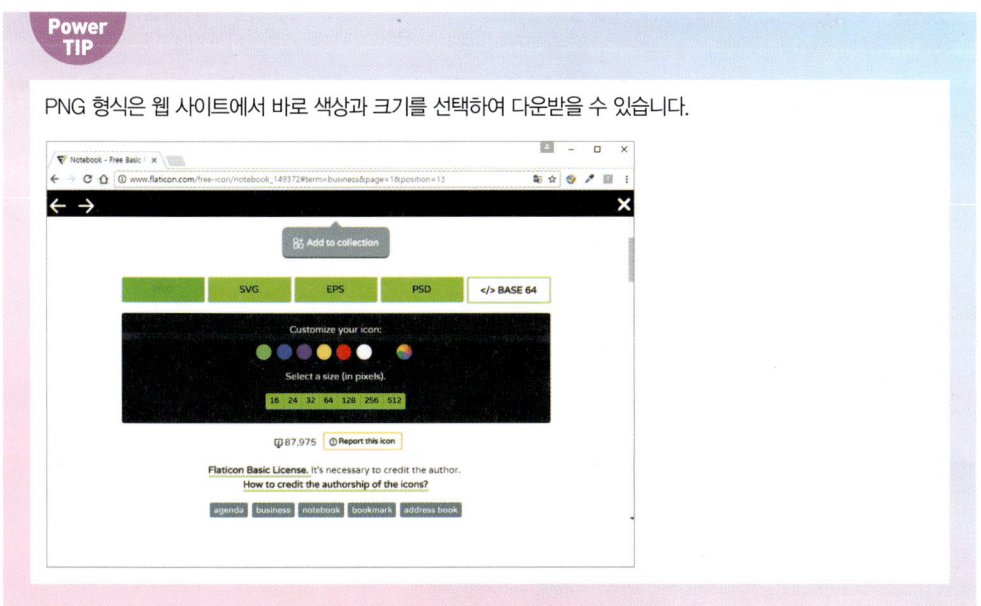

CHAPTER 4 • 인포그래픽으로 많은 정보를 한방에 전달하자

파워포인트에서 벡터 파일 삽입 및 편집하기

flaticon.com 사이트에서 다운받을 수 있는 벡터 형식 파일은 EPS(Encapsulated PostScript)와 SVG(Scalable Vector Graphics)가 있습니다. 벡터 형식의 파일은 파워포인트에 그림처럼 삽입할 수 있으며, 그룹을 해제하면 마치 도형처럼 편집하여 사용할 수 있는 파일입니다.

그러나 EPS 파일은 2017년 4월 이후 Microsoft의 그래픽 보안정책이 변경되어 더 이상 삽입되지 않고(2013 버전, 2010버전, 오피스 365 기준), SVG 파일도 파워포인트에 바로 삽입할 수 없습니다.

해결책은 클라우드 컨버트 사이트(https://cloudconvert.com)에서 파일 형식을 EMF나 WMF로 변경하여 파워포인트에 그림으로 삽입하면 됩니다.

| 클라우드 컨버트 사이트에서 파일 형식 변경하기 |

클라우드 컨버트 사이트는 거의 모든 형식의 파일을 변환할 수 있는 곳입니다.

❶ https://cloudconvert.com으로 접속합니다. [Select files] 버튼을 클릭하여 다운받은 SVG 파일을 불러옵니다.

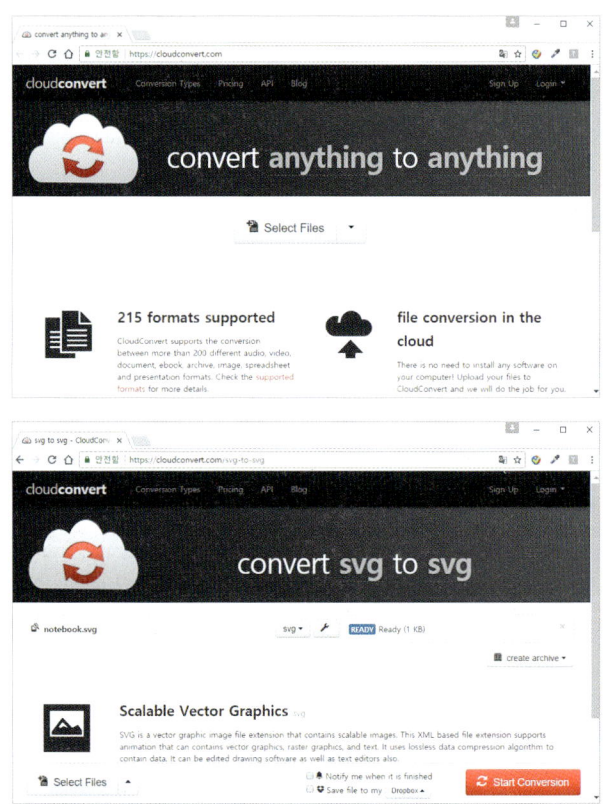

❷ 변경할 파일 형식을 선택합니다. [vector] 메뉴 아래에 [EMF]를 선택합니다.

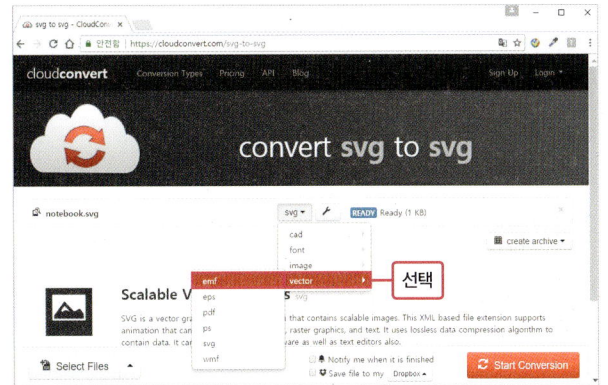

❸ [Start Conversion] 버튼을 클릭하여 변환시킵니다.

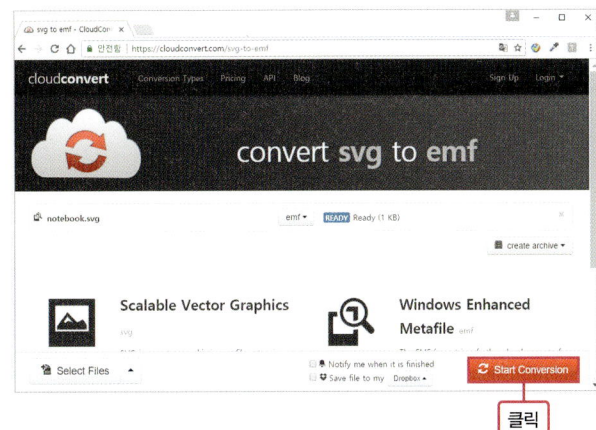

❹ 변환이 완료되면 [Download] 버튼을 클릭하여 다운로드 받습니다.

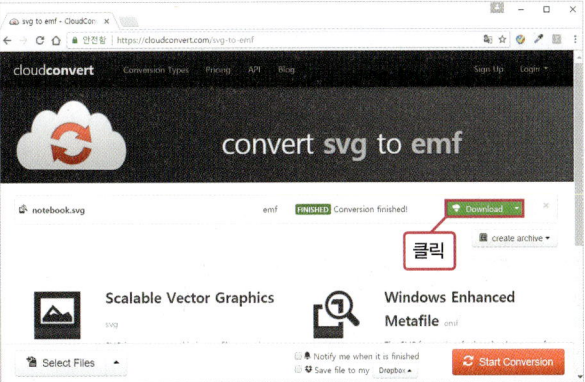

| 파워포인트에 EMF 파일 삽입하기 |

❺ 파워포인트에 EMF 파일을 삽입하기 위해 리본 메뉴에서 [삽입] 탭의 [이미지] 영역에서 [그림]을 선택하고, 다운받은 EMF 파일을 불러옵니다.

❻ 삽입된 EMF 그림을 선택하고 그룹 해제(Ctrl + Shift + G)를 두 번 해 줍니다.

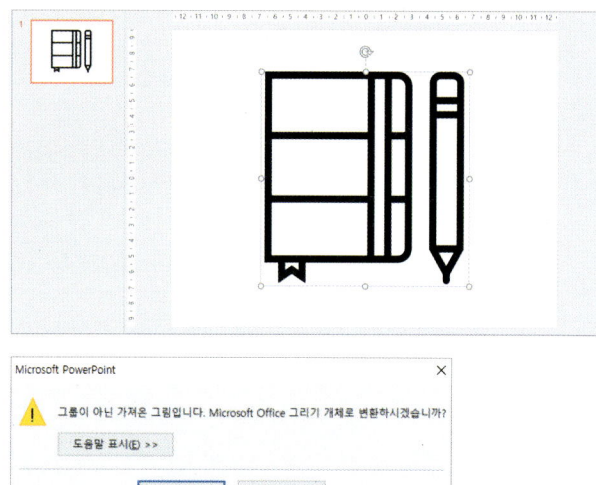

❼ EMF 그림 개체가 도형 개체로 분리됩니다. 분리된 개체들 중 필요 없는 투명판을 삭제합니다.

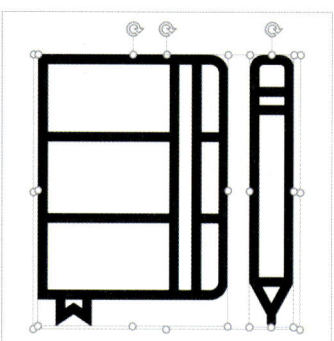

❽ 남아 있는 개체를 선택한 후 [홈] 탭의 [그리기] 영역에서 [도형 채우기 / 도형 윤곽선]으로 채우기 색과 윤곽선 색을 변경합니다.

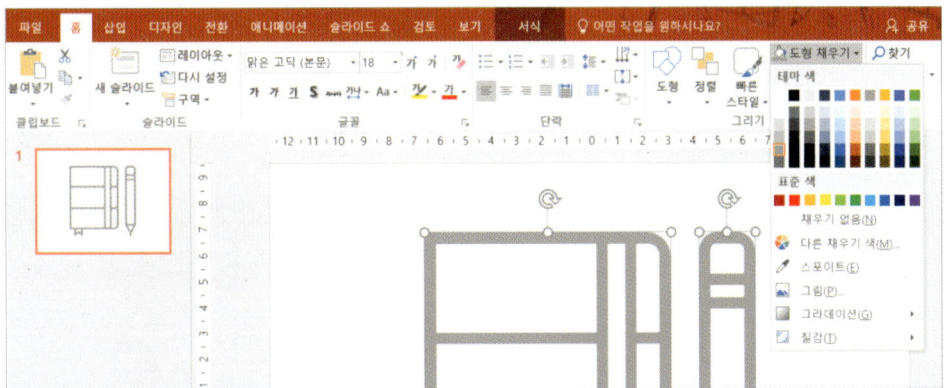

❾ 색 수정이 종료된 후에는 분리된 개체들을 다시 재 그룹(Ctrl+G) 해 주어야 이동 혹은 크기 조절시 편리합니다.

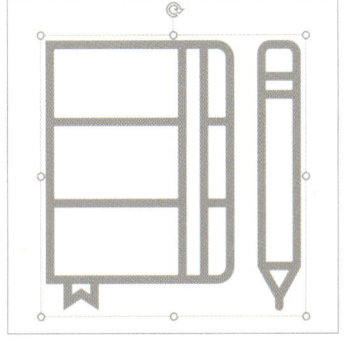

❿ 픽토그램을 도형과 함께 사용하면 세련된 슬라이드를 꾸밀 수 있습니다.

증가량을 보다 설명적으로 표현하고 싶다면?
픽토그램으로 누적량을 표현해 보세요

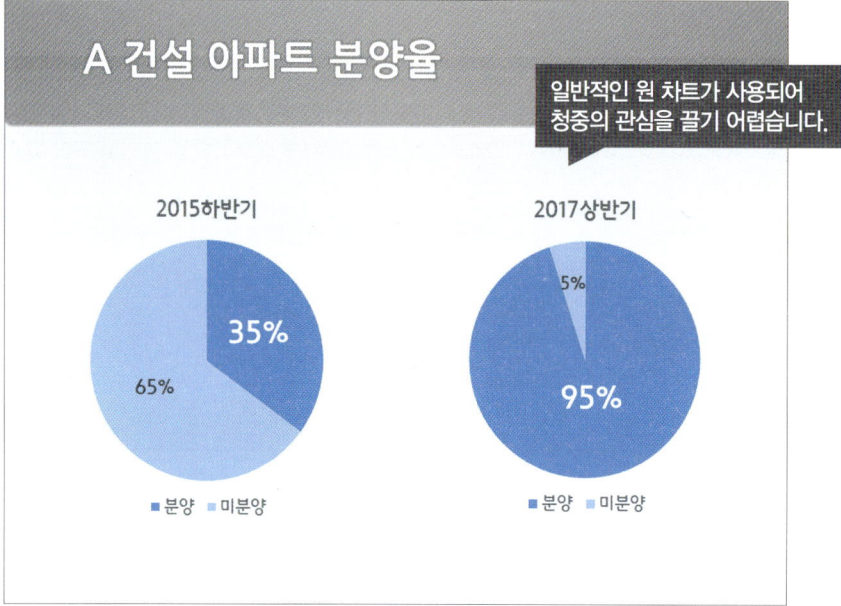

일반적인 원 차트가 사용되어 청중의 관심을 끌기 어렵습니다.

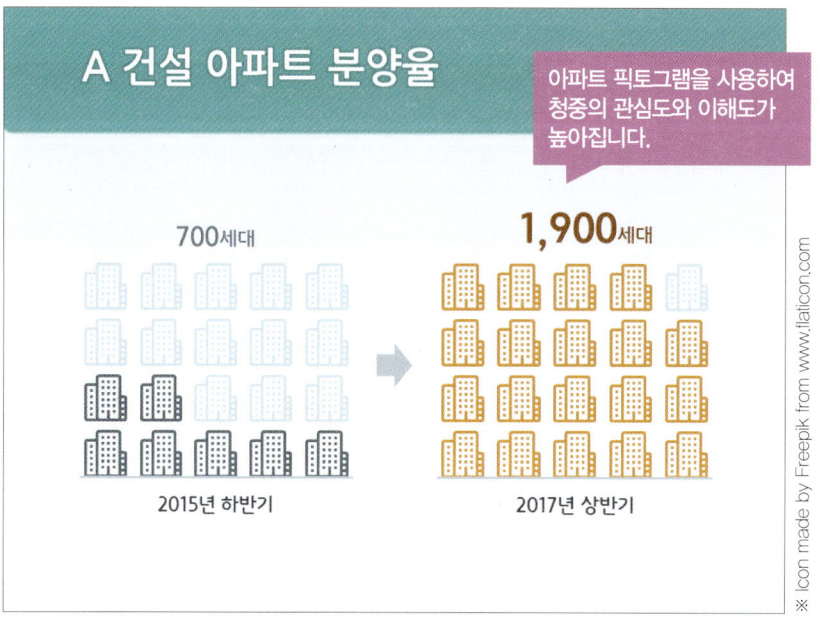

아파트 픽토그램을 사용하여 청중의 관심도와 이해도가 높아집니다.

Technique
▶ 픽토그램을 이용해 보다 설명적인 그래프를 제작해 봅니다.
▶ 일정한 간격을 유지하며 복사하는 방법을 살펴봅니다.

픽토그램을 이용하여 증가량이 한눈에 파악되도록 표현해 보세요

차트는 데이터의 비교 분석을 시각적으로 잘 보여주는 개체이며 슬라이드에서 빠지지 않는 요소로 파워포인트의 차트 기능을 이용하면 쉽고 간단하게 삽입할 수 있습니다.

디자인 퀄리티를 좀 더 우선으로 생각하는 디자이너들은 차트를 도형이나 픽토그램으로 제작하기도 합니다. 차트를 인포그래픽적 요소로 표현을 하게 되면 평소 만들던 방식으로 표현하지 못했던 새로운 형태의 그래프를 표현할 수 있습니다.

그러나 이런 인포그래픽적인 표현이 내용의 정확성만을 중요하게 여기는 비(非)디자이너들에게는 의미 없는 작업 과정일 수도 있습니다. 그래서 Before 슬라이드처럼 파워포인트의 차트 기능을 이용하여 편리하지만 재미없게 제작하게 됩니다.

이러한 표현이 잘못되었다는 것이 아니라 매 슬라이드마다 무미건조한 숫자와 그래프만 나열하는 것보다 After 슬라이드와 같이 가끔씩 시각적인 요소들로 악센트를 넣어주는 것도 발표장에서 주위를 환기시킬 수 있는 청량제 같은 요소가 될 수 있음을 기억하시기 바랍니다. 단, 제작 과정이 일반 표현들보다 훨씬 복잡하다는 점, 그리고 과연 이 표현을 최고 결정권자가 받아들일지 꼭 고민을 해야 합니다.

픽토그램을 다운받는 사이트(flaticon.com)에서 빌딩 이미지 EPS나 SVG 파일을 다운받고 EMF로 파일 형식을 변경하여 파워포인트에서 삽입한 후 그룹을 해제하여 도형처럼 편집할 수 있습니다(앞 Special Page 참조). 똑같이 생긴 빌딩이 20개가 있어야 하니 Ctrl+D를 이용하여 복제합니다. Ctrl+D 단축키를 이용하여 복제하면, 같은 거리를 유지한 채 복제를 할 수 있는 장점이 있습니다.

Power TIP

① 삽입한 빌딩 EMF 파일을 Ctrl+D 단축키를 이용하여 복제합니다.

② 마우스나 키보드로 일정한 간격을 띄워줍니다. (단, 선택이 해제되면 안 됩니다.)

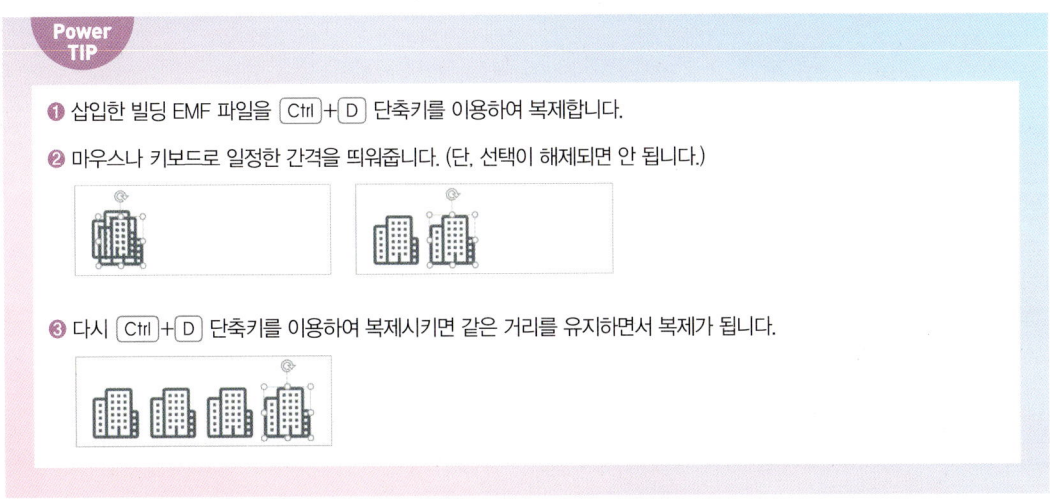

③ 다시 Ctrl+D 단축키를 이용하여 복제시키면 같은 거리를 유지하면서 복제가 됩니다.

03
청중의 공감을 얻고 싶다면?
인포그래픽으로 청중의 마음을 움직여 보세요

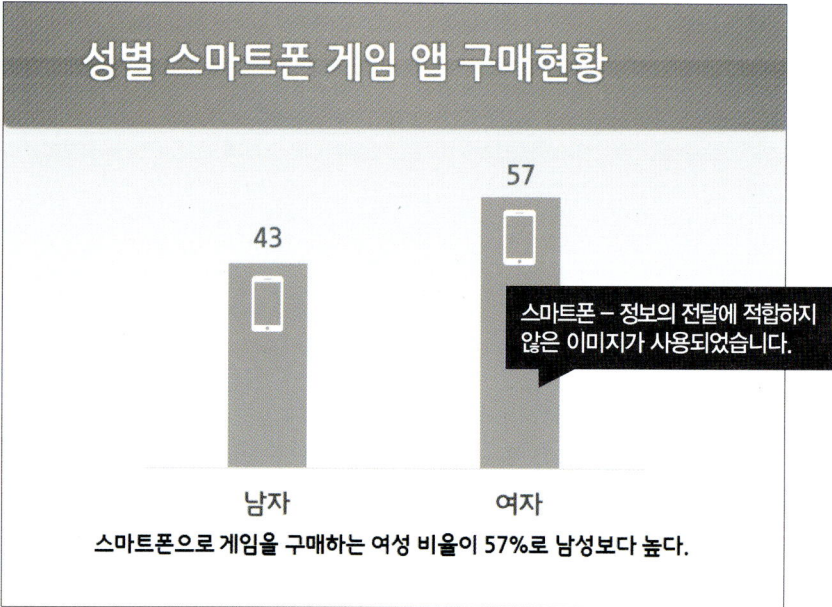

Technique
- ▶ 감성을 자극하여 기억에 오래 남을 슬라이드를 만듭니다.
- ▶ 인포그래픽의 핵심 포인트 5가지를 살펴봅니다.

인포그래픽을 이용하여 청중의 공감을 이끌어내 보세요

발표용 슬라이드 제작에서는 정보를 시각적으로 구체화하는 작업이 계속 병행되어야 합니다. 그 역할을 요즘 인포그래픽이 많이 담당을 하고 있고, 인포그래픽은 정보에 적합한 이미지가 결합되었을 때 시너지 효과가 발생합니다. 그러나 Before 슬라이드에는 여성과 남성의 스마트폰 게임 앱의 구매량 비교가 주요 내용인데 스마트폰만을 시각화시켜서 주요 내용이 명확히 표현되지 않았습니다. 잘못된 인포그래픽 표현이라고 볼 수 있겠습니다.

After 슬라이드에서는 여성과 남성의 스마트폰 게임 앱 구매량 비교를 위해 남녀 캐릭터 픽토그램을 사용했으며, 여성의 비율이 높다는 것을 얼굴의 크기로 차이를 두었습니다. 한 눈에 봐도 여성의 비율이 높다는 것을 알 수 있습니다. 이렇듯 강조해야할 주요 포인트가 무엇이고, 그에 맞는 적절한 이미지 사용이 내용 전달에 큰 역할을 한다는 것을 다시 한 번 잊어서는 안 될 것입니다.

인포그래픽 슬라이드 제작의 핵심 포인트는 첫째 핵심 메시지입니다. 발표자가 꼭 전달하고 싶은 한 가지 메시지를 청중이 흥미로워할 만한 요소로 감성을 자극하고 공감을 이끌어 낼 수 있는 그러면서도 정확하게 논리를 전달할 수 있는 두 마리 토끼를 다 잡았을 때 완벽한 인포그래픽이 될 수 있습니다.

두 번째 포인트는 정보를 한눈에 파악할 수 있도록 구조화시켜야 된다는 점입니다. 구조화가 잘 되면 정보는 더 간결해지고 전달력이 강력해 집니다.

세 번째는 스토리텔링입니다. 모든 슬라이드에서 스토리텔링이 필요한 것은 아니다만 정보에 이야기가 더해지면 전달하고자 하는 메시지는 청중들 머릿속에 더 오래 기억될 수 있을 것입니다.

네 번째 포인트는 이미지화입니다. 시각적으로 구체화된 인포그래픽은 정보에 적합한 이미지가 잘 결합되었을 때 정보 전달의 시너지 효과가 나타납니다.

마지막 포인트는 감성과 위트입니다. 무미건조한 영혼이 없는 표현보다는 재치 있고 유머러스한 표현으로 청중의 시선을 사로잡고 감성을 자극할 수 있다면 성공적인 프레젠테이션이 될 수 있을 것입니다.

04
특정 지역을 강조하려면?
벡터 지도에서 그 지역의 색만 바꿔보세요

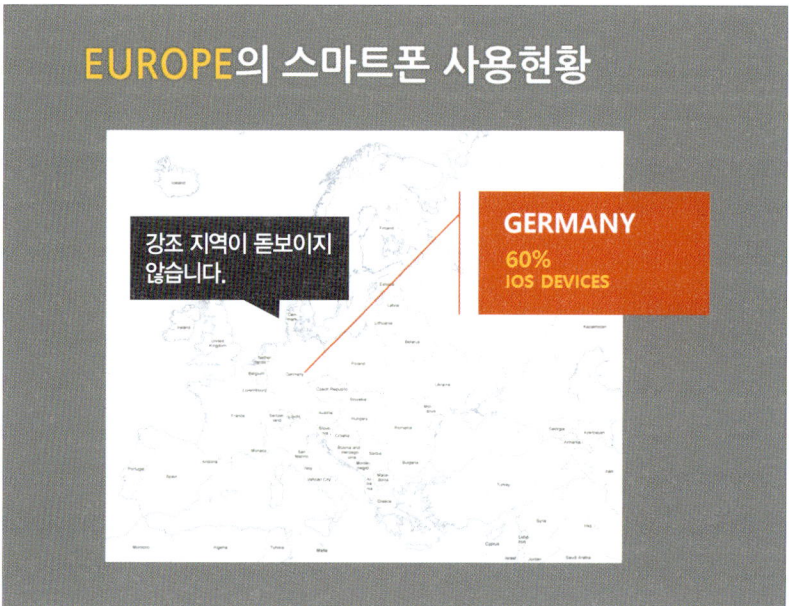

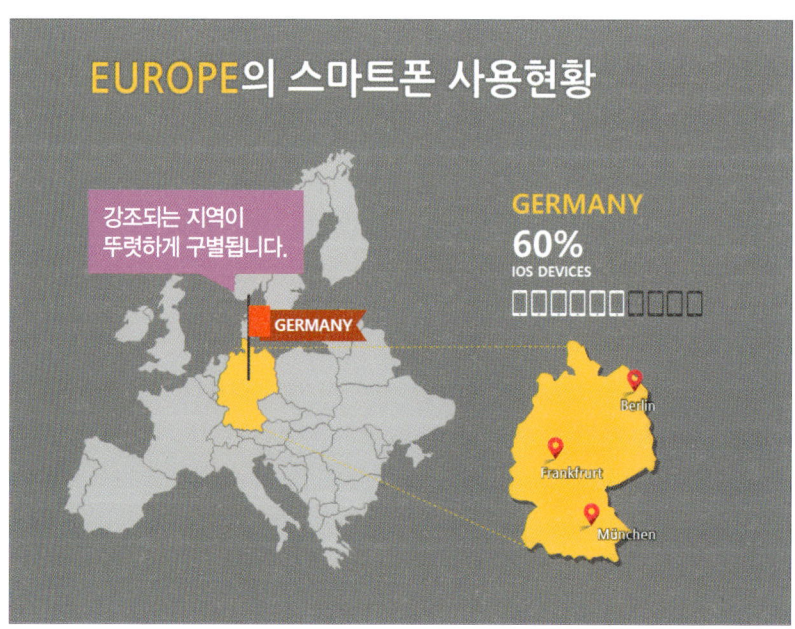

Technique
▶ 벡터 지도 이미지를 이용하면 도형처럼 편집할 수 있습니다.
▶ 벡터 지도 다운받는 방법과 편집하는 방법을 살펴봅니다.

벡터 지도 이미지를 이용하여 특정 지역을 강조해 보세요

최근에 발표용 문서 작성에 인포그래픽적인 요소가 자주 사용되고 있습니다. 아무래도 텍스트 위주의 슬라이드보다 그래픽 위주의 슬라이드가 훨씬 시각적으로 메시지를 잘 전달할 수 있기 때문입니다. 그중에서도 지도를 이용한 슬라이드는 수출입 동향이나, 세계의 인구 분포 등 지리적인 정보를 표현할 때 자주 사용됩니다. 이때 JPG 파일이나 PNG 파일의 지도 이미지를 사용하게 되면 특정 지역의 색을 바꾸어 강조하거나 그 지역만 분리시켜 확대하는 등의 편집이 불가능합니다.

Before 슬라이드를 살펴보면 유럽의 지도 이미지를 JPG 파일로 삽입한 것입니다. 유럽의 스마트폰 사용 현황 중 독일의 사례를 보고하는 슬라이드인데 독일만을 강조해야 하는 내용임에도 불구하고 JPG 이미지이기 때문에 효과를 주기가 어렵습니다.

이럴 때 해답은 위키미디어 커먼스 사이트에서 벡터 지도 이미지를 구하고, 잉크 스케이프라는 프로그램으로 파워포인트에서 사용가능한 이미지로 변환을 시켜주는 방법이 있습니다.

위키미디어 커먼스는 위키 재단에서 운영하는 사이트이고, 다양한 이미지, 지도, 심벌, 로고, 국기, 소리 등을 무료로 검색 다운받을 수 있는 곳입니다. 국가나 단체, 회사들이 공개한 자료들이기 때문에 저작권 걱정 없이 사용이 가능합니다.

https://commons.wikimedia.org 사이트로 접속하고 검색 창에 원하는 나라 이름을 입력합니다. 대한민국 지도를 얻고자 한다면 'KOREA'라고 입력하면 됩니다. 국기, 엠블럼, 지도, 사진들의 검색 결과를 볼 수 있으며, 지도 카테고리로 가면 전국지도 뿐만 아니라 도시, 군 지도까지 수록되어 있습니다.

SPECIAL Page
벡터 지도 파일을 다운받고 편집하는 방법

위키미디어 커먼스에서 다운받기

위키미디어 커먼스에서 지도를 다운받을 때 벡터 형식인 SVG(Scalable Vector Graphic) 형식을 다운받으면 지도 편집할 때 확대를 해도 이미지가 깨지는 현상이 생기지 않습니다. 하지만 SVG 파일은 파워포인트에서 바로 사용할 수 없기 때문에 별도의 프로그램을 이용하여 변환해서 파워포인트로 불러와야 합니다.

❶ 위키미디어 커먼스 사이트 https://commons.wikimedia.org로 접속하고, 검색 창에 'korea maps svg'라고 입력합니다.

❷ 본문, 멀티미디어, 번역문, 모든 문서, 고급 중 '멀티미디어' 카테고리를 클릭합니다.

❸ 원하는 대한민국 전체 지도를 클릭하여 이미지 상세 페이지로 들어갑니다. 지도 아래에 있는 [원본 파일 SVG]을 클릭하여 그림을 크게 나타나게 합니다.

❹ 그림 위에서 마우스 오른쪽 버튼을 클릭하여 [다른 이름으로 저장]을 선택하여 다운받습니다.

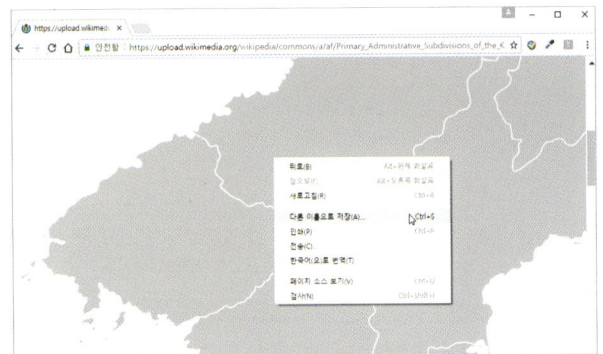

잉크 스케이프에서 변환하기

SVG 파일은 파워포인트에서 바로 사용할 수 없고, 어도비 사의 '일러스트레이터' 프로그램이나 무료 프로그램인 '잉크 스케이프'로 변환해서 사용해야 됩니다.

❶ 잉크 스케이프에서 [File]-[Open]을 선택하고 다운받은 지도 SVG 파일을 엽니다.

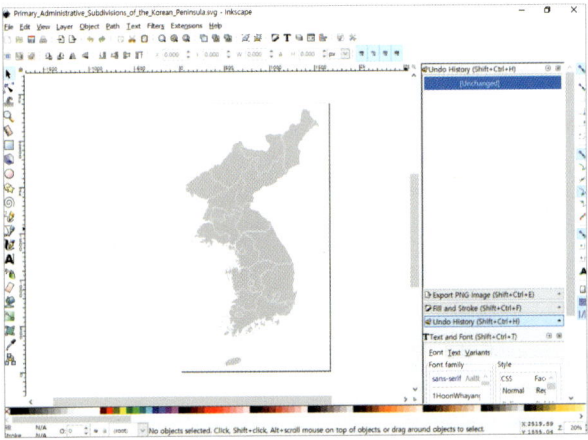

❷ [File]-[Save as]를 통해 EMF 파일 형식으로 저장합니다.

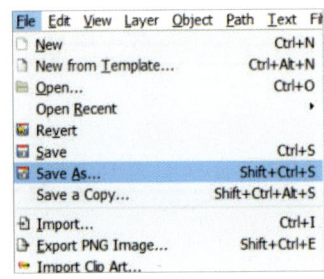
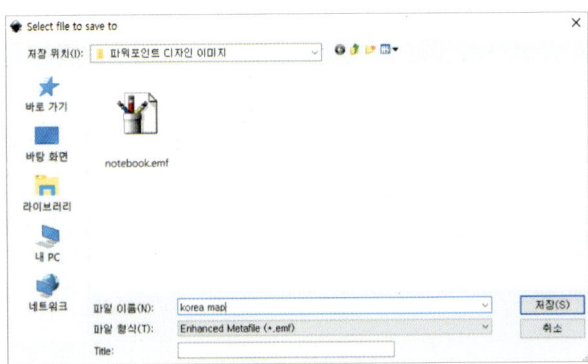

CHAPTER 4 • 인포그래픽으로 많은 정보를 한방에 전달하자

- 윈도우 메타 파일(Windows Metafile, WMF)은 마이크로소프트 윈도우 운영 체제의 그래픽 파일 포맷이며, 벡터 그래픽스와 비트맵 구성 요소를 모두 포함할 수 있습니다. EMF 파일은 몇 가지 명령어들이 포함된 32비트 버전으로 WMF의 강화된 메타 파일(Enhanced Metafile, EMF)입니다. WMF와 EMF는 EPS와 함께 모두 벡터 형식의 그래픽 파일입니다.

- Inkscape는 다양한 형태의 벡터 이미지를 짧은 시간에 쉽게 그릴 수 있고, 이미지 및 글자 회전, 크기 조절, 각종 플러그인에 의한 다양한 효과를 낼 수 있는 우수한 일러스트레이터를 대체할 수 있는 벡터 이미지 프로그램입니다.
https://inkscape.org/ko/download/ 사이트에서 각 시스템 응용체계에 맞는 무료 소프트웨어를 다운받아 설치할 수 있습니다.

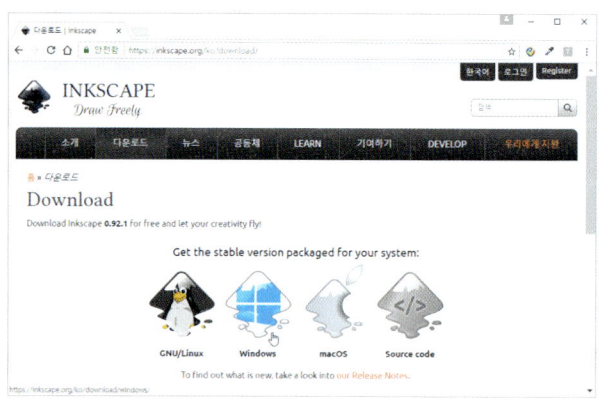

파워포인트에서 지도 열기

EMF는 벡터 그림 파일이지만 그룹 해제를 하면 파워포인트에서 마치 도형처럼 편집하여 사용할 수 있습니다.

❶ [삽입] 탭의 [이미지] 영역에서 [그림]을 선택하여 '잉크 스케이프'에서 변환한 EMF 파일을 불러옵니다.

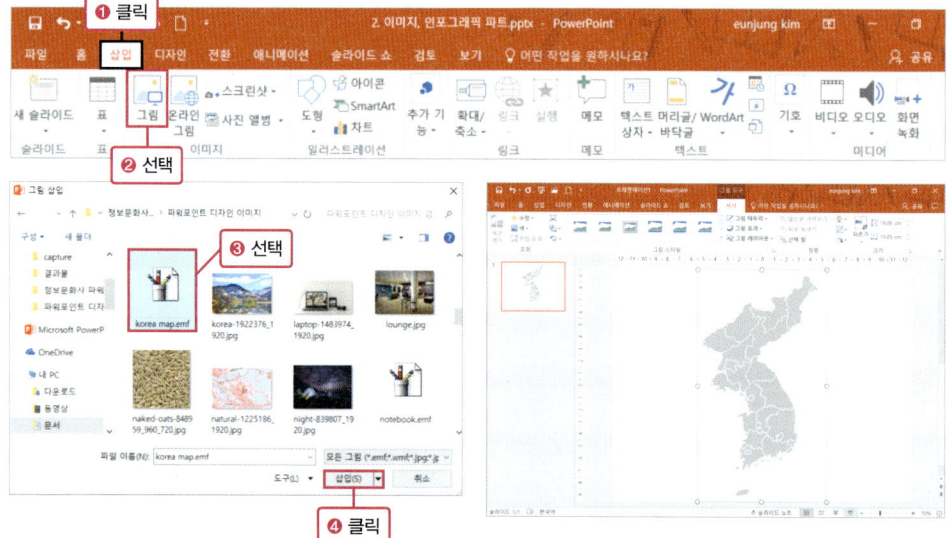

❷ Ctrl+Shift+G를 두세 번 눌러 그룹 해제를 두 번 해줍니다. 지도가 도형으로 분리됩니다.

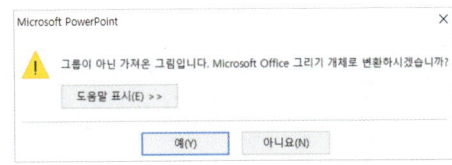

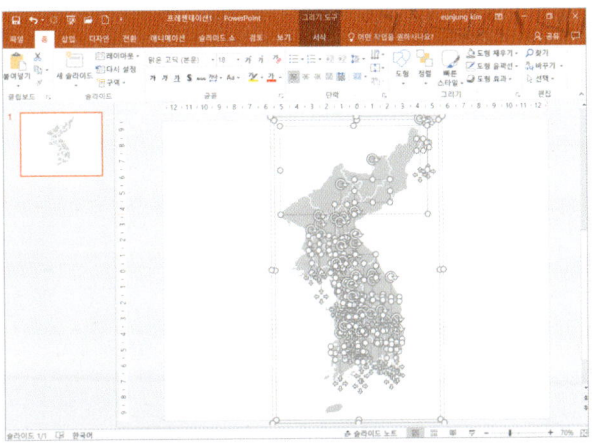

❸ 필요 없는 부분은 삭제하고, 강조할 부분의 도형의 채우기 색상을 바꾸는 방법으로 특정 지역의 색상을 바꿉니다.

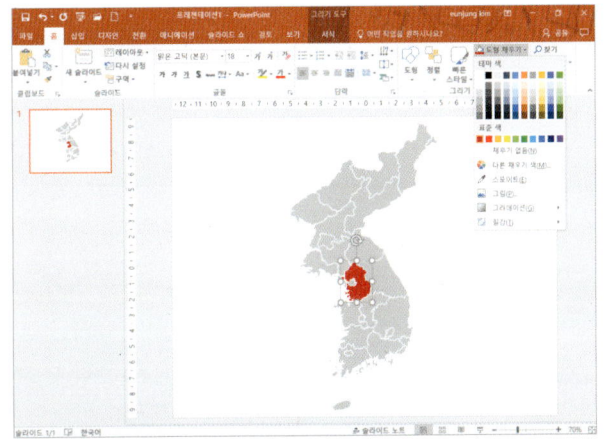

❹ 편집이 끝났으면 지도를 모두 선택하고 다시 재 그룹(Ctrl+G)하여 이동 및 크기 조절이 용이하도록 합니다.

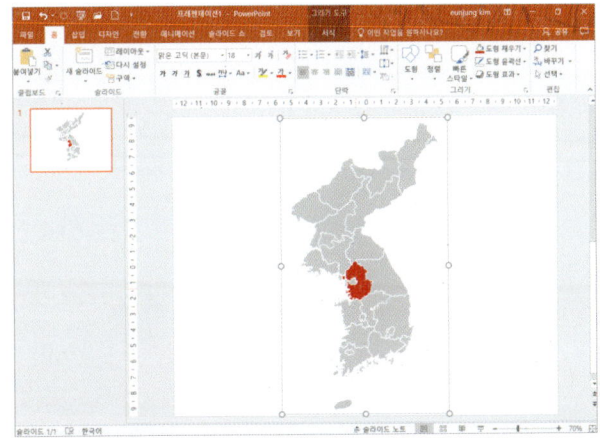

05 특정 국가를 돋보이게 하려면?
벡터 지도에서 국기 이미지로 채우기를 해 보세요

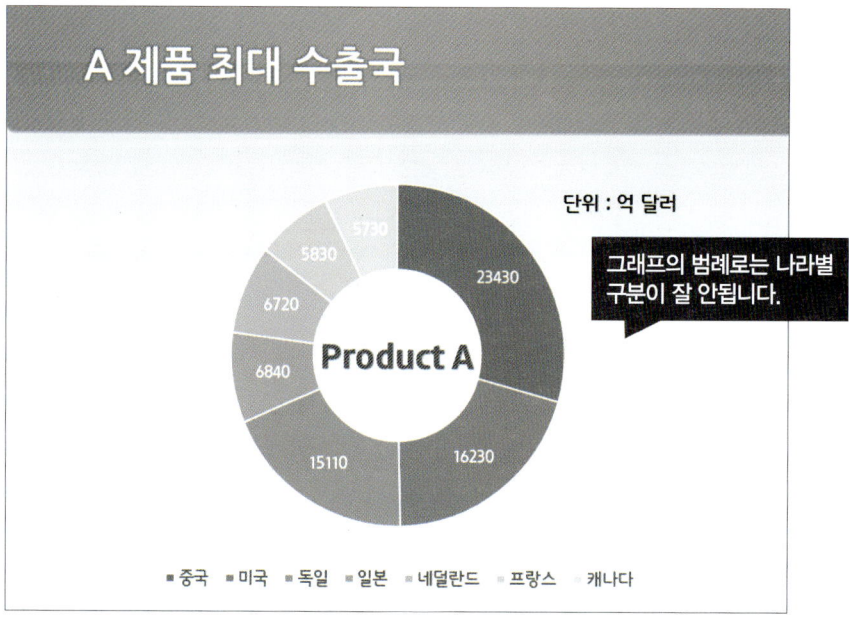

Technique
▶ 나라를 표현할 때 지도와 국기를 함께 나타내면 전달력이 배가 됩니다.
▶ 벡터 지도를 도형으로 바꿔서 국기 이미지로 채우기 합니다.

지도와 국기 이미지를 이용하여 전달력을 높이세요

인포그래픽의 핵심 포인트 중 하나는 이미지화입니다. 정보에 적합한 이미지가 잘 결합되었을 때 정보 전달의 시너지 효과가 나타나는데요. 국가의 다양성을 나타내야 할 경우 각 나라의 대표 상징물인 국기와 지도를 덧붙여 표현한다면 그보다 더 강력한 표현은 없을 것입니다.

Before 슬라이드에서는 최대 수출국을 단순한 차트로만 구성하여 어느 나라가 최대 수출국인지 한눈에 보이지 않고, 차트 아래쪽에 배치된 범례를 읽고 나서야 중국이 최대 수출국임을 파악할 수 있습니다. 이런 슬라이드는 발표자가 설명을 하기 전에는 청중들은 내용에 대한 예측을 전혀 할 수 없게 됩니다. 이 경우에는 청중이 발표자만 의지하는 수동적인 자세를 취할 수밖에 없습니다.

성공적인 프레젠테이션에서는 청중들이 앞에 띄워진 슬라이드를 보고 능동적으로 각자 판단을 할 수 있어야 합니다. 그리고 발표자의 설명을 듣고 본인이 판단한 내용과 발표자의 발표 내용이 일치하는지 안 하는지 계속 맞춰가면서 발표를 듣게 되면 청중의 입장에서도 그 발표가 흥미로워질 수밖에 없습니다.

After 슬라이드에는 주요 최대 수출국 3개국을 나타내기 위해 지도와 국기를 혼합하여 사용했습니다. 중국, 미국, 독일 국기가 들어간 지도 이미지가 직관적으로 파악되기 때문에 청중들은 슬라이드를 보자마자 최대 수출국 3국에 대해 한 눈에 파악될 것입니다.

앞 장에서 소개한 것처럼 위키미디어 커먼스에서 벡터 지도를 다운받고, 잉크 스케이프나 일러스트레이터에서 SVG 파일을 파워포인트에서 사용 가능한 이미지로 변환시킨 다음, 파워포인트에서 도형 채우기로 지도 이미지를 삽입해주면 됩니다. 4위 국가부터는 중요하지 않은 정보이기 때문에 범례로 표시를 해도 충분합니다.

06
나라별 구분을 뚜렷하게 하려면?
아이콘 형태의 국기를 나라 이름 앞에 넣어 보세요

해양 플랜트 대외 경쟁력 비교

구분	설계	건조와 제작	운반
한국	중	상	중
미국	상	중	상
일본	상	중	중
프랑스	상	중	상
영국	상	중	상

텍스트만으로는 나라 구분의 시각적 효과가 떨어집니다.

해양 플랜트 대외 경쟁력 비교

구분	설계	건조와 제작	운반
🇰🇷 한국	중	상	중
🇺🇸 미국	상	중	상
🇯🇵 일본	상	중	중
🇫🇷 프랑스	상	중	상
🇬🇧 영국	상	중	상

국기 모양의 둥근 불릿 기호의 삽입으로 나라 구분이 뚜렷해졌습니다.

Technique
- ▶ 국기가 삽입되면 나라별 구분이 훨씬 뚜렷해집니다.
- ▶ 국기 아이콘을 인터넷에서 다운받아 사용해 봅니다.

국기 이미지 사용으로 나라 구분을 더 뚜렷하게!

국가를 대표하는 상징물에는 국기, 꽃, 동물, 나라를 대표하는 컬러 등 여러 가지를 들 수 있습니다. 이런 상징물을 슬라이드로 제작할 때 사용한다면 나라별 구분과 의미 전달이 효과적으로 될 수 있을 것입니다.

Before 슬라이드에는 나라별 해양 플랜트 대외 경쟁력 비교표가 텍스트와 표로 구성되어 있습니다. 텍스트로도 나라의 이름을 입력해 두긴 했지만 한눈에 바로 들어오지는 않습니다. 시각적인 자료의 부족함이 느껴지는 예입니다.

After 슬라이드를 살펴보면 각 나라 이름 옆에 원형 국기 이미지를 넣어 훨씬 나라 구분이 잘 되고 있으며, 의미 전달도 한결 쉬워졌습니다. 잘 알려진 나라는 국기 이미지만 보아도 바로 어느 나라를 지칭하는지 알 수 있습니다. 하지만 국기 이미지를 넣는다고 해서 나라 이름을 빼면 안 됩니다. 싱가폴, 인도네시아, 태국 등의 나라를 나타내야 할 경우는 국기뿐 아니라 국가명도 꼭 표기해야 국가 구분을 할 수 있습니다.

둥근 모양의 국기를 만드는 방법은 도형으로 정원을 그립니다. 인터넷에서 국기 이미지를 다운받고, 미리 그려 놓은 원 도형에 채우기로 국기 이미지를 넣어 제작하면 됩니다. 도형에 입체 효과까지 넣어주면 더 세련되게 표현할 수 있습니다.

청중의 흥미와 관심을 끌고 싶다면?
일러스트 이미지를 사용해 보세요

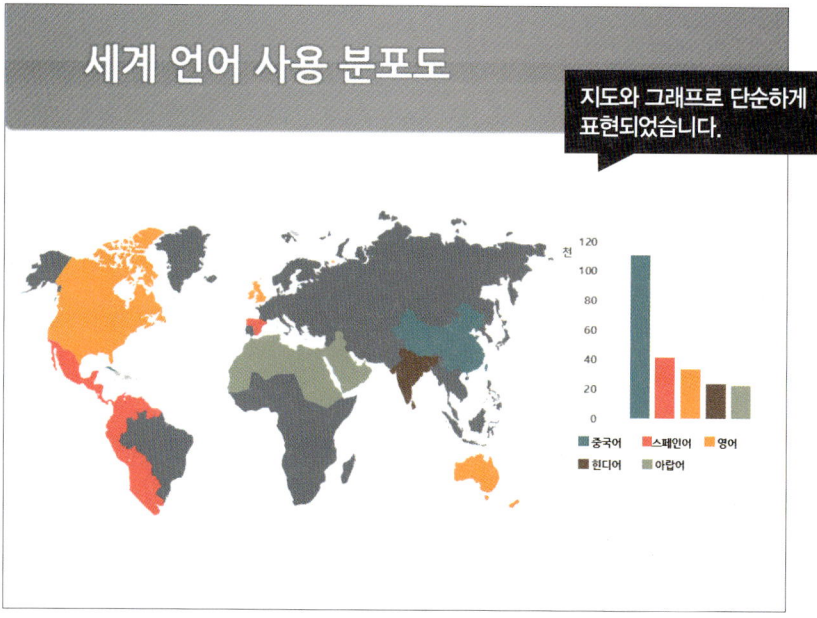

지도와 그래프로 단순하게 표현되었습니다.

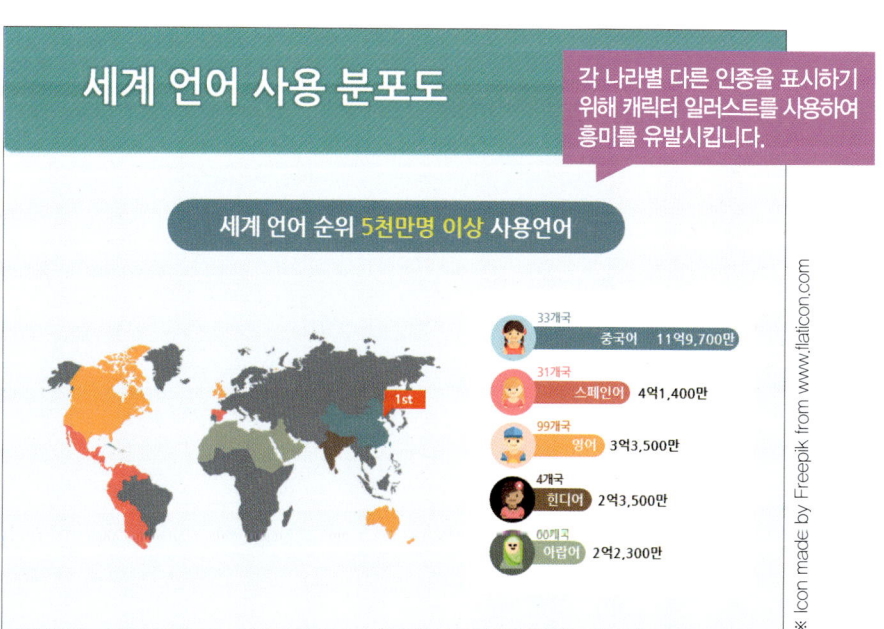

각 나라별 다른 인종을 표시하기 위해 캐릭터 일러스트를 사용하여 흥미를 유발시킵니다.

※ Icon made by Freepik from www.flaticon.com

Technique
▶ 청중의 즉각적인 흥미와 관심을 끌기 위해 일러스트 이미지를 사용합니다.
▶ 일러스트 이미지를 다운받고 삽입하는 방법을 살펴봅니다.

일러스트를 슬라이드에 사용해 보세요

이미지, 픽토그램 등을 이용한 인포그래픽 슬라이드가 시각적으로 메시지를 효과적으로 잘 전달할 수 있다는 것은 여러 번 강조를 했습니다. 거기에 청중의 시선을 사로잡기 충분한 일러스트까지 사용한다면 청중의 흥미를 유발하기 충분할 것입니다. 물론 너무 과한 일러스트의 사용은 독이 될 수 있기 때문에 적절하게 일러스트를 첨가해주는 것이 좋습니다.

Before 슬라이드에서는 가장 많이 사용되는 세계 언어 Top 5를 지도와 그래프로 표현하고 있습니다. 이 슬라이드에서는 언어 분포도와 언어 사용 인구수 데이터 분석에 초점이 맞춰진 슬라이드라 할 수 있습니다. 여기에 각 언어를 사용하고 있는 사람들의 다양성까지 표현해 준다면 훨씬 직관적이지 않을까요?

After 슬라이드를 살펴보면 세계 지도 옆에 캐릭터 일러스트가 추가된 그래프가 배치되어 있습니다. 다르게 생긴 사람들을 배치함으로써 다양한 인종이 다양한 언어를 사용하고 있다는 내용을 좀 더 설명적이고 직관적으로 보여주고 있습니다. 그리고 캐릭터 일러스트들의 퀄리티가 좋아 청중의 시선을 끌기에 충분하고 슬라이드의 완성도까지 높여줍니다.

일러스트를 다운 받을 수 있는 사이트 중 대표적인 곳은 Flaticon.com나 Myiconfinder.com 사이트입니다. 그 사이트에서 원하는 검색어를 영어로 검색 창에 입력한 다음 EPS 파일이나 PNG 파일을 다운받습니다. EPS 파일을 사용하면 편집하기 까다로운 면이 있기 때문에 색상을 변경힐 것이 아니리면 PNG 파일을 다운받아 사용하는 것이 편리합니다.

Power TIP

- Flaticon.com에서 'people'이라는 검색어로 캐릭터를 검색해 보세요.

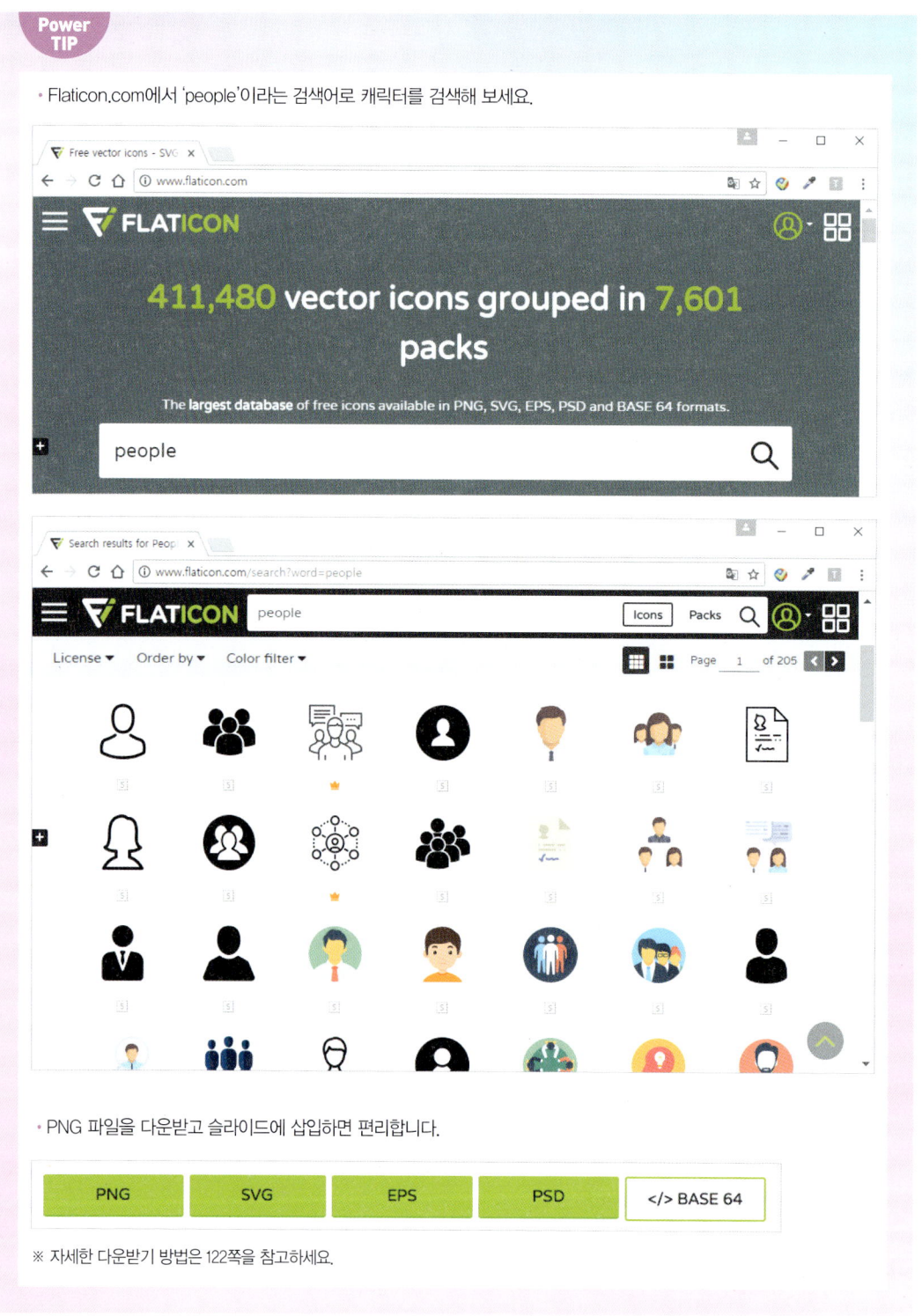

- PNG 파일을 다운받고 슬라이드에 삽입하면 편리합니다.

※ 자세한 다운받기 방법은 122쪽을 참고하세요.

CHAPTER 5

깔끔한 표로 데이터를 정돈하자

표는 다수의 데이터를 일정한 기준에 의해 가로 행과 세로 열에 맞춰 보기 좋게 정돈시킨 개체를 말합니다. 간단한 표라면 상관이 없겠지만 대부분의 표에는 여러 개의 행과 열로 구성된 복잡한 표이기 때문에 셀 안에 들어가 있는 데이터들을 하나하나 챙겨 보기는 힘이 듭니다.

특히 출력된 문서로 표의 내용을 훑어보는 경우가 아니라 스크린에서 보는 경우라면 작은 글씨로 입력된 많은 데이터를 확인하기는 더욱 어려울 것입니다.

그래서 발표용 슬라이드에는 표를 많이 이용하지는 않지만 꼭 넣어야 하는 경우에는 데이터를 가지런히 정리하는 목적으로 사용하거나, 강조하고자 하는 핵심 포인트 즉 당월 순이익 값, 평균 성적 등이 다른 데이터보다 눈에 잘 띌 수 있도록 표현하는 것을 최우선 과제로 생각해야 합니다.

데이터를 정돈시키고 싶다면?
표를 사용해 보세요

양사간 매출 비교

> 서술형 문장의 내용은 한 눈에 파악하기 힘듭니다.

A사는 신제품 히트로 당기 매출이 전기 대비 5.6% 늘어 12억 5000만원이었고, 한편 B사는 경영진 교체의 부담으로 이번 분기 매출은 전기 대비 2.4% 감소로 7억 9000만원에 그쳤다.

양사간 매출 비교

> 데이터를 표로 정돈하여 내용 파악이 쉬워졌습니다.

	금년 매출	전년대비	원인
A사	12억 5,000만원	▲ 5.6%	신제품의 히트
B사	7억9,000만원	▼ 2.4%	경영진 교체 부담

Technique
▶ 데이터의 정돈은 표를 이용하는 것이 편리합니다.
▶ 데이터 중 독립 변수와 종속 변수를 찾아 표에 입력합니다.

표로 데이터 정돈을 해 보세요

프레젠테이션에서는 텍스트를 서술형으로 사용하지 않고 명사형, 축약형으로 텍스트를 요약하여 간결하게 메시지가 전달되도록 합니다. 서술형으로 길게 쓰인 문장은 설득력도 없고 청중 중 단 한명도 읽으려 들지 않을 것입니다. 이러한 서술형 문장을 축약해서 표로 깔끔하게 정돈하면 보기에도 좋고 전달력도 높아집니다.

Before 슬라이드에서 문장을 읽었을 때 표의 행과 열에 들어갈 독립 변수(문장의 주어에 해당)와 종속 변수(비교 대상)를 찾아야 합니다. A사와 B사가 독립 변수가 될 것이고, 매출 이익 변동 사항과 원인이 종속 변수로 들어 갈 것입니다.

After 슬라이드를 살펴보면 앞에서 언급한 대로 독립 변수인 'A사'와 'B사'를 행의 제목으로 입력하고, 열 제목으로는 종속 변수인 '금년 매출, 전년대비, 원인'으로 설정하여 표로 제작을 했습니다. 텍스트로 표현된 것보다 정돈이 잘 되어 있어서 비교가 훨씬 쉽습니다.

금년 매출 값은 숫자 데이터이기 때문에 오른쪽 정렬로 맞춰주는 것이 좋고, 천 단위마다 쉼표 구분을 넣어주어야 합니다. 전년대비 값을 표현할 때는 증가와 감소를 표현해야 하므로 화살표의 상하 표현을 넣어 눈에 띄게 만들었으며, 증가는 긍정의 색상인 파랑으로 감소는 부정의 색상인 빨강으로 강조를 했습니다.

Power TIP

표는 텍스트로 만들어진 내용을 보기 좋게 정리, 분류한 것으로 데이터 시각화의 첫 번째 단계라고 할 수 있습니다. 표에는 수치 값을 표현하는 수표, 일람표, 분류표, 비교표, 평가표, 순위표, 스케줄표 등 여러 종류가 있습니다. 이러한 수표, 분류표 그리고 비교표 등을 더욱 시각화하여 차트로 만들 수 있습니다.

- 표를 삽입하는 방법은 리본 메뉴에서 [삽입] 탭의 [표]를 이용하면 됩니다.

- 표를 입력하고 난 후에는 표의 시각적인 부분 즉 표 전체의 디자인, 셀의 음영색, 테두리의 색 등은 [표 도구]-[디자인] 탭의 [표 스타일] 영역에서 설정합니다.

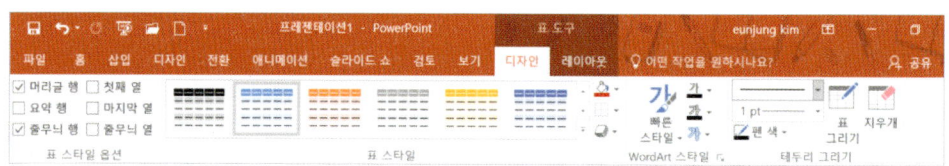

- 파워포인트에서는 표 스타일 템플릿을 제공하여 빠르게 표를 꾸밀 수 있도록 도와줍니다. 하지만 좀 더 세련되고 깔끔하게 표를 표현하고 싶다면 템플릿 중 기본 표인 [스타일 없음, 표 눈금]을 선택하고 직접 셀과 테두리 색을 지정하는 것이 좋습니다.

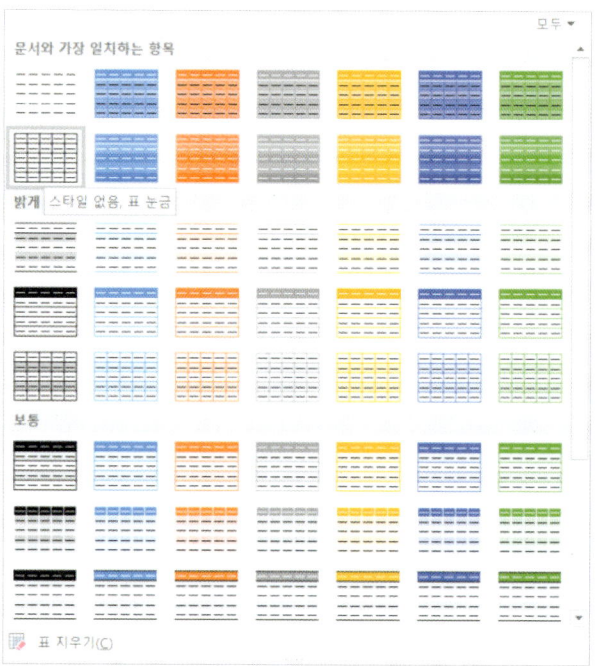

- 표의 구조적인 부분 즉 셀 병합, 셀 추가/삭제, 셀 높이 맞추기 등은 [표 도구]-[레이아웃] 탭에서 설정합니다.

표의 구성요소

표를 세련되게 나타내려면?
표의 테두리를 얇게, 셀 너비와 높이를 동일하게 맞춰 보세요

연구소 비용 증감률

표의 테두리가 너무 굵고, 데이터 정렬이 안 되어 있습니다.

연구소	4월	5월	증감	증감률
강동	26,132,000	28,070,000	1,938,000	7%
구로	32,821,000	30,976,000	- 1,845,000	-6%
강동	41,368,000	41,399,000	31,000	0%
사당	32,857,000	32,857,000	-	0%
서초	22,058,000	30,254,000	8,196,000	37%
성북	38,495,000	39,321,000	826,000	2%
송파	37,029,000	36,559,000	- 470,000	-1%
신촌	27,941,000	31,907,000	3,966,000	14%
용산	30,231,000	30,516,000	285,000	1%
종로	44,274,000	35,325,000	- 8,949,000	-20%

연구소 비용 증감률

테두리가 얇고, 데이터 정렬이 깔끔하게 되어 보기 좋습니다.

연구소	4월	5월	증감	증감률
강동	26,132,000	28,070,000	1,938,000	7%
구로	32,821,000	30,976,000	- 1,845,000	-6%
강동	41,368,000	41,399,000	31,000	0%
사당	32,857,000	32,857,000	-	0%
서초	22,058,000	30,254,000	8,196,000	37%
성북	38,495,000	39,321,000	826,000	2%
송파	37,029,000	36,559,000	- 470,000	-1%
신촌	27,941,000	31,907,000	3,966,000	14%
용산	30,231,000	30,516,000	285,000	1%
종로	44,274,000	35,325,000	- 8,949,000	-20%

Technique
- 표의 테두리를 굵게 하면 시선이 테두리 쪽으로 갑니다.
- 데이터의 정렬과 셀의 간격 조절로 깔끔한 표를 만듭니다.

데이터 정렬과 테두리 편집으로 표를 돋보이게 만듭니다

표 안에 데이터를 입력할 때에는 지켜야 할 규칙이 있습니다. 먼저 텍스트의 경우, 같은 길이의 텍스트는 중앙 정렬로 하고, 다른 길이를 갖는 텍스트는 보통 왼쪽 정렬을 합니다. 그리고 숫자의 경우에는 오른쪽 정렬로 맞추어야 합니다. 그렇게 해야 천 단위 구분 쉼표 위치가 맞아져서 숫자를 읽기에도 좋습니다. 제목 셀에 들어간 글자는 무조건 가운데 정렬을 시켜주는 것이 좋습니다.

Before 슬라이드의 표는 데이터 정렬 규칙을 지키지 않아 매우 산만하게 보이고, 셀의 가로 너비도 일정하지 않아서 보기 좋지 않습니다. 표의 테두리도 필요 이상으로 두꺼워 세련된 느낌이 들지 않습니다.

After 슬라이드의 표를 살펴보면 앞에서 지적한 사항들을 수정해 훨씬 깔끔하고 데이터에 시선이 갈 수 있도록 제작되었습니다. 제목 행과 열에 있는 글자 데이터들은 가운데 정렬로 배치하였고, 숫자 데이터는 모두 오른쪽 정렬로 배치하여 정돈된 느낌입니다. 정렬된 숫자 데이터는 막대 그래프와 같은 시각적인 효과를 주어 데이터 간의 비교도 쉬워졌습니다.

셀 테두리도 왼쪽과 오른쪽 바깥 테두리는 선을 없애 주었고, 안쪽 여백들도 시선이 테두리에 머물지 않도록 얇고 옅은 회색 선으로 지정을 했습니다.

Power TIP 셀 여백을 설정하는 방법

숫자 데이터들을 오른쪽 정렬시킨다고 해서 오른쪽 셀 경계선에 붙이게 되면 답답해 보입니다. 셀 안쪽 여백 중 오른쪽 여백을 일정하게 적용하여 셀에서 일정 간격을 주면 훨씬 보기 좋습니다.

[표 도구]-[레이아웃] 탭의 [맞춤] 영역에서 [셀 여백]을 줄 수 있으며, 사용자가 원하는 값을 임의로 지정하고 싶을 경우에는 [사용자 지정 여백]에서 설정하면 됩니다.

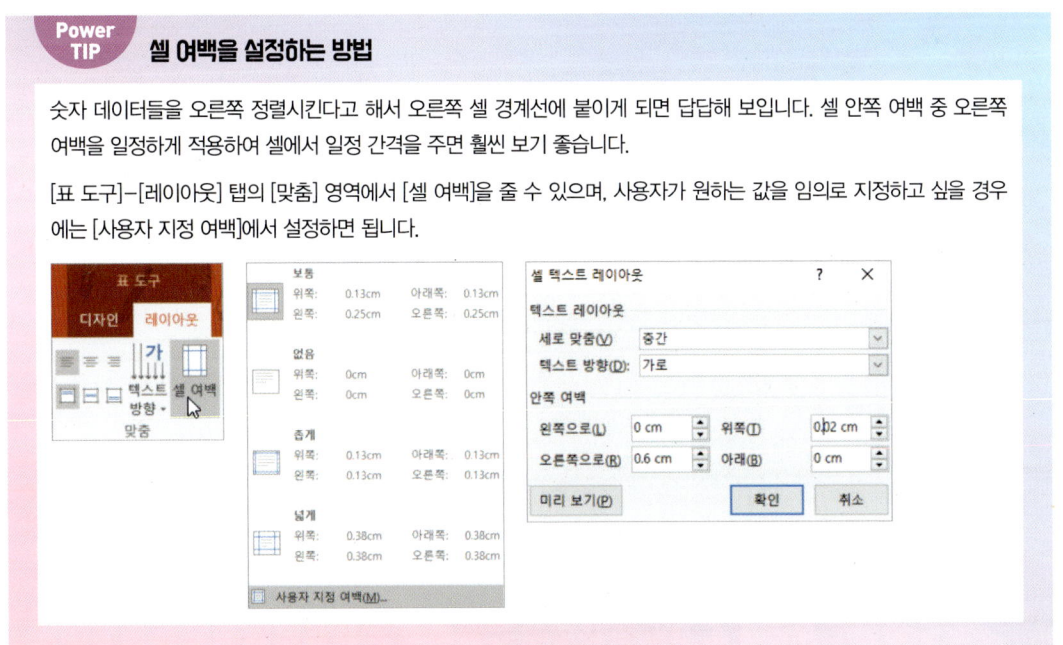

CHAPTER 5 • 깔끔한 표로 데이터를 정돈하자

03 행의 구별이 잘 되도록 나타내려면?
행마다 색을 다르게 설정해 보세요

에너지 신시장 창출을 위한 8대 사업

분야	주요 실적
전기자동차	배터리리스 사업 신설
자원 거래시장	총 2,000억원 시장 창출
에너지 자립성	에너지 자립성 착공
에너지 저장장치	주파수 조정용 장치 구축
친환경 에너지 타운	친환경 에너지 타운 준공
제로 에너지 빌딩	제로에너지 빌딩 착공
온배수열 활용	온실재배 사업 추진
태양광 대여	태양광 대여 가구 증가

각 행마다 채우기 색의 음영 차이가 거의 없어 가독성이 떨어집니다.

에너지 신시장 창출을 위한 8대 사업

분야	주요 실적
전기자동차	배터리리스 사업 신설
자원 거래시장	총 2,000억원 시장 창출
에너지 자립성	에너지 자립성 착공
에너지 저장장치	주파수 조정용 장치 구축
친환경 에너지 타운	친환경 에너지 타운 준공
제로 에너지 빌딩	제로에너지 빌딩 착공
온배수열 활용	온실재배 사업 추진
태양광 대여	태양광 대여 가구 증가

각 행마다 명도 차이를 뚜렷하게 하여 내용 구분이 잘 됩니다.

Technique
- 파워포인트의 기본 디자인 표를 그대로 사용하면 가독성이 떨어집니다.
- 셀의 음영색과 테두리 색을 변경하여 깔끔하고 구별이 잘되는 표로 제작합니다.

행마다 명도 차이를 주세요

파워포인트는 초보자들도 쉽게 슬라이드를 제작할 수 있도록 워드 아트, 스마트 아트, 차트와 표 디자인 템플릿 등을 제공하고 있습니다. 이들을 이용하면 시간과 노력을 절약할 수는 있지만 있는 그대로 사용했을 때 세련되지 못한 슬라이드를 제작하게 되거나, 전달하고자 하는 정보가 잘 보이지 않게 표현되는 경우가 있습니다.

Before 슬라이드의 표가 잘못된 예라고 할 수 있습니다. 파워포인트 기본 표 디자인을 사용하여 데이터의 내용을 정리했습니다만 행마다 채워진 녹색의 음영 차이가 거의 나지 않아 8개 분야에 대한 내용 구분이 잘 이뤄지지 않습니다. 게다가 녹색 배경에 검은 텍스트를 사용하여 명시성이 떨어지고 있습니다.

After 슬라이드를 살펴보면 제목이 들어간 1행에는 짙은 색으로 채워서 제목과 내용의 구분을 뚜렷하게 하고, 8대 사업 분야도 각 행마다 회색과 흰색을 번갈아가며 명도 차이를 주어, 훨씬 구분이 잘됩니다. 하나의 행이 같은 색으로 채워져 있어서, 왼쪽 셀에 있는 '분야'의 이름을 읽은 다음에 자연스럽게 시선이 오른쪽 셀인 '주요 실적'으로 흘러가도록 되었습니다. 이처럼 데이터의 목록이 길고, 가독성이 필요한 표 개체에서는 행마다 명도 차이를 넣어주는 방법을 이용하면 좋습니다.

단, 표는 방대한 양의 데이터를 넣어야 하고, 공간의 제약이 있을 때만 사용할 것을 권합니다. 줄줄이 나열된 숫자와 데이터는 시각적으로 눈에 잘 들어오지도 않으며 청중들이 표의 데이터를 비교 분석하는데 어려움을 느끼기 쉽기 때문입니다.

04 표에서 특정 데이터를 강조하려면?
글자 색 혹은 셀의 색을 바꾸거나, 강조 테두리를 이용해 보세요

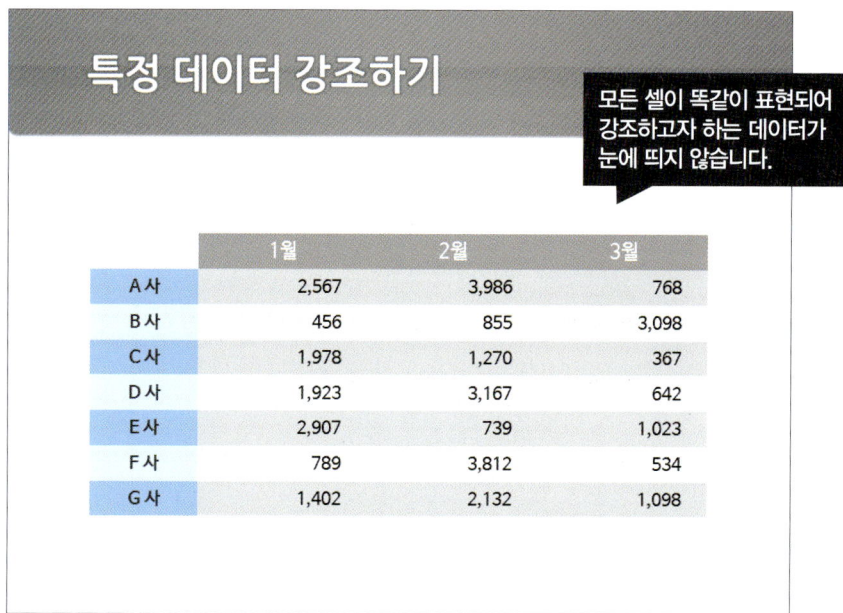

Technique
▶ 모든 셀을 똑같이 만들면 강조가 안 됩니다.
▶ 강조하고자 하는 셀의 글자 색 혹은 음영색을 바꾸거나 도형을 넣어 눈에 띄게 합니다.

강조할 핵심 부분만 진하게 표현하세요

앞 장에서도 설명했듯이 표는 방대한 양의 데이터를 포함하는 개체이기 때문에 청중들이 비교 분석하기에 부담을 느끼게 됩니다. 당연히 숫자 데이터들을 눈여겨 볼 시도조차 안하게 되는 것이지요. 그럴 때는 표 전체 데이터를 보여주기보다는 핵심 요소 즉 합계, 평균, 당사의 매출현황 등 발표자가 청중에게 말하고자 하는 부분만 강조해서 표시해두면 청중도 슬라이드를 볼 때 그 부분을 집중하여 발표를 들을 수 있을 것입니다.

Before 슬라이드에서는 한줄 건너 행마다 음영 차이를 주어 A사부터 G사의 회사 구분은 잘 되고 있기는 하나, 청중이 제한된 시간 내에 7개 회사의 1~3월 실적을 비교 분석하기 어렵습니다.

After 슬라이드를 살펴보면 E사를 제외한 나머지 회사는 흐릿한 회색 톤으로 시선에 잘 띄지 않게 표현되었고, 강조하고자 하는 E사만 강하게 셀의 색상을 적용하여 집중이 잘 되도록 표현했습니다. 빨간색은 따뜻한 느낌의 색상으로 같은 면적이라도 차가운 색상보다 더 크게 보이기 때문에 시각적으로 압도할 수 있습니다. 그리고 따뜻한 색상은 점점 다가오는 느낌을 주기 때문에 슬라이드에서 원 포인트로 강조할 때 자주 사용되는 색상입니다.

단, 따뜻한 색상을 슬라이드에 사용할 때 슬라이드에 한 부분만 적용하면 효과가 극대화되고, 여러 군데 적용하게 되면 산만함을 주어 주제가 오히려 강조되지 않는 역효과를 낼 수도 있습니다.

색상을 바꾸고자 하는 셀들을 블록 설정하고, [표 도구]-[디자인] 탭의 [표 스타일] 영역에서 [음영]을 클릭하여 셀 채우기 색을 바꿀 수 있습니다.

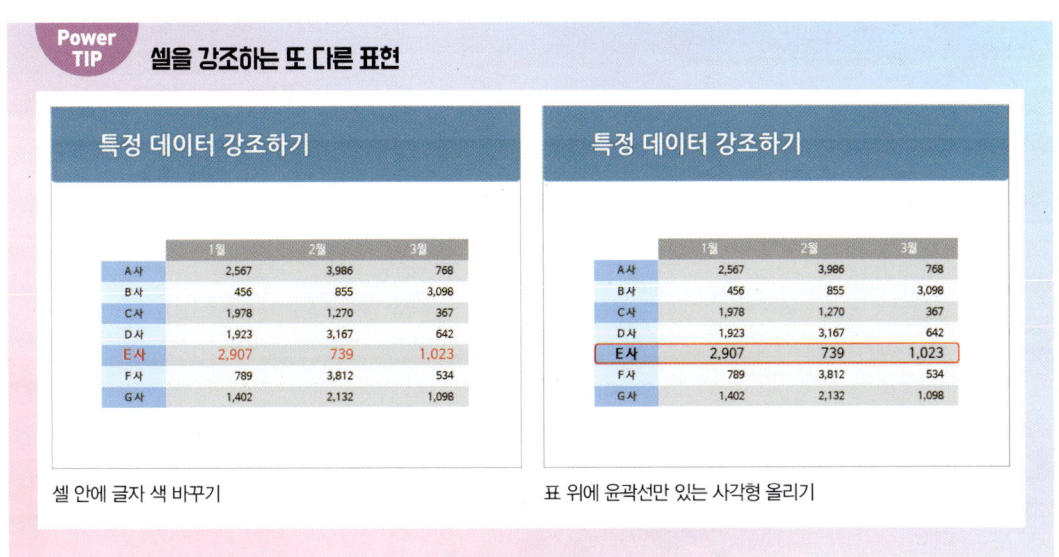

Power TIP — 셀을 강조하는 또 다른 표현
- 셀 안에 글자 색 바꾸기
- 표 위에 윤곽선만 있는 사각형 올리기

05
표에서 강조할 부분이 두 군데라면?
옅은 무채색과 유채색을 이용하여 강조하세요

주요 경제 지표

텍스트 색으로 강조하여 눈에 잘 띄지 않습니다.

구 분	2015년	2016년 (P ; LG)	2017년 전망				
			평 균	L G	현대경제	국회예산처	한국경제
GDP 성장률	2.6	2.5	2.4	2.2	2.6	2.7	2.2
민간소비	2.2	2.3	2.0	2.0	2.0	2.2	1.8
설비투자	5.3	-3.4	2.3	1.5	2.0	3.0	2.7
건설투자	3.9	7.6	1.9	0.6	3.9	2.1	1.1
수출 증가율	-8.0	-7.1	2.6	2.0	3.8	2.2	2.5
소비자물가	0.7	0.9	1.4	1.4	1.4	1.6	1.1

주요 경제 지표

차분한 톤으로 두 부분을 시각적으로 잘 강조했습니다.

구 분	2015년	2016년 (P ; LG)	2017년 전망				
			평 균	L G	현대경제	국회예산처	한국경제
GDP 성장률	2.6	2.5	2.4	2.2	2.6	2.7	2.2
민간소비	2.2	2.3	2.0	2.0	2.0	2.2	1.8
설비투자	5.3	-3.4	2.3	1.5	2.0	3.0	2.7
건설투자	3.9	7.6	1.9	0.6	3.9	2.1	1.1
수출 증가율	-8.0	-7.1	2.6	2.0	3.8	2.2	2.5
소비자물가	0.7	0.9	1.4	1.4	1.4	1.6	1.1

| **Technique** | ▶ 강조할 부분이 두 군데면 밝은 무채색과 유채색의 조합을 사용합니다.
▶ 두 개의 강조 내용 중 중요도를 따져서 중요한 부분이 더 돋보이도록 합니다. |

강조할 두 부분이 모두 잘 보이도록 표현하세요

하나의 표에서 강조해야할 부분이 두 군데라면 어떻게 해야 할까요? 한 군데만 강조할 경우에는 강조할 부분만 색상을 넣어주면 되지만, 여러 군데를 강조해야할 경우에는 색상 선택부터 색상의 밝기 값까지 고민을 하게 됩니다.

Before 슬라이드 표에서는 강조해야할 부분이 'GDP 성장률'을 나타내는 행과, '2017년 전망에 대한 평균값'을 나타내는 열을 강조해야 하는 상황입니다. 데이터 글자 색을 파란색으로 바꾸어 놓았지만, 강조할 내용이 두 군데인데 같은 표현을 사용하여 두 부분 모두 강조되지 않습니다. 그리고 표에 색이 전혀 들어가지 않아 미완성의 인상을 줄 수도 있습니다.

After 슬라이드를 살펴보면 강조할 두 군데를 셀 색상 채우기로 눈에 띄도록 설정했습니다. 두 군데 모두 강조가 되어야 하는 상황이므로 짙은 색으로 적용하기보다는 서로 비슷한 밝기 값을 가지도록 한 군데는 **옅은 무채색**, 다른 곳은 **옅은 유채색**으로 적용해 주었습니다. 색을 선택할 때에도 강조할 두 요소 중에 좀 더 **중요도가 높은 요소에는 유채색**을, **중요도가 낮은 요소에는 무채색**을 적용해주면 내용 구분도 되고 중요도 면에서 강조도 시켜줄 수 있습니다.

이렇듯 슬라이드를 제작할 때 색상은 최소한으로 하고, 강조할 부분에만 약간의 색상을 넣어 강조해준다는 점만 명심하면 크게 고민할 거리도 못됩니다. 그리고 두 가지 이상의 색상이 들어갈 때는 배색이 안정적으로 이뤄지도록 유사색을 선택하거나, 무채색과 유채색의 조합을 활용하면 큰 실패 없이 색상을 적용할 수 있을 것입니다.

표에서 강조할 부분이 세 군데라면?
강조할 내용의 중요도를 비교해서 색을 적용하세요

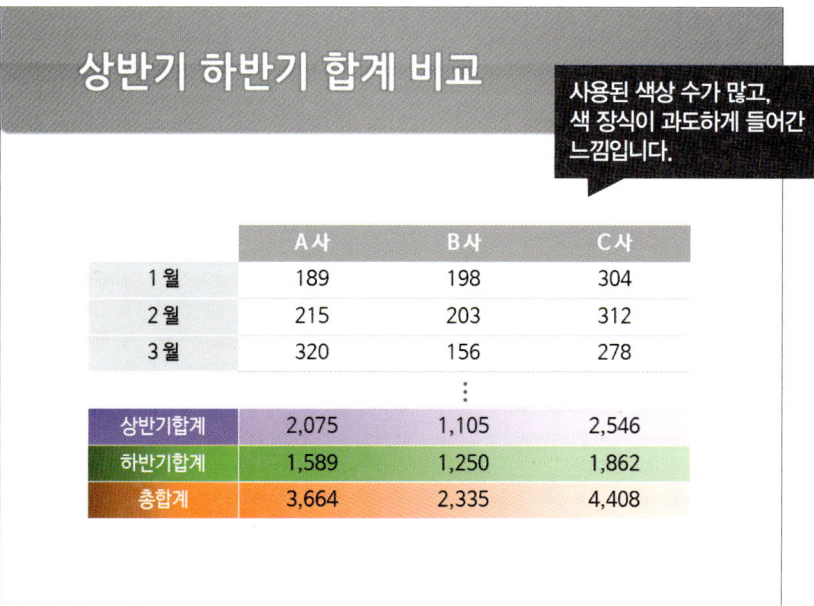

사용된 색상 수가 많고, 색 장식이 과도하게 들어간 느낌입니다.

같은 색의 밝고 어두움으로 중요도를 표현했고, 단색으로 깔끔하게 표현했습니다.

Technique
▶ 색상 수를 줄이고 의미 없는 장식을 줄입니다.
▶ 강조할 부분에 명도의 차이를 이용하여 강조합니다.

의미 없는 장식은 줄이고 같은 톤으로 표현하세요

표에서 강조해야할 부분이 많다고 모든 셀에 강한 유채색을 사용하면 정작 강조해야할 부분이 어디인지 구분이 안갈 수 있습니다.

Before 슬라이드에서는 '상반기합계, 하반기합계' 그리고 '총합계'를 짙은 유채색으로 강조하여 어느 부분이 제일 핵심 파트인지 구분이 되지 않습니다.

그리고 그라데이션은 장식적인 측면도 있지만 점진적인 변화를 나타내는 표현입니다. 잘못 사용했을 경우 오해의 소지를 가질 수도 있으니 그라데이션 표현이 꼭 필요한 경우를 제외하고는 사용을 자제하는 것이 좋습니다.

After 슬라이드를 살펴보면 강조할 부분에 색을 하나의 톤으로 통일시키고 명암을 이용하여 중요도의 차이를 주었습니다. 중요치 않은 부분에는 색을 빼거나 색을 넣더라도 옅은 색으로 표현하는 등의 방법으로 색을 억제하여 강조할 부분과 차별화를 두는 것이 좋습니다. 그래서 1월에서 3월까지는 색을 억제하여 시선이 가지 않게 만들고, '상반기, 하반기 합계'에는 옅은 색으로 약간의 주목성을 유도했으며, '총합계'를 나타내는 행은 짙게 설정하여 누가 보더라도 이 슬라이드의 결과는 총합계라는 것을 알 수 있도록 표현했습니다.

한 장의 슬라이드에 1월에서 12월까지 실적을 다 넣어줄 경우 슬라이드는 너무 복잡해보일 것입니다. 그럴 때는 약 3~4개월의 실적만 보여주고 나머지는 생략을 해주는 것도 효과적입니다. 어차피 이 슬라이드에서 강조되어야 할 값은 상반기, 하반기, 총합계 값이기 때문입니다.

07
등급별 비교표를 한눈에 보여주려면?
색상으로 그룹을 묶어 보세요

Before

계정 등급별 비교표

모든 셀이 같은 색으로 표현되어 등급 구분이 되지 않습니다.

	Public	Economy	Premium
월 사용료	무료	4,500원	8,000원
저장공간	500M	4G	8G
공개설정여부	비공개설정불가	비공개설정가능	비공개설정가능
오프라인 이용	불가	가능	가능

After

계정 등급별 비교표

등급별로 색을 그룹화 하여 비교하기 편합니다.

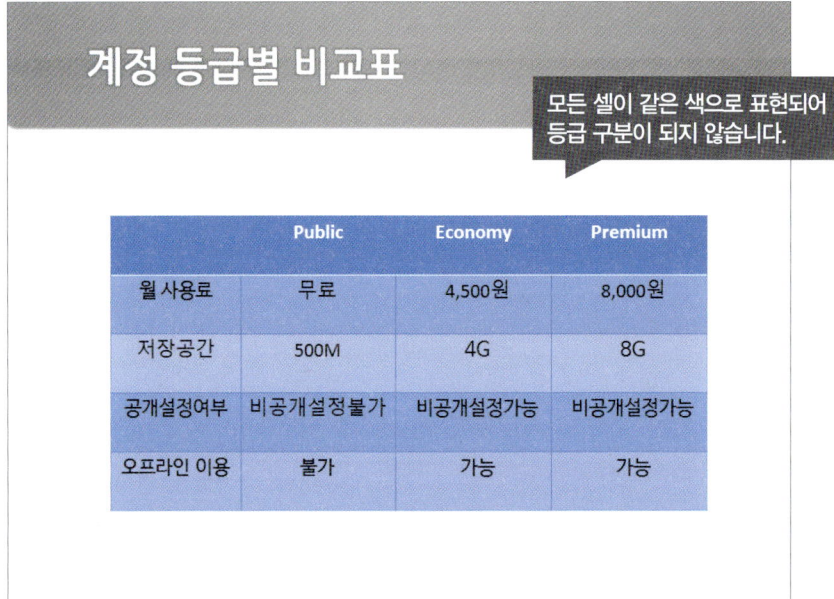

	Public	Economy	Premium
월 사용료	무료	4,500원	8,000원
저장공간	500M	4G	8G
공개설정여부	–	●	●
오프라인 사용	–	●	●

Technique
- 같은 내용은 같은 톤으로 그룹화 시켜줍니다.
- 가능과 불가능을 기호로 표현합니다.

등급별로 구분되게 표현해 보세요

상품마다 제공 서비스, 계약 기간 등 요금 플랜이 다양합니다. Before 슬라이드에서는 요금 플랜을 항목별로 나누어 표로 정리를 해 놓았지만, 표의 기본 템플릿을 그대로 사용하여 'Public, Economy, Premium'별로 요금 플랜이 잘 구별되지 않습니다. 행으로 음영색이 달리 표현되어 있어 시선이 위아래로 가지 않고 가로 방향으로 가기 쉽습니다.

그리고 파워포인트에서 표를 삽입하게 되면 기본적으로 데이터의 수직 정렬이 위쪽으로 맞추어져 있습니다. 표의 위쪽 경계선 쪽으로 내용이 올라가 있어 안정적으로 보이지 않고 미완성된 표처럼 보입니다.

After 슬라이드에 표를 살펴보면 'Public, Economy, Premium' 요금 플랜이 색상별로 나누어져 있습니다. 제목 부분에는 짙은 색으로 표현이 되어 있고, 아래쪽 내용 부분에는 제목과 같은 계열색의 옅은 배경색으로 처리하여 각 **요금제별 색상으로 그룹화**가 되었습니다. 이러한 컬러 구성은 시선이 위쪽 제목에 먼저 머물렀다가 자연스럽게 아래쪽으로 흐르도록 유도됩니다.

'공개설정여부' 항목도 텍스트로 표현되는 것보다 **기호로 표현**되어 공개, 비공개 설정 여부에 대한 전달력이 훨씬 강합니다. 기호 중 -나 ×는 부정적인 의미를 가지므로 빨간색을, O는 긍정의 의미를 가지므로 파란색이나 녹색으로 표현하는 것이 전달력을 높일 수 있습니다. After 슬라이드에서는 부정의 기호로 -를 사용했으며, 다른 정보들보다 부각되지 않도록 검은색으로 표현했습니다.

Power TIP 표 데이터의 수평, 수직 정렬

표를 삽입하게 되면 기본적으로 데이터의 수평 정렬은 왼쪽, 수직 정렬은 위쪽으로 맞춰져 있습니다. 이를 바꾸기 위해 표 데이터를 블록 설정한 다음 [홈] 탭의 [단락] 영역이나 [표 도구]-[레이아웃] 탭의 [맞춤] 영역에서 수평, 수직 정렬을 가운데로 바꿀 수 있습니다.

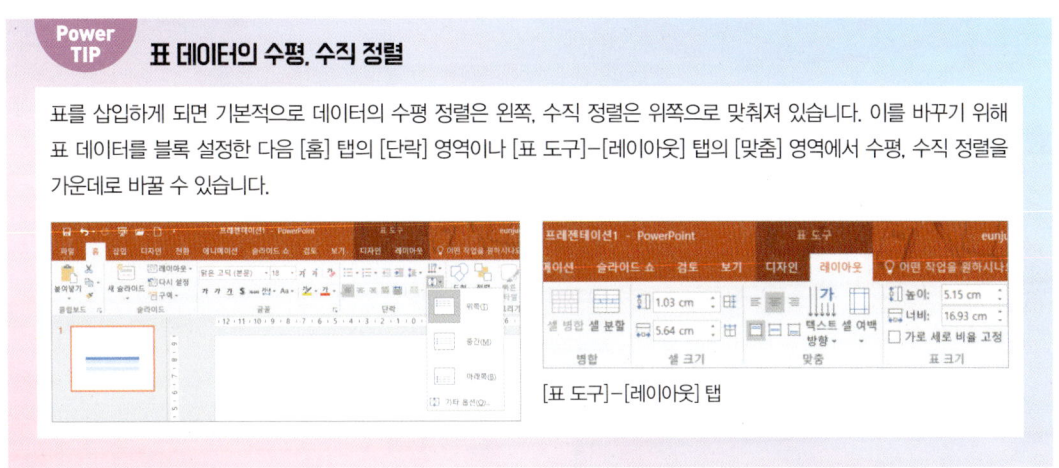

[표 도구]-[레이아웃] 탭

08 표 안의 데이터를 시각화해서 보여주려면?
데이터를 막대 그래프로 표현해 보세요

당신의 꿈의 회사는 어디입니까?

> 표 안에 수치 데이터로는 비교가 어렵습니다.

순위	회사	점유율(%)
1	A사	19.67%
2	B사	12.74%
3	C사	8.90%
4	D사	7.89%
5	E사	7.67%
6	F사	6.63%
7	G사	5.76%
8	H사	5.14%
9	I사	5.04%
10	J사	4.34%
11	K사	4.32%
12	L사	4.20%
13	M사	4.06%

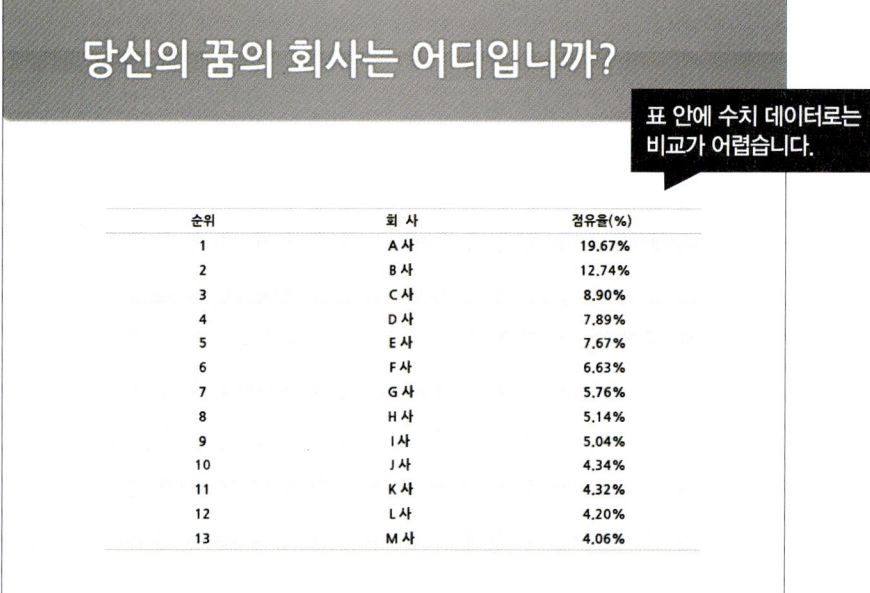

> 표 안에 막대 그래프를 넣어주어 데이터 비교가 쉽습니다.

Technique
▶ 데이터 비교가 필요한 경우라면 막대 그래프를 넣어주는 것도 좋습니다.
▶ 셀의 너비를 내용에 맞게 조절합니다.

표에서 여유 공간을 만들어 막대 그래프를 넣어 보세요

순위와 점유율을 시각화하려면 차트로 만드는 것이 가장 효과적이지만, 표를 이용해서 나타내야 하는 부득이한 경우도 있습니다. Before 슬라이드의 표에 점유율이 입력되어 있지만 수치만으로는 많고 적음의 비교가 어렵습니다. 각 순위마다 양적 차이를 한눈에 보여줄 수 있는 시각적인 표현 방법이 절실해 보입니다.

After 슬라이드에서는 수치 데이터로만 보여주던 점유율이 그래프로 표현되어 한눈에 알아볼 수 있고, 위에서부터 내림차순으로 막대의 길이가 순차적으로 짧아져서 그래프만 봐도 순위 파악이 쉽게 됩니다. 막대 그래프 끝부분에 점유율 값을 넣어 정확한 데이터 전달도 놓치지 말아야 합니다.

막대 그래프는 사각형 도형으로 그려 주면 됩니다. A사의 막대 그래프를 하나 그린 다음에 복사해서, 사각형 오른쪽 면에 위치한 가로 조절점 ◯ 을 이용하여 폭을 좁혀 줍니다. 만약 가로 조절점이 잘 보이지 않을 경우에는 슬라이드를 확대하여 보면 조절점이 나타납니다.

09 타임 테이블을 효과적으로 만들려면?
표를 심플하게 만들고 도형과 함께 표현해 보세요

 Before

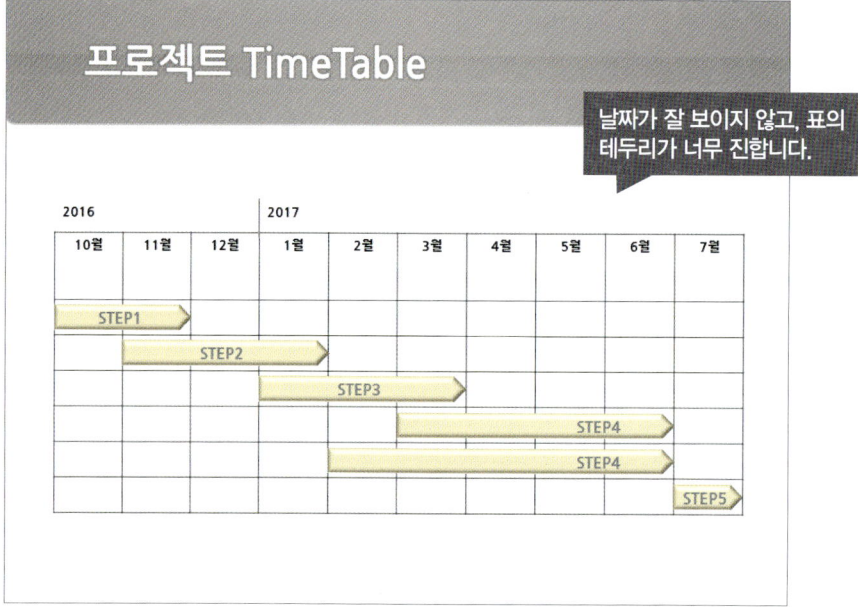

날짜가 잘 보이지 않고, 표의 테두리가 너무 진합니다.

 After

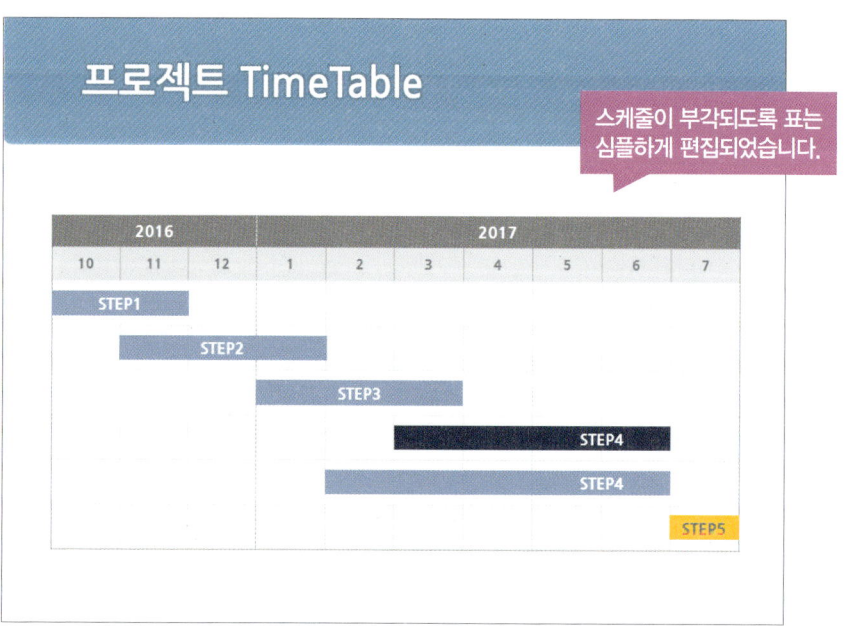

스케줄이 부각되도록 표는 심플하게 편집되었습니다.

Technique
- ▶ 스케줄 표에서 날짜가 잘 보여야 합니다.
- ▶ 표를 심플하게 제작하여 스케줄에 시선이 가도록 합니다.

표는 심플하게 스케줄은 돋보이게!

프로젝트를 진행하기 전 예상 업무의 진행 Time Table을 미리 작성하고 착수하게 됩니다. 이를 슬라이드로 제작하여 프로젝트 착수 보고할 때 사용하게 됩니다.

Before 슬라이드의 스케줄 표는 날짜들이 잘 보이지 않습니다. 월별 구분도 중요하지만 연도 구분 또한 중요한데 텍스트로만 표현되어 눈에 띄지 않습니다. 그리고 표의 테두리가 진하게 표현되어 스케줄 도형보다 표 테두리에 시선이 빼앗기는 경향이 있습니다. 스케줄 도형들도 필요 이상의 3차원으로 표현되어 시각적으로 보기 좋지 않습니다.

After 슬라이드를 살펴보면 날짜 구분이 정확하게 되도록 연도에는 짙은 배경색으로, 월별 구분에는 옅은 배경색으로 배색의 차이를 두었습니다. 그리고 표 테두리도 옅은 회색으로 처리하여 표 테두리보다 스케줄 도형들을 돋보이게 했습니다. 스케줄 도형들은 2차원 도형으로 깔끔하게 표현하고 도형의 색상도 유사 색상으로 채우는 것을 기본으로 하되, 중요한 일정이나 현재 상태 혹은 마지막 단계는 다른 일정보다 눈에 띄게 표현하는 것이 좋습니다.

만약 한 달 안에 이뤄지는 프로젝트이면 달력 형태로 제작해도 좋습니다.

발표준비 TimeTable

Sun	Mon	Tue	Wed	Thu	Fri	Sat
		1	2	3	4	5
6	7	8	9	10	11	12
		발표 준비 기간				
13	14 D-Day	15	16	17	18	19
20	21	22	23	24	25	26
27	28	29	30	31		

PRESENTATION
design

CHAPTER 6

차트로 데이터를 한눈에 비교하자

대규모 데이터에 대한 생성, 수집, 분석, 표현을 그 특징으로 하는 빅데이터 기술의 발전은 현대 사회를 더욱 정확하게 예측하고, 개인화된 현대 사회 구성원마다 맞춤형 정보를 제공, 관리, 분석 가능하게 해줍니다. 이렇게 빅데이터는 정치, 사회, 경제, 문화, 과학 기술 등 전 영역에 걸쳐서 사용되고 있으며 그 중요성이 부각되고 있습니다.

발표용 슬라이드를 제작할 때도 이러한 빅데이터를 잘 가공하여 효과적인 차트를 제작하는 능력이 매우 중요하다고 할 수 있습니다. 차트는 계열의 막대 크기나, 꺾은선의 변화 추이, 원형 차트의 면적 비교 등을 통하여 데이터의 많고, 적음, 그리고 비율 비교, 변화 값 등을 한눈에 보여주는 데이터의 시각적 표현 도구입니다. 차트의 종류도 다양하고 사용되는 분야도 다르기 때문에 내용에 맞는 차트를 잘 선택하는 것이 중요합니다.

차트 슬라이드를 작성할 때 불필요한 꾸밈의 요소(화려한 배색이나 3차원 요소)는 정보 전달에는 방해가 될 수도 있습니다. 차트 장식은 최소한으로 사용하고, 특정 부분만 눈에 띄게 강조되면 정보 분석이 쉽게 되는 차트를 제작할 수 있을 것입니다.

차트에서 특정 데이터만 강조하려면?
강조할 데이터 계열만 색상을 다르게 설정하세요

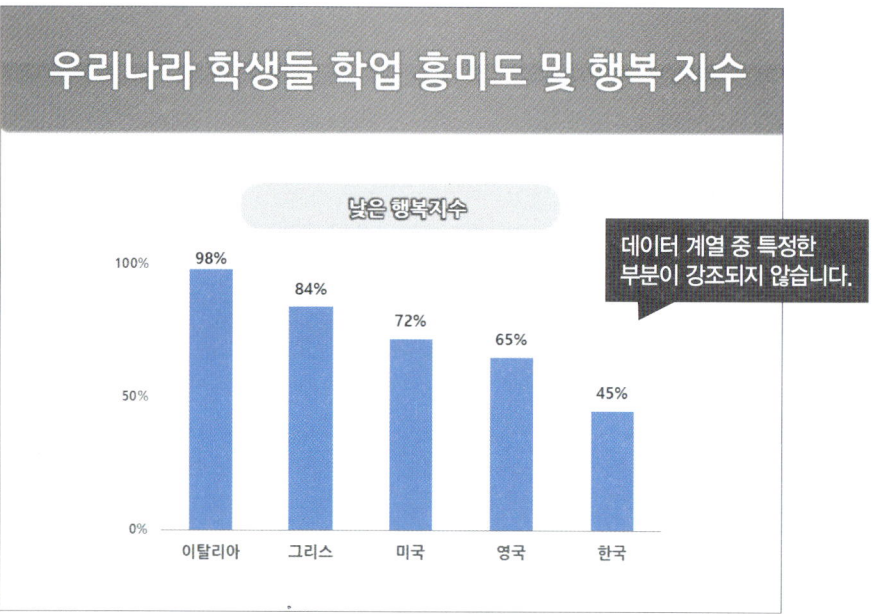

데이터 계열 중 특정한 부분이 강조되지 않습니다.

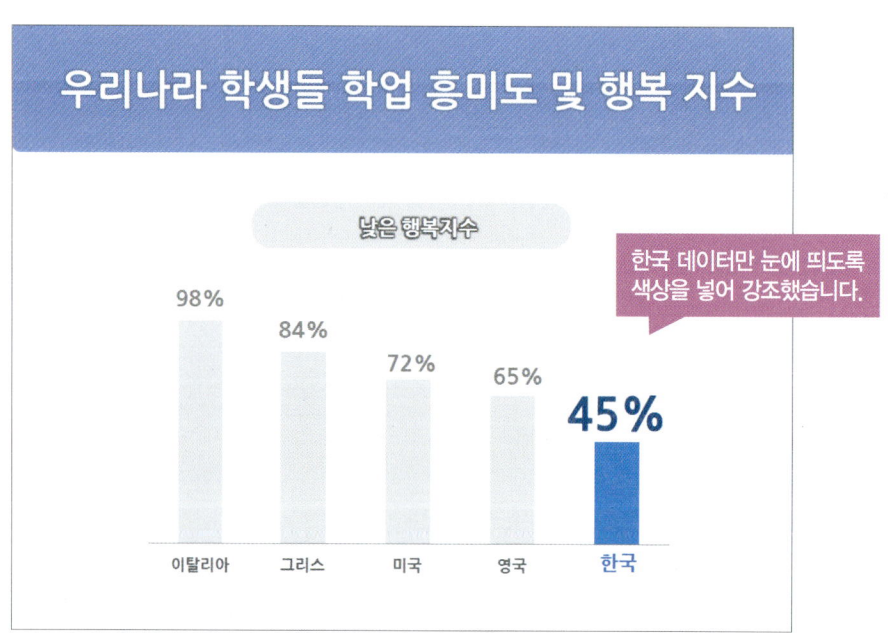

한국 데이터만 눈에 띄도록 색상을 넣어 강조했습니다.

Technique
- ▶ 강조할 부분에만 시선이 가도록 색상 처리합니다.
- ▶ 나머지 계열들은 회색 계열로 눈에 띄지 않게 합니다.

강조할 부분만 색상을 바꿔 보세요

데이터 값들의 많고 적음을 비교할 때 막대 그래프를 주로 사용합니다. 막대의 높낮이를 사용하여 값을 비교하는 개체이기는 하지만, 그것만으로는 정보 전달이 제대로 안될 경우가 있습니다.

Before 슬라이드의 막대 그래프처럼 같은 색의 막대들이 나열되어 있을 경우 가장 먼저 눈이 가는 곳은 막대 높이가 제일 높은 이탈리아일 것입니다. 사람의 시선은 큰 것에 먼저 집중되기 때문입니다. 하지만 이 그래프에서 강조하고자 하는 데이터는 '이탈리아'가 아니라 '한국'의 값이므로 잘못 제작된 그래프라 할 수 있습니다.

After 슬라이드의 그래프를 살펴보면 한국 외의 데이터 계열들은 모두 옅은 회색으로 처리하여 한국보다 두드러지지 않게 표현했고, **한국의 데이터 계열만 짙은 색으로 채워** 한눈에 봐도 한국의 데이터 값으로 시선이 바로 갈 수 있도록 강조되었습니다. 그리고 다른 나라들보다 **한국의 데이터 레이블의 글자 크기를 크고, 굵은 서체를 사용**하여 핵심을 더욱 돋보이게 했습니다.

차트의 데이터 계열 색을 바꾸는 방법은 먼저 데이터 계열(막대 부분)을 한번 클릭하면 데이터 계열 요소들이 모두 선택됩니다. 그때 [차트 도구]-[서식] 탭의 [도형 스타일] 영역에서 [도형 채우기]의 색을 바꾸면 데이터 계열 요소들의 색이 한꺼번에 바뀝니다. 다시 강조하고자 하는 데이터만 한 번 더 클릭하면 해당 '계열 요소'만 선택이 되고, 그 부분의 채우기 색을 다른 색으로 바꿔주면 됩니다.

데이터 레이블 글자도 데이터 레이블 값을 선택한 후 [홈] 탭의 [글꼴] 영역에서 서식을 수정하면 됩니다.

SPECIAL Page

차트 개체 다루기

표현하려는 데이터의 형식에 적합한 차트 종류를 선택하는 것이 중요합니다. 어떤 차트 종류를 선택하는가에 따라 그 데이터를 얼마나 잘 해석할 수 있는지가 결정됩니다.

차트 종류와 용도

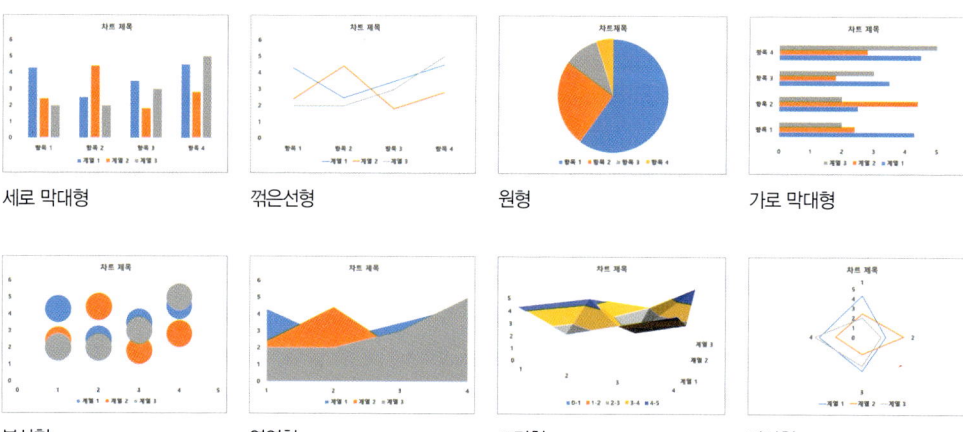

세로 막대형 　 꺾은선형 　 원형 　 가로 막대형

분산형 　 영역형 　 표면형 　 방사형

- **세로 막대형** : 시간적 추이나 일정 기간 동안에 각 항목 간의 데이터를 비교하여 증가 또는 감소를 표시할 때 사용합니다. 2차원/3차원 세로 막대, 원통, 원뿔, 피라미드 형태가 있습니다.

- **꺾은선형** : 일정한 기간 동안 데이터가 변하는 추이를 선으로 표시합니다. 2개 이상의 데이터를 비교하며, 오랜 기간 데이터의 변화 추이를 비교할 때 주로 사용합니다. 막대 차트와 함께 혼합해서 사용하는 경우도 있습니다.

- **원형** : 전체 비율을 100%로 보고 해당 항목이 차지하는 비율을 보여주는 차트입니다. 데이터 계열이 하나일 때만 사용할 수 있습니다.

- **가로 막대형** : 일정 기간보다는 각 계열의 항목 값을 비교할 때 사용합니다. 2차원/3차원 세로 막대, 원통, 원뿔, 피라미드 형태가 있습니다.

- **분산형** : X, Y 좌표에 표식을 나타내어 데이터의 불규칙한 간격이나 분포를 나타낼 때 사용합니다. 주로 과학 데이터 분석에 많이 사용됩니다.

- **영역형** : 시간의 흐름에 따른 데이터 변화를 강조할 때 사용합니다. 항목별로 값의 합계를 표시함으로써 전체와 부분 간의 관계를 나타낼 수 있습니다.

- **표면형** : 두 데이터 집합에서 최적의 조합을 찾을 때 유용합니다. 주로 지도에서 색과 무늬를 다르게 표시한 지형 지도를 그릴 때 사용합니다.

- **방사형** : 각 데이터 계열의 값이 중심으로부터 바깥으로 퍼져 나가는 형태로 각각의 값을 모두 선으로 연결하여 표시합니다. 주로 두개 이상의 데이터 계열의 대칭 비교를 통하여 정치, 사회 분야의 여론 조사나 스포츠 기술 분석 등을 할 때 많이 사용합니다.

차트 삽입하기

❶ [삽입] 탭의 [일러스트레이션] 영역에서 [차트]를 선택하여 삽입합니다.

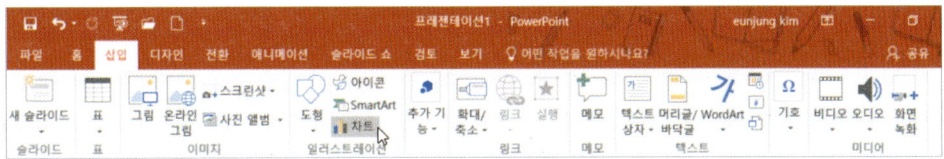

❷ 원하는 차트 종류를 선택합니다.

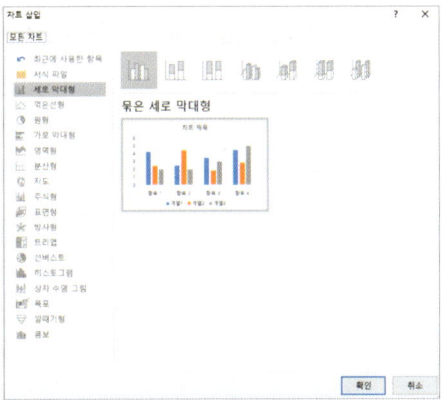

❸ [확인]을 클릭하면 엑셀 창이 나오게 됩니다. 엑셀 창에 데이터를 입력하면 되는데 이때 데이터가 파란 선 영역 안에 들어가도록 합니다.

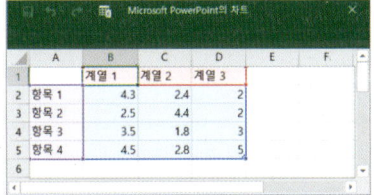

❹ 차트의 전체 디자인적인 요소들 즉, 컬러, 스타일, 엑셀 데이터 편집 등을 변경할 때는 [차트 도구]-[디자인] 탭에서 설정하고, 각 차트 요소의 개별적인 서식을 바꿀 때에는 [차트 도구]-[서식] 탭에서 설정합니다.

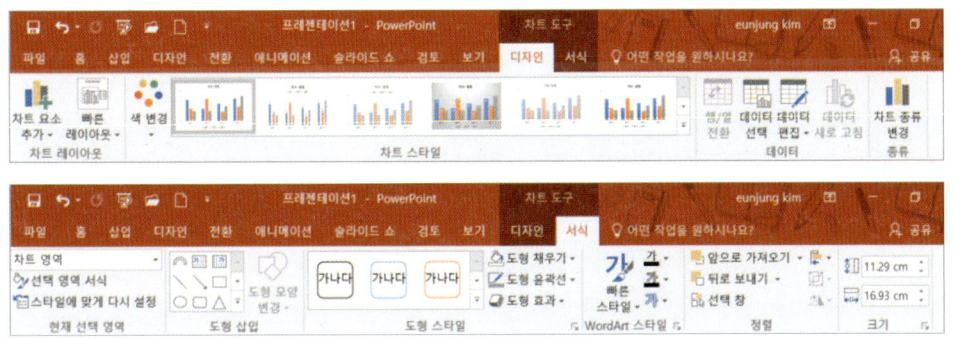

차트의 요소 살펴보기

차트의 각 부분별 이름을 알아야 차트를 편집할 때 도움이 됩니다. 각 요소를 선택하고 [차트 도구]-[서식] 탭에서 [현재 선택 영역] 그룹을 보면 현재 어느 부분을 선택하고 있는지 알 수 있습니다.

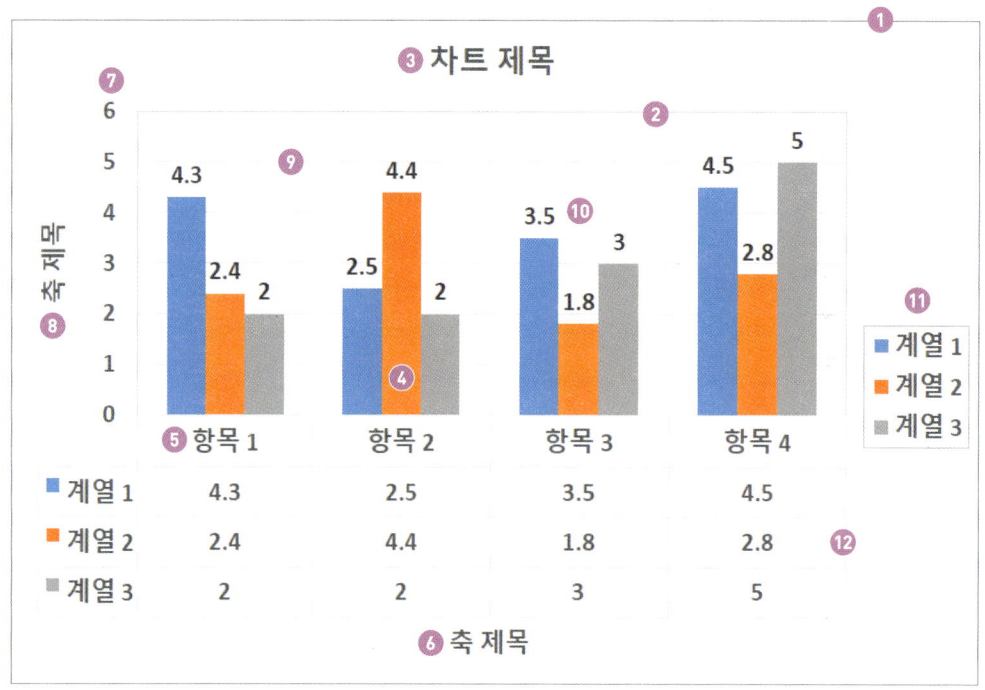

❶ **차트 영역** : 차트 전체 영역으로 모든 구성 요소를 포함합니다. 차트의 위치, 크기 조절 및 글꼴 조절을 할 수 있습니다.

❷ **그림 영역** : 차트가 그려진 영역으로 X축과 Y축으로 이루어진 사각형 안에 데이터 계열, 항목, 항목 이름, 눈금선, 레이블 등을 포함합니다.

❸ **차트 제목** : 차트 제목을 표시합니다.

❹ **데이터 계열/요소** : 데이터 요소나 값을 막대, 영역, 점, 조각 등으로 표시합니다. 각 데이터 계열은 고유한 색이나 무늬를 가집니다.

❺ **가로(항목) 축** : 데이터 계열의 이름을 표시합니다.

❻ **가로 축 제목** : 가로 축이 무엇을 의미하는지 나타냅니다.

❼ **세로(값) 축** : 데이터 계열의 값을 표시합니다.

❽ **세로 축 제목** : 세로 축이 무엇을 의미하는지 나타냅니다.

❾ **눈금선** : 데이터 값을 알기 쉽게 가로 축이나 세로 축으로 선을 표시합니다.

❿ **데이터 레이블** : 데이터 계열 또는 요소의 값과 이름을 표시합니다.

⓫ **범례** : 각 데이터 계열이나 항목을 식별할 수 있도록 데이터 계열별 이름과 색(무늬)을 표시합니다. 위치를 바꿀 수 있습니다.

⓬ **데이터 테이블** : 차트를 그리는 데이터의 원본 데이터를 표시합니다.

하락 값을 강조하려면?
블록 화살표 도형을 사용해 보세요

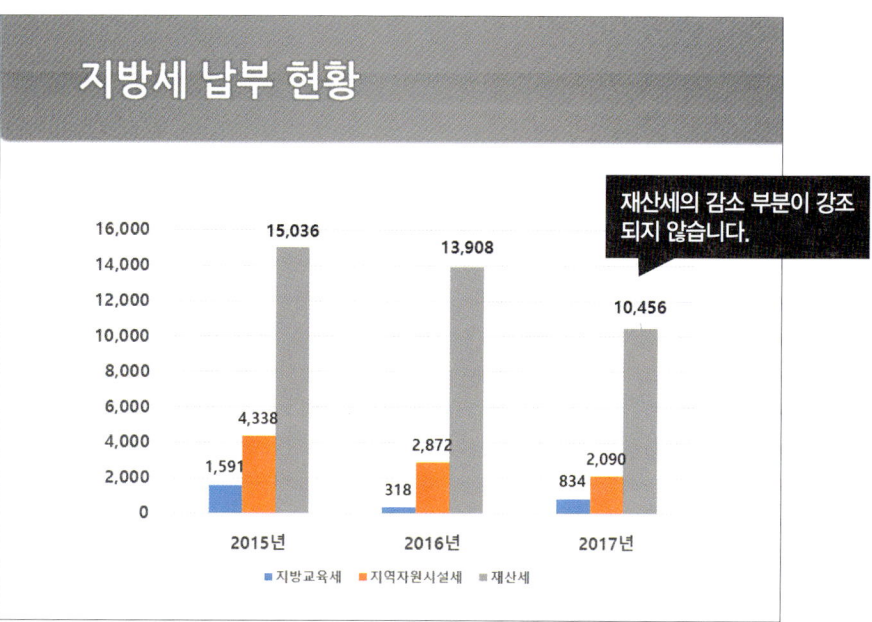

재산세의 감소 부분이 강조되지 않습니다.

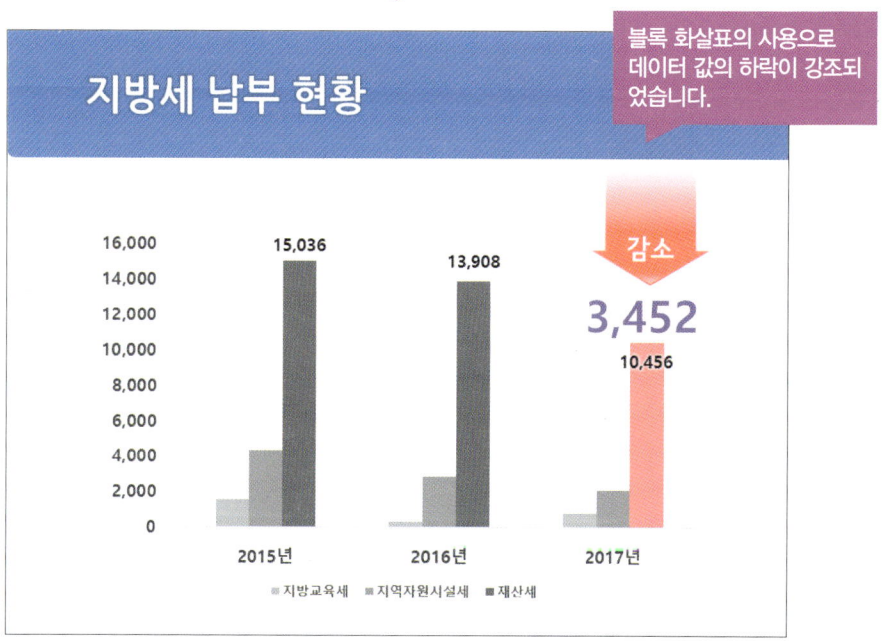

블록 화살표의 사용으로 데이터 값의 하락이 강조되었습니다.

Technique
▶ 하락 폭을 강조하기 위해 블록 화살표로 이용합니다.
▶ 강조할 부분에만 컬러로 색상 처리합니다.

하락 폭을 더 강조하기 위해 아래로 내려오는 화살표를 써 보세요

그래프를 만들기만 하면 어떤 내용인지 바로 파악할 수 있도록 된다면 얼마나 좋겠습니까. 하지만 실제 그래프에는 여러 가지 데이터들이 함께 들어가기 때문에 특별히 강조하고자 하는 곳을 지적해주지 않으면 어느 부분을 중점적으로 봐야하는지 모를 때가 많습니다.

Before 슬라이드에서는 연도별 거둬진 지방세 중 재산세 납부현황을 비교하고자 합니다. 지방교육세와 지역자원시설세의 데이터가 컬러로 강조되어 있어서 재산세보다 강하게 보입니다. 그리고 2017년도의 재산세 납부현황이 작년보다 줄기는 했습니다만 막대 그래프의 차이가 그리 크지 않아 하락되었다는 내용 전달력이 약합니다.

After 슬라이드에서는 지방교육세와 지역자원시설세, 재산세를 무채색의 음영으로 차이를 두었습니다. 그리고 슬라이드에서 강조를 해야 할 2017년 재산세 데이터 계열은 따뜻한 색으로 표현하여 주목도를 높여주었습니다. 색을 다르게 설정해주는 것만으로 부족할 경우 도형 중 '블록 화살표'를 이용하여 작년 재산세 납부액보다 하락했다는 점을 강조할 수 있습니다. 화살표 도형을 사용할 경우 화살표 머리 부분에 짙은 그라데이션을 적용하여 아래 방향으로 시선이 내려갈 수 있도록 합니다.

데이터 계열 이외에 눈금선이라든지, 다른 계열의 데이터 레이블 값은 불필요한 노이즈들이라 할 수 있습니다. 이들을 제거하여 핵심 주제에 집중할 수 있도록 합니다.

불필요한 요소들을 삭제하려면 해당 개체를 선택하고 Delete 를 눌러주면 됩니다.

03

데이터 값을 강조하려면?
말풍선 도형으로 콕 집어 강조해 보세요

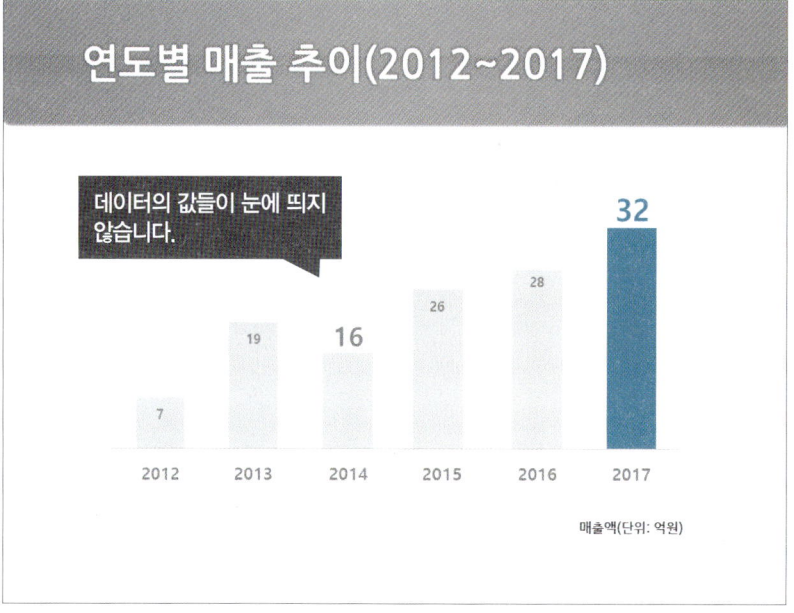

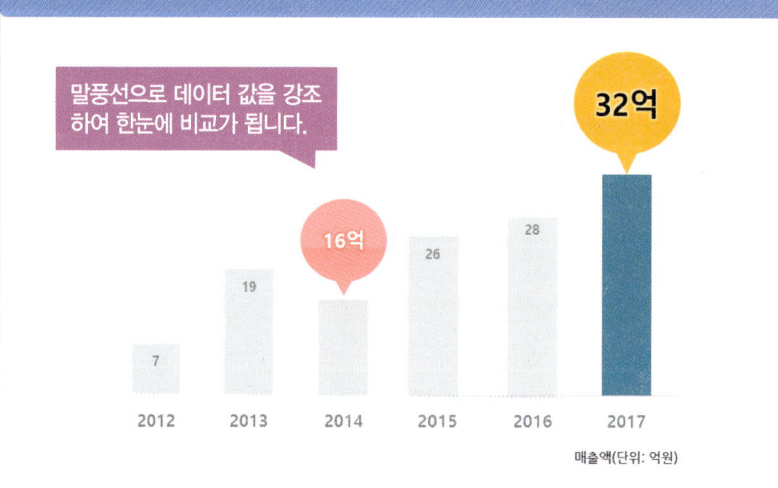

Technique
▶ 데이터 레이블 값을 더욱 강조하기 위해 말풍선 도형으로 주목시켜줍니다.
▶ 값이 도형 안에 한 줄로 표현되지 않을 경우 도형의 안쪽 여백 설정을 합니다.

데이터 값을 강조할 경우 말풍선 도형을 사용해 보세요

차트의 기본 요소에는 데이터의 값을 나타내어 주는 '데이터 레이블'이 있습니다. 각 데이터 레이블의 위치도 변경할 수 있고, 서체의 크기나 색을 변경하여 시각적으로 강조할 수 있습니다만 숫자로만 강조하기에는 한계가 있을 때도 있습니다.

Before 슬라이드를 보면 2014년도와 2017년도의 데이터 레이블 값을 크고 진하게 표시를 했지만 뭔가 부족한 느낌이 있습니다. 이럴 때는 특정 부분을 더욱 강조하기 위해 마치 스티커를 붙이듯이 데이터 값에 주목시켜주면 됩니다.

After 슬라이드를 살펴보면 2014년과 2017년 막대 그래프 위에 **말풍선을 넣어 값을 눈에 띄게 표현**했습니다. 말풍선의 색도 따뜻한 계통이라 주목성이 높고, 글자도 크게 입력되어 매출액이 16억에서 32억으로 2배 확대가 되었음을 한 눈에 보여줍니다. **말풍선에는 특정 위치를 지시하는 꼬리 부분이 있기 때문에 각 계열을 가리키기에 효과적**입니다.

만약 말풍선 도형에 글자를 입력할 때 짧은 글자임에도 불구하고 두 줄로 입력이 될 경우에는 도형의 안쪽 여백 설정을 살펴보아야 합니다. 도형을 선택하고 마우스 오른쪽 버튼을 클릭하여 [도형 서식] 메뉴를 선택합니다. [도형 서식] 창에서 [도형 옵션]-[크기 및 속성]-[텍스트 상자]에서 '왼쪽 여백'과 '오른쪽 여백'을 0cm로 설정하면 됩니다.

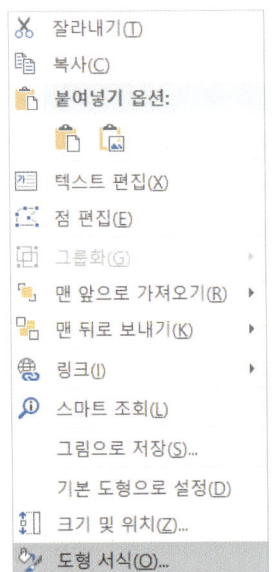 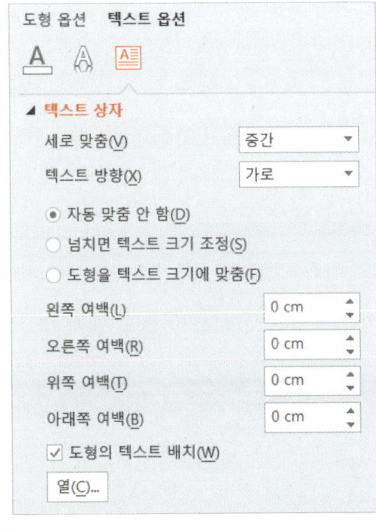

막대 그래프로는 백분율 비교가 안 되나요?
100% 기준 누적 막대 그래프를 사용해 보세요

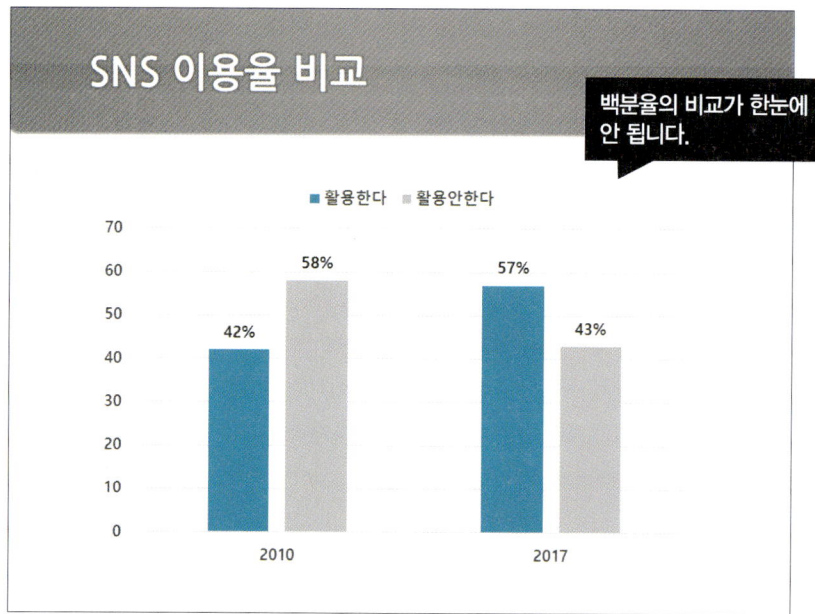

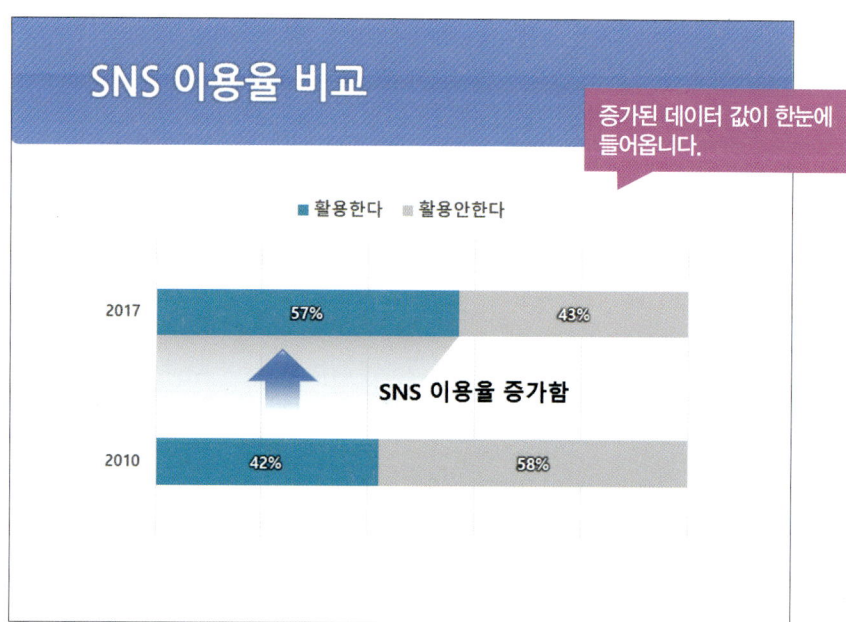

Technique
- 여러 항목의 백분율 비교에는 100% 기준 누적 막대 그래프를 이용합니다.
- 차트 종류를 변경하는 방법을 살펴봅니다.

항목별 비율 분석에 100% 기준 누적 막대 그래프를 사용하세요

백분율을 나타낼 때는 일반적으로 원형 차트를 생각하겠지만, 원형 차트는 Excel 시트의 한 열이나 행에 있는 데이터만 원형 차트로 그릴 수 있습니다. 이에 반해 100% 기준 누적 막대 그래프는 Excel 시트의 여러 열이나 행에 있는 데이터를 막대형 차트로 그릴 수 있고, 시간에 따른 데이터의 변화나 항목별 비교를 나타내는 데 유용합니다.

Before 슬라이드의 차트는 각 연도별 백분율 데이터를 일반 막대 그래프로 표현하여 데이터 증감의 분석이 한눈에 이뤄지지 않고 있습니다. 차트의 장점은 데이터를 시각화하여 한눈에 보여주는 것입니다. 하지만 Before 슬라이드의 차트는 전달이 분명하지 않아 그래프를 오래 쳐다봐야 그 의미를 겨우 알아낼 수 있습니다.

After 슬라이드를 살펴보면 100% 기준 누적 가로 막대 그래프를 사용하여 전체 항목의 합계를 기준으로 각 값을 백분율로 비교하고 있습니다. 2010년 42%이던 SNS 이용률이 2017년에는 57%로 증가되었음이 한눈에 들어옵니다. 누적 막대 그래프에 시선이 2010년에서 2017년의 값으로 이동할 수 있도록 지시선을 추가하여 청중의 이해를 도울 수 있습니다.

이미 제작되어 있는 차트의 종류를 변경하고 싶을 때는 차트를 선택하고, [차트 도구]-[디자인] 탭의 [종류] 영역에서 [차트 종류 변경]을 클릭하여 원하는 종류로 변경하면 됩니다.

05 데이터의 차이가 큰 경우에는 어떻게 표현해야 하나요?
생략 차트를 만들어 보세요

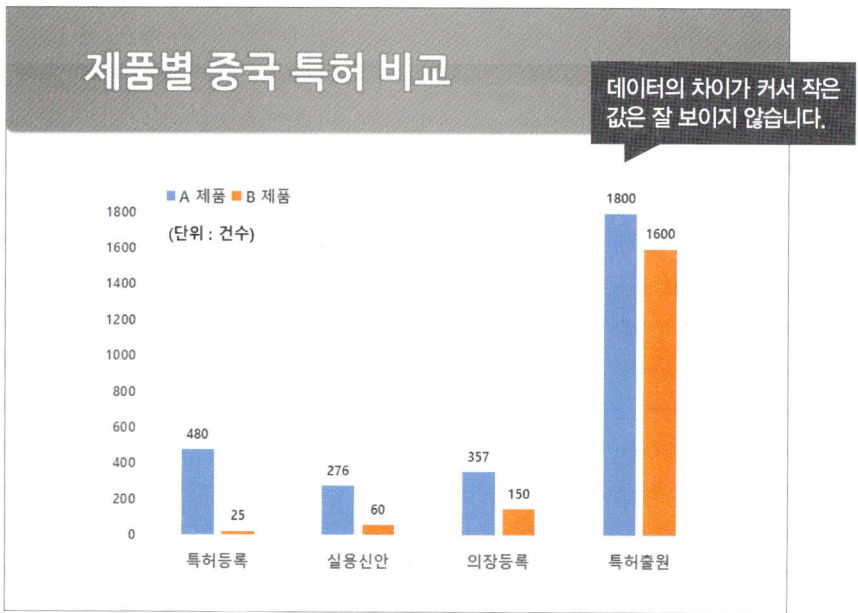

데이터의 차이가 커서 작은 값은 잘 보이지 않습니다.

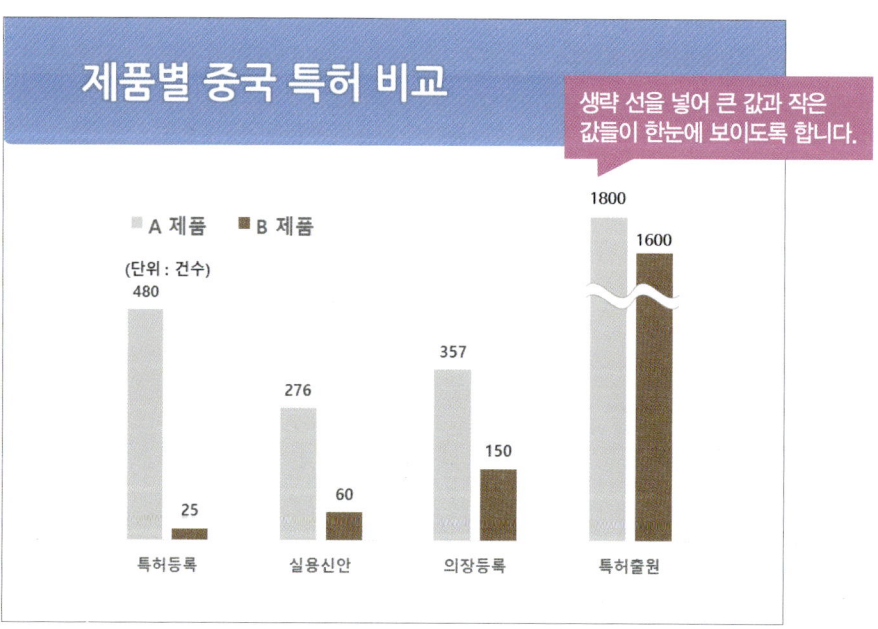

생략 선을 넣어 큰 값과 작은 값들이 한눈에 보이도록 합니다.

Technique
▶ 데이터의 scale이 차이날 경우 비교 분석하기 어렵습니다.
▶ 물결 도형을 넣어 생략 선을 만듭니다.

물결 도형으로 생략 선을 만들어 보세요

그래프를 그릴 때 비교 대상의 scale이 현저하게 차이날 경우 상대적으로 작은 값의 데이터는 눈에 잘 들어오지 않습니다. Before 슬라이드 차트의 경우도 제일 오른쪽에 있는 항목의 값이 다른 항목 값들 보다 크기 때문에 왼쪽의 작은 값의 데이터들은 차트의 바닥에 붙어 거의 보이지 않습니다.

이럴 때는 높은 값의 막대 높이를 생략하여 낮은 값들과 비슷하게 표현하여 대등한 위치에서 데이터들을 비교 분석할 수 있도록 합니다. 막대 그래프에 물결 모양의 도형을 넣어 생략 선을 표현하는데 이를 속칭 물결무늬 차트(Broken Y axis chart)라고 합니다.

After 슬라이드를 살펴보면 차트 세로 축 서식의 최대값을 1800에서 700으로 바꾸어 낮은 데이터 값들이 커지도록 했습니다. (이때 왼쪽 세로 축 값은 Delete 를 눌러 삭제합니다. 실제는 최대값이 700이 아니기 때문입니다)

최대값을 700으로 낮추면 가장 높은 값인 1800과 1600은 700 크기에 머무르게 됩니다. 그 위에 사각형 도형을 올려주어 다른 막대보다 높게 만들어 줍니다.

생략된 표현을 만들어 주기 위해 도형 중 '별 및 현수막' 범주에 '이중 물결' 도형으로 생략 선을 그려주면 됩니다.

정확한 데이터 표현이라는 측면에서는 생략 차트가 옳은 표현은 아니지만 차이가 큰 데이터 값을 한눈에 비교 분석해야 할 때 사용할 수 있는 차선책이라 보면 됩니다.

차트 최대값 바꾸기

차트의 최대값과 최소값은 데이터 값에 따라 자동으로 설정됩니다. 그러나 상황에 따라 그 값을 임의로 수정할 수 있습니다.

❶ 차트의 세로 축을 선택하고 마우스 오른쪽 버튼을 클릭합니다. 나타나는 메뉴 중 [축 서식]을 선택합니다.

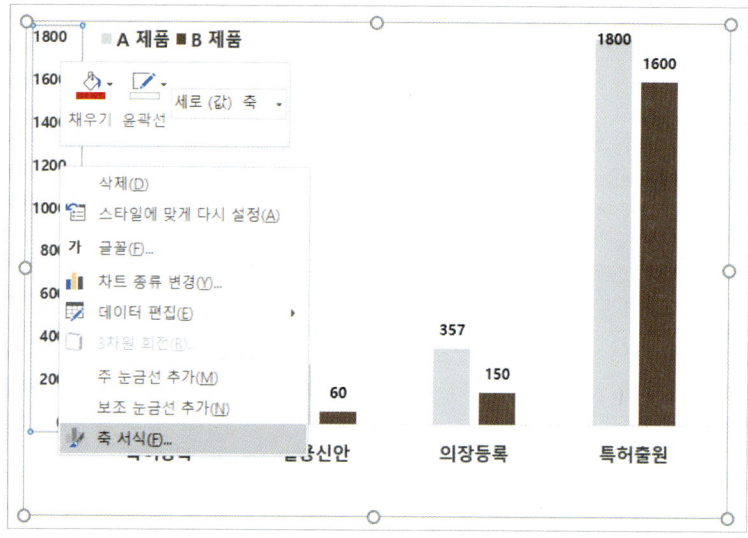

❷ [축 서식] 창의 [축 옵션]에서 최대값을 변경하면 됩니다.

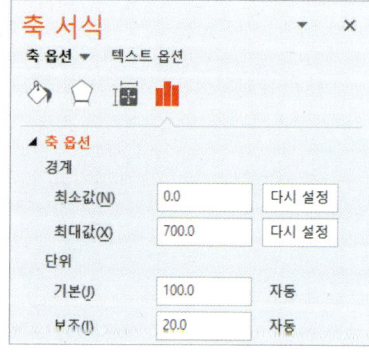

MEMO

06 그래프에 빨간색과 녹색을 사용하면 안되나요?
색상의 명암 차이로 차트를 만드세요

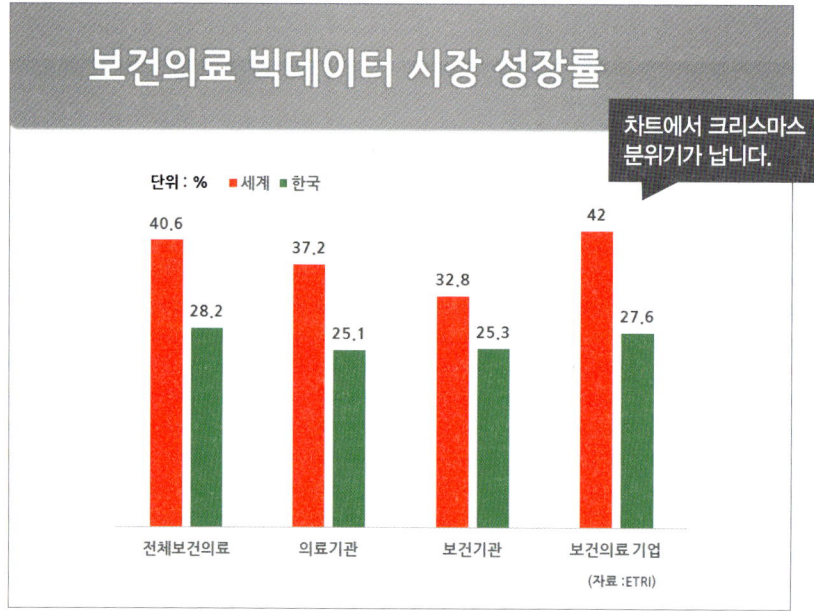

차트에서 크리스마스 분위기가 납니다.

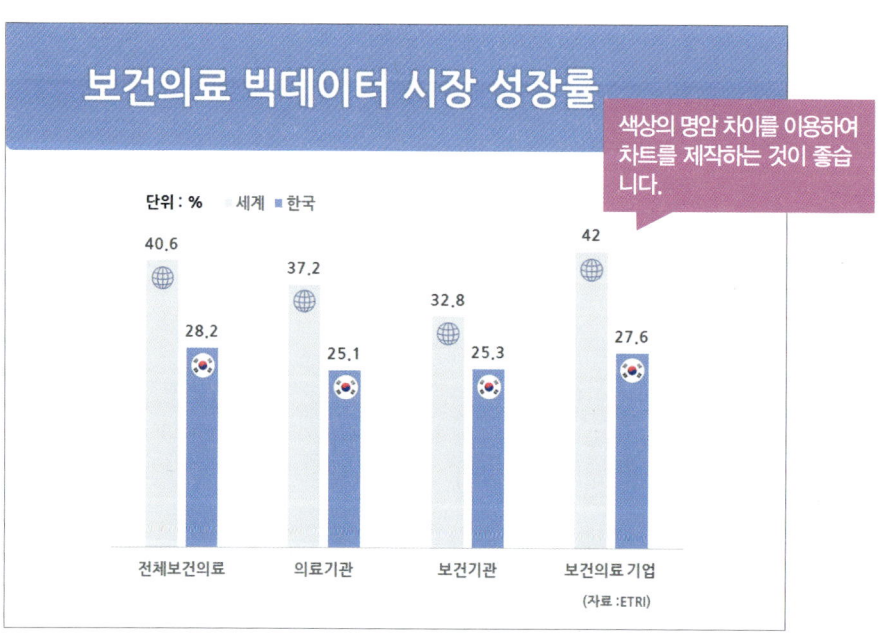

색상의 명암 차이를 이용하여 차트를 제작하는 것이 좋습니다.

Technique
- ▶ 특정 시즌을 연상하게 하는 컬러는 사용하지 않는 것이 좋습니다.
- ▶ 색각이상자를 고려하여 슬라이드를 제작합니다.

색상의 음영 차이로 차트를 제작해 보세요

발표용 슬라이드를 제작할 때 희망, 미래, 신뢰, 안정의 느낌을 가지고 있는 파란색이 보편적으로 많이 사용됩니다. 하지만 가끔 이런 일반론을 무시하고 본인이 좋아하는 색으로 슬라이드를 장식하는 경우가 있는데 위 Before 슬라이드가 그러합니다. 빨간색과 녹색은 크리스마스를 연상하게 하는 색입니다. 발표 주제와 어울리지 않는 컬러를 선택했음을 알 수 있습니다.

그리고 세계 인구 중 남자의 8%, 여자의 0.5%에서 색각이상이 나타나며, 국내 인구 중 남자의 5.9%, 여자의 0.4%의 색각이상자 비율을 가지고 있습니다. 발표용 슬라이드를 제작할 때도 역시 색각이상자를 위한 고려가 필요합니다.

색각이상의 유형은 적색과 녹색을 구분하지 못하는 적록색맹이 가장 많으며, 청색과 녹색, 또는 황색을 구분하지 못하는 청색맹, 색상을 전혀 구분하지 못하고 명암 대비로만 시각 정보를 인식하는 전색맹이 있습니다.

색각이상자들을 고려하여 색상 선택뿐만 아니라 기호를 보고 판별할 수 있도록 단순한 모양의 기호를 추가하거나, 색 대신 다양한 질감의 패턴을 사용하는 것도 하나의 방법일 것입니다.

After 슬라이드의 차트를 살펴보면 파란색을 기본 색으로 선택했고, 각 데이터 계열의 차이를 밝고 어두움으로 구분했습니다. 그리고 국가를 더 확실하게 표현하기 위해 세계는 '글로벌' 아이콘으로, 한국은 '국기'로 장식해주어 굳이 색깔이 아니더라도 구분이 될 수 있도록 했습니다.

원형 차트에서 큰 값은 어디에 배치해야 하나요?
12시를 기준으로 시계 방향으로 배치하세요

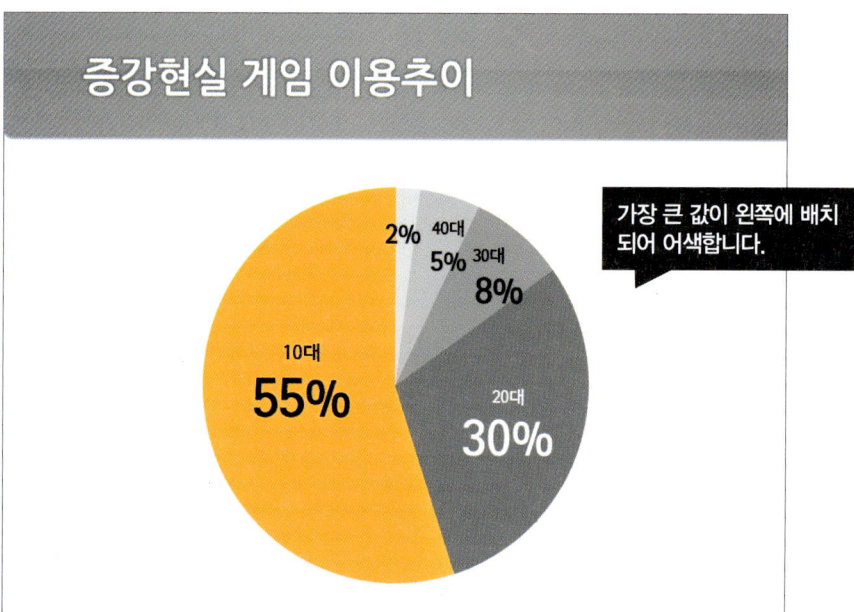

가장 큰 값이 왼쪽에 배치되어 어색합니다.

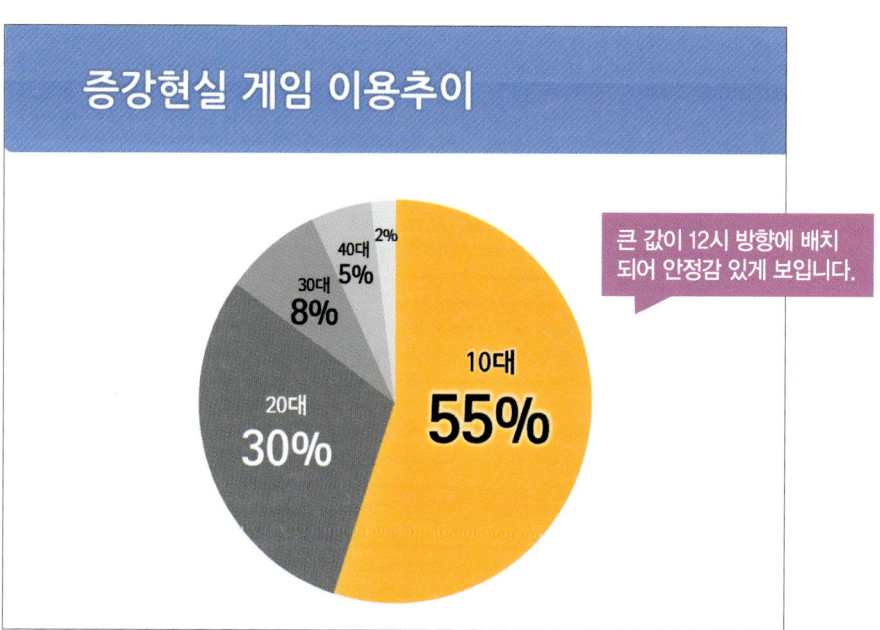

큰 값이 12시 방향에 배치되어 안정감 있게 보입니다.

| **Technique** | ▶ 가장 큰 데이터 값은 12시 방향을 기준으로 시계 방향으로 배치합니다.
▶ 많은 파이 조각은 비교 분석에 방해가 됩니다. |
|---|---|

가장 큰 값은 12시에 배치하세요

사람들의 시선은 본능적으로 위에서 아래로, 왼쪽에서 오른쪽으로 혹은 시계 방향으로 흘러가게 되어 있습니다. 그래서 시계처럼 생긴 원형 차트에서는 12시를 기준으로 오른쪽에 핵심 요소를 배치하게 됩니다.

만약 Before 슬라이드의 차트처럼 중요하지 않은 데이터 값들을 12시를 기준으로 시계 방향에 배치하면 쓸데없는 곳에 시선이 제일 먼저 가게 될 것입니다. 그 결과 정작 중요한 핵심 데이터는 강조가 안 될 수밖에 없습니다.

After 슬라이드의 차트를 살펴보면 제일 큰 값을 12시를 기준으로 시계 방향으로 배치했습니다. 그 다음의 큰 값 역시 시계 방향으로 배치하여 두 번째로 시선이 갈 수 있도록 합니다. 그리고 그 다음 값들을 순서대로 배치하여 가장 중요하지 않은 데이터 값이 좌측 상단에 오도록 합니다.

원형 차트를 제작할 때 파이 조각이 너무 많으면 차트가 조잡하게 보여 비교분석하기 어렵습니다. 그래서 파이 조각은 최대 5조각 이하로 제작하고 만약 5개 이상의 값이 있다면 '기타'로 묶어 표현하면 됩니다. 그리고 가장 강조하고자 하는 파이 조각만 색을 달리하여 강조합니다.

08

원형 차트를 조금 더 세련되게 표현할 수 있나요?
도넛형 차트를 이용해 보세요

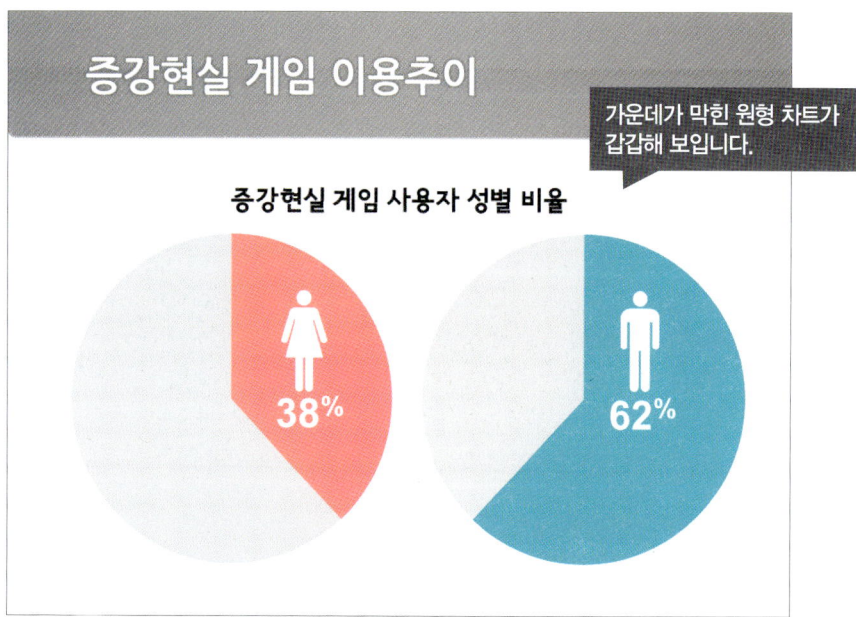

가운데가 막힌 원형 차트가 갑갑해 보입니다.

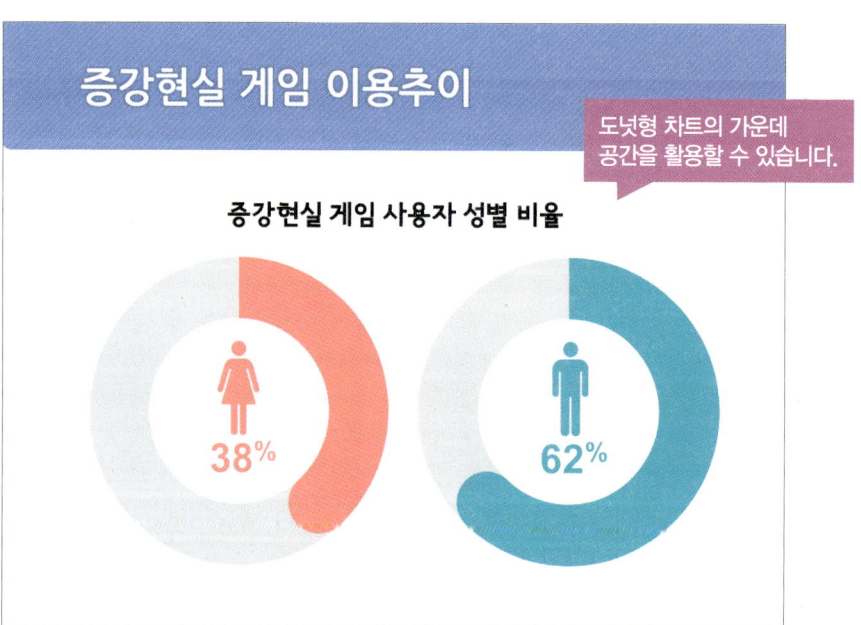

도넛형 차트의 가운데 공간을 활용할 수 있습니다.

Technique
- 백분율 값을 표현할 때 주로 원형 차트와 도넛형 차트가 사용됩니다.
- 도넛 가운데 공간을 활용하여 데이터를 삽입할 수 있습니다.

도넛형 차트의 장점을 활용해 보세요

각종 수치를 시각적으로 표현하기 위해 차트를 사용합니다. 그 중 백분율을 나타낼 때는 원형 차트와 도넛형 차트가 많이 사용됩니다. 도넛형 차트를 사용하는 이유는 단순한 원형 차트보다 세련되어 보이기도 하고, 차트 가운데 공간을 활용할 수 있기 때문입니다.

Before 슬라이드의 원형 차트는 게임 사용자 성별 비율을 나타내고 있습니다. 원형 차트의 왼쪽 회색 부분에는 아무 데이터가 표현되지 않아 허전해 보이고, 12시부터 시계 방향으로 데이터 레이블 값과 남녀 픽토그램까지 배치되어 굉장히 복잡해 보입니다. 전체 균형적인 면에서 보면 오른쪽에 무게 중심이 쏠려서 매우 불안해 보입니다.

After 슬라이드의 도넛형 차트를 살펴보면 **데이터 레이블 값과 남녀 픽토그램을 도넛 가운데 공간에 배치하여 훨씬 세련되고 안정적으로 표현**이 되었습니다. 원의 가운데에 과녁처럼 구멍이 뚫려 시선이 먼저 가게 되고, 그 다음에 시계 방향으로 자연스럽게 흘러가도록 잘 구성되었습니다.

도넛형 차트는 파워포인트에서 제공하기 때문에 쉽게 제작할 수 있습니다. 좀 더 세련되게 파이의 끝부분을 동그랗게 나타내고 싶으면 원형 도형 지름을 도넛의 두께에 맞춰 그리고 겹쳐 놓으면 됩니다.

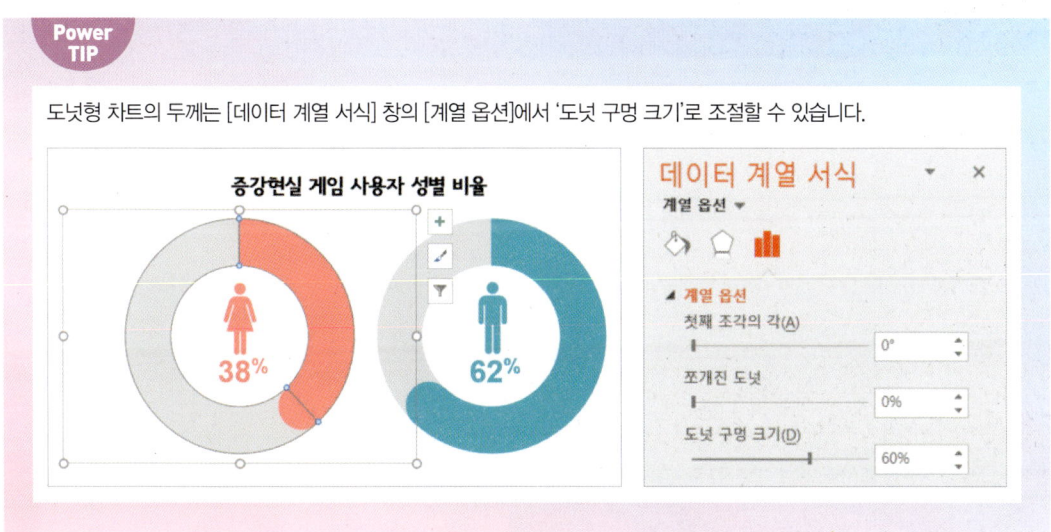

Power TIP

도넛형 차트의 두께는 [데이터 계열 서식] 창의 [계열 옵션]에서 '도넛 구멍 크기'로 조절할 수 있습니다.

2D 차트? 3D 차트?
정확한 값 표현을 위해 2D 차트를 사용하세요

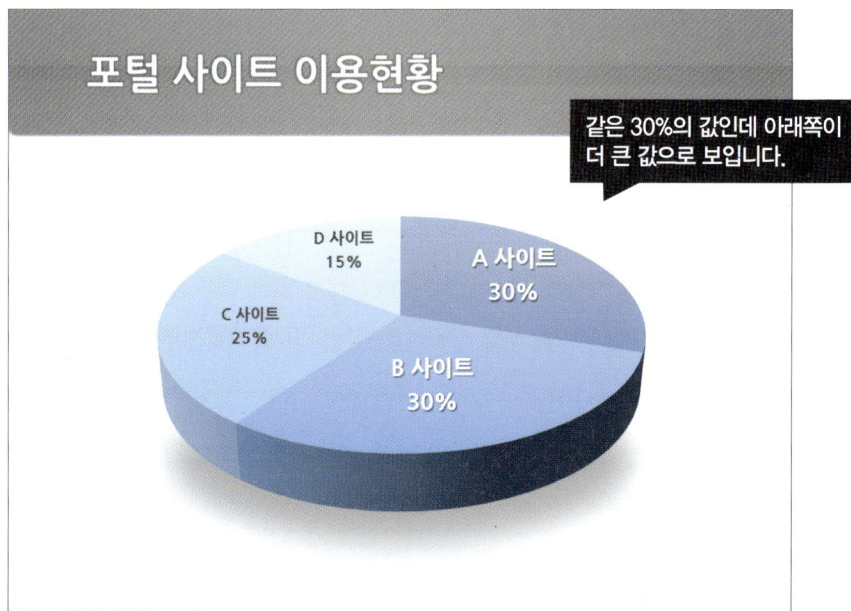

같은 30%의 값인데 아래쪽이 더 큰 값으로 보입니다.

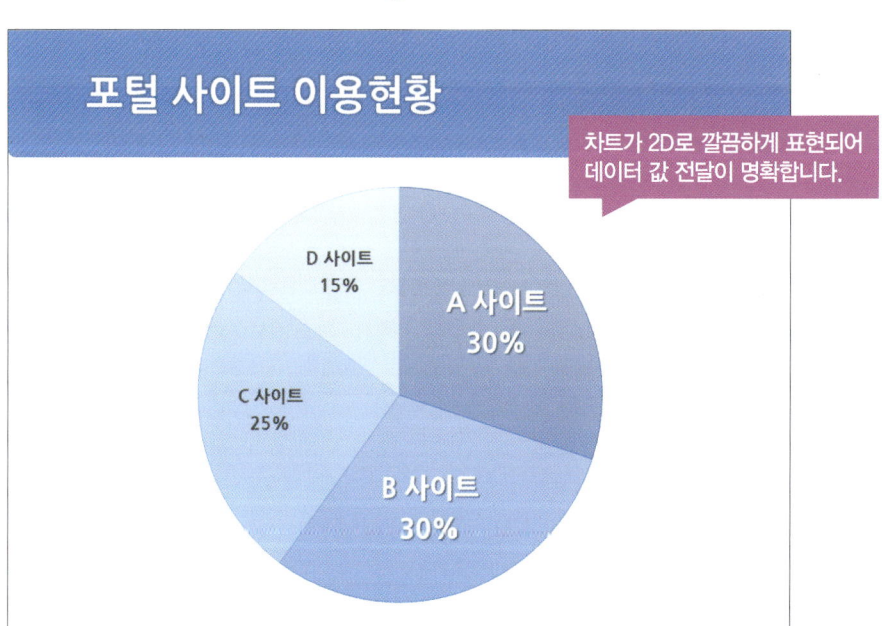

차트가 2D로 깔끔하게 표현되어 데이터 값 전달이 명확합니다.

Technique
- ▶ 입체 표현으로 데이터 값을 오해할 수 있습니다.
- ▶ 3차원 막대 그래프의 경우도 살펴봅니다.

간결한 평면 그래프가 더 정확합니다

각종 뉴스나 미디어를 보면 모션 그래픽까지 가미된 멋진 3차원 그래프들을 흔히 볼 수 있습니다. 이를 동경하여 프레젠테이션에도 3차원 그래프를 만들고자 하는 사람들이 있습니다. 파워포인트에도 3차원 차트 기능이 있어서 손쉽게 3D 효과를 만들 수 있지만, 시각적으로는 멋지게 보일지 몰라도 메시지 전달의 측면에서는 3차원 그래프가 효과적이지 않습니다.

Before 슬라이드의 차트를 살펴보면 원형 차트가 3차원 형태로 제작되었습니다. 2차원 그래프보다 입체적이고 나름 세련된 느낌이 있습니다만, 데이터 계열의 값을 보면 오해의 소지가 있다는 것을 인지하게 됩니다. 많이 이용되는 포털 사이트 중 A사이트와 B사이트의 값이 모두 30%로 같습니다. 하지만 차트가 입체적으로 표현되어 마치 B사이트가 더 큰 값을 가지는 것처럼 보입니다. 이는 청중으로 하여금 잘못된 인상을 전달하여 그릇된 판단을 내리게 할 수 있습니다.

After 슬라이드의 차트는 비록 아무런 장식이 없이 간단한 2차원으로 표현되어 심심해 보이지만, 데이터 값이 정확하게 전달됩니다. 발표용 문서에서는 불필요한 장식보다는 정확한 의미 전달이 최우선임을 절대 잊지 말아야 할 것입니다.

3차원 막대 그래프의 경우에도 3차원으로 세워진 막대의 위쪽 면이 Y축의 어느 부분을 가리키고 있는지 파악하기 어렵습니다. 데이터 레이블을 붙이면 되기는 하지만 청중들이 이해하기까지 한 번 더 생각을 해야 하기 때문에 좋은 표현 방법이라 하기 어렵습니다.

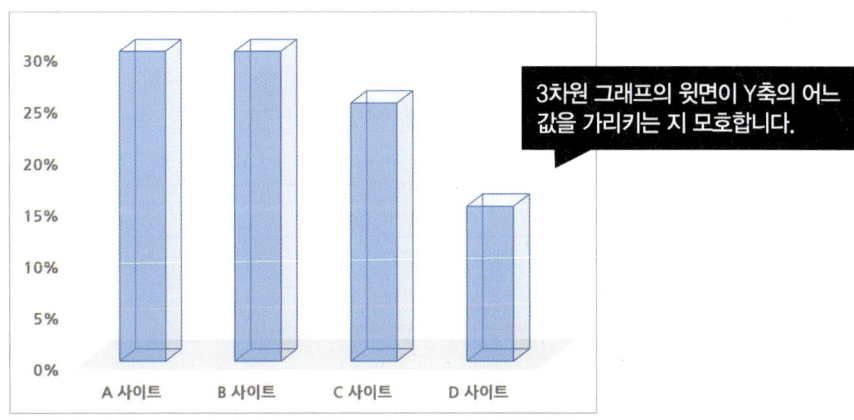

추이를 표현할 때는 어떤 그래프를 사용하나요?
꺾은선 그래프를 이용해 보세요

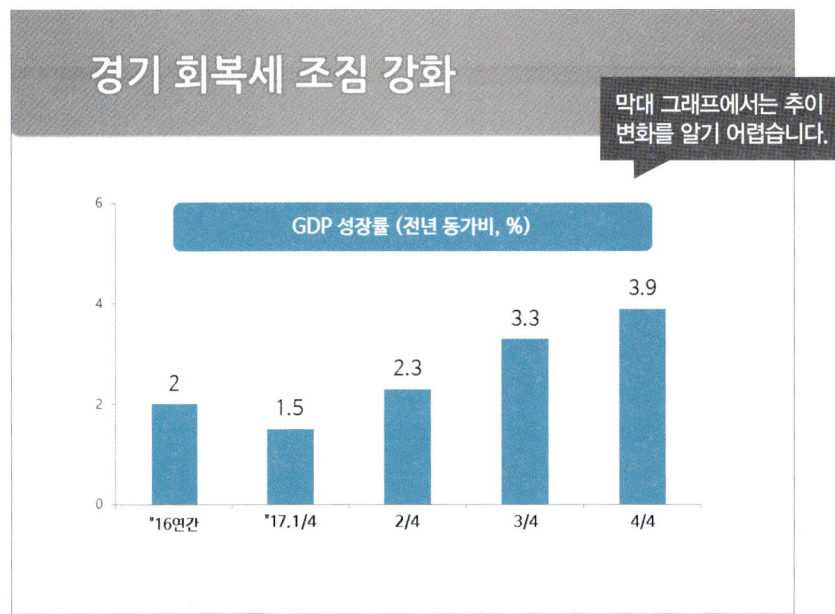

막대 그래프에서는 추이 변화를 알기 어렵습니다.

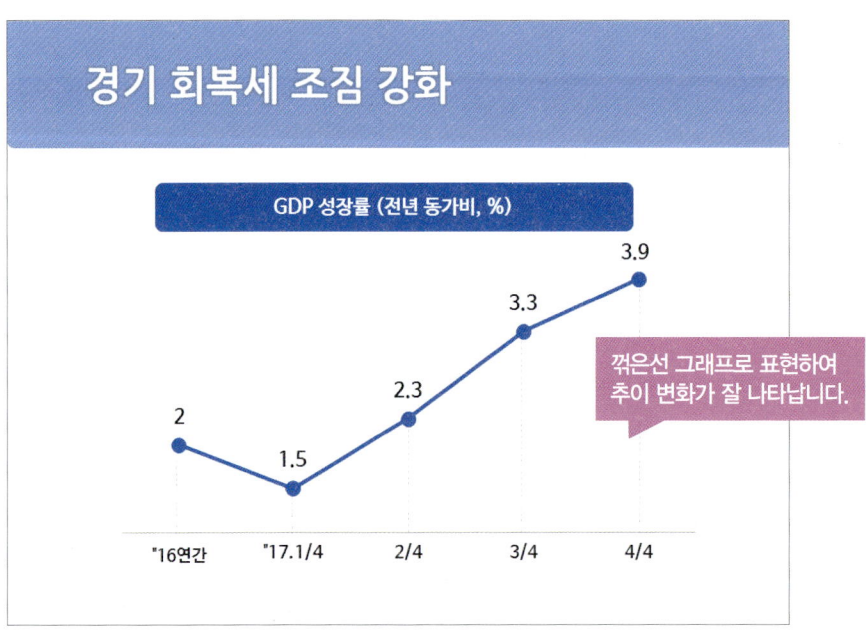

꺾은선 그래프로 표현하여 추이 변화가 잘 나타납니다.

Technique
▶ 추이 등의 변화를 나타내려면 꺾은선 그래프를 사용합니다.
▶ 각 포인트마다 표식과 데이터 레이블을 부가하여 변화를 파악하기 쉽게 합니다.

꺾은선 그래프를 이용하여 추이를 나타내세요

매출의 '양'을 비교할 때는 막대 그래프가 최적이지만 '추이'를 설명하기에는 적당하지 않습니다. 막대의 높이로는 데이터의 움직임을 눈으로 쫓아가기 어렵기 때문입니다. Before 슬라이드의 막대 그래프에서 보듯이 가로 방향으로 데이터를 따라가 변화 추이를 파악하기 어렵습니다.

매출 자체의 양을 비교하는 것이 아니라 **추이(움직임)를 보여줄 때는 꺾은선 그래프가 적절**합니다. After 슬라이드에서는 차트의 **세로 축의 수치를 삭제**하고 각 포인트마다 **표식과 데이터 레이블을 부가**하여 일일이 세로 축에서 수치를 확인하는 수고를 덜 수 있습니다. 차트를 선택했을 때 나타나는 [차트 요소] 버튼을 클릭하여 '데이터 레이블'을 삽입할 수 있습니다(2013버전 이상 기준. 2010버전에서는 리본 메뉴 중 [차트 도구]–[레이아웃] 탭에서 데이터 레이블을 추가할 수 있습니다).

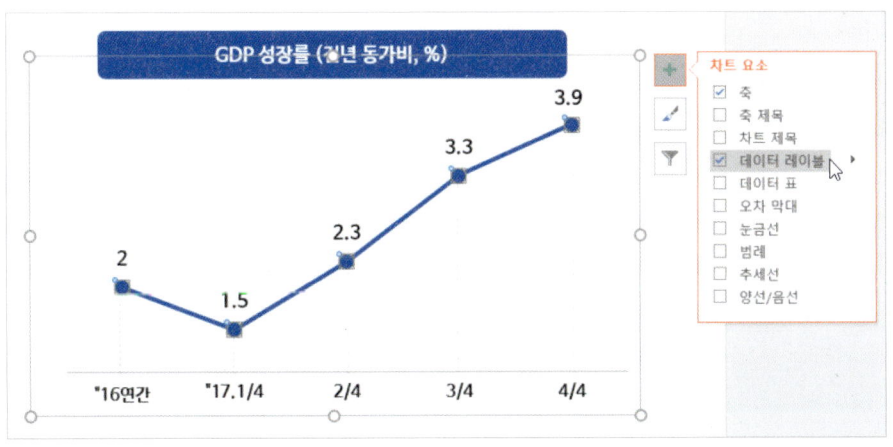

추이의 등락을 명확하게 해주기 위해 **세로 축의 최소값과 최대값을 변경**하여 꺾은선 그래프의 등락을 강하게 표현할 수도 있습니다. 하지만 최소값과 최대값을 과도하게 변경하여 꺾은선 그래프가 과장되어 표현된다면 오해의 소지가 생길 수도 있으니 조심해야 합니다.

꺾은선 그래프를 전달력이 높게 표현하려면?
차트 요소들의 서식을 바꾸세요

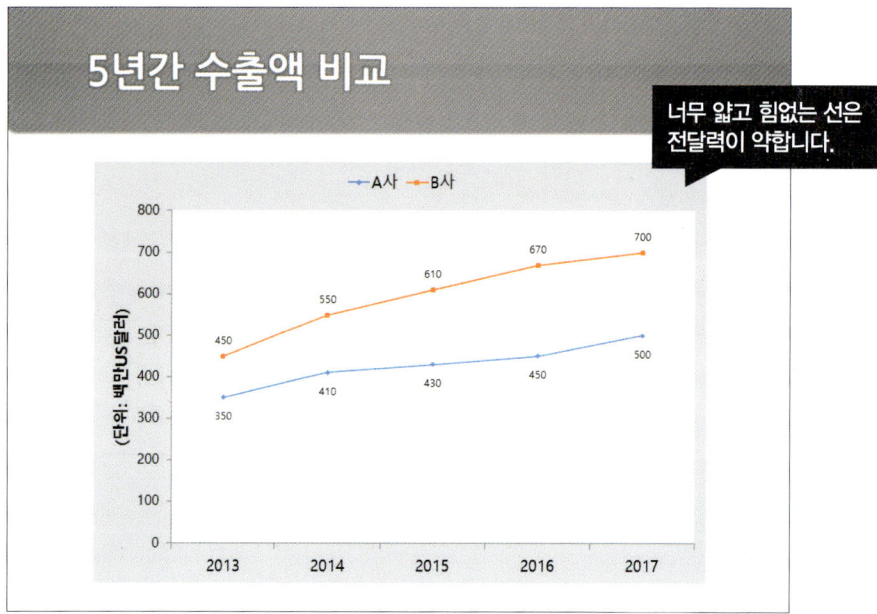

너무 얇고 힘없는 선은 전달력이 약합니다.

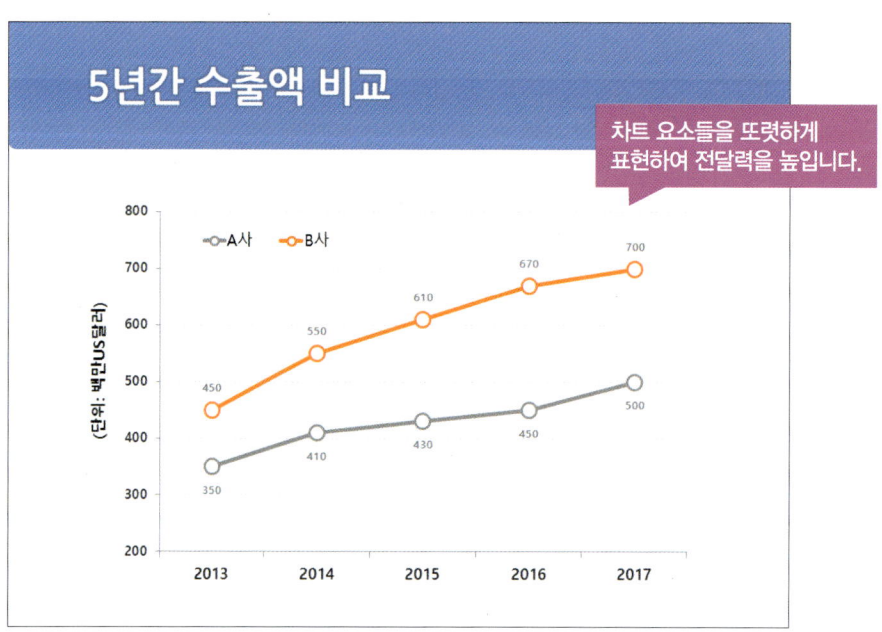

차트 요소들을 또렷하게 표현하여 전달력을 높입니다.

Technique
▶ 꺾은선의 서식을 변경하여 데이터가 잘 부각되게 합니다.
▶ 최소값을 수정하여 꺾은선이 차트의 가운데 오도록 합니다.

꺾은선을 또렷하게! 표식은 크게!

발표용 자료를 만들 때 항상 핵심 메시지를 정확하고 효과적으로 전달될 수 있도록 해야 합니다. 그러나 파워포인트의 기본 꺾은선 차트는 선이 너무 가늘어 그대로 사용할 경우 전달력이 약할 수 있습니다. 각 요소의 서식을 조금만 변경해도 훨씬 임팩트 있는 차트로 만들 수 있습니다.

Before 슬라이드의 차트는 선도 가늘고 표식도 작아 시선을 모으기 힘듭니다. 게다가 꺾은선의 위치가 차트의 위쪽으로 올라가 있어 전체적인 균형도 맞지 않습니다.

After 슬라이드의 차트를 살펴보면 꺾은선의 두께를 두껍게 설정하여 훨씬 또렷하게 보입니다. 그리고 표식도 크게 표현되어 각 항목의 데이터가 변화되는 점이 강조되었습니다.

위로 올라가 있던 선도 세로 축의 최소값을 200으로 바꿈으로 차트의 가운데 배치되도록 하여 차트의 전체 균형을 맞추었습니다.

데이터 계열들 중 더욱 강조하고자 하는 데이터 계열의 색을 유채색으로 설정하고 나머지는 회색 계통으로 설정하는 것이 좋습니다.

꺾은선의 두께를 바꾸려면 선을 선택하고 마우스 오른쪽 버튼을 클릭하면 나타나는 메뉴에서 [데이터 계열 서식]을 선택합니다. [데이터 계열 서식] 창에서 선의 두께와 색을 설정하면 됩니다.

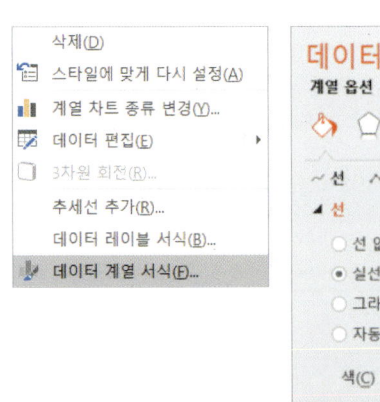
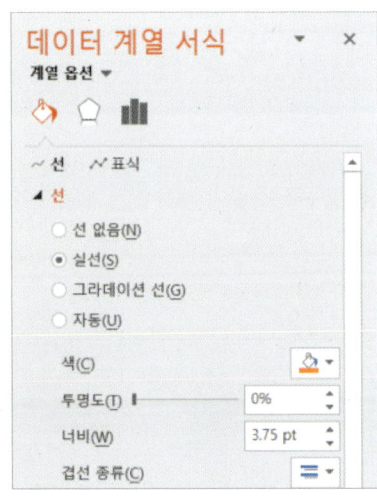

한 눈에 파악되는 그래프를 만들려면?
픽토그램을 사용해 보세요

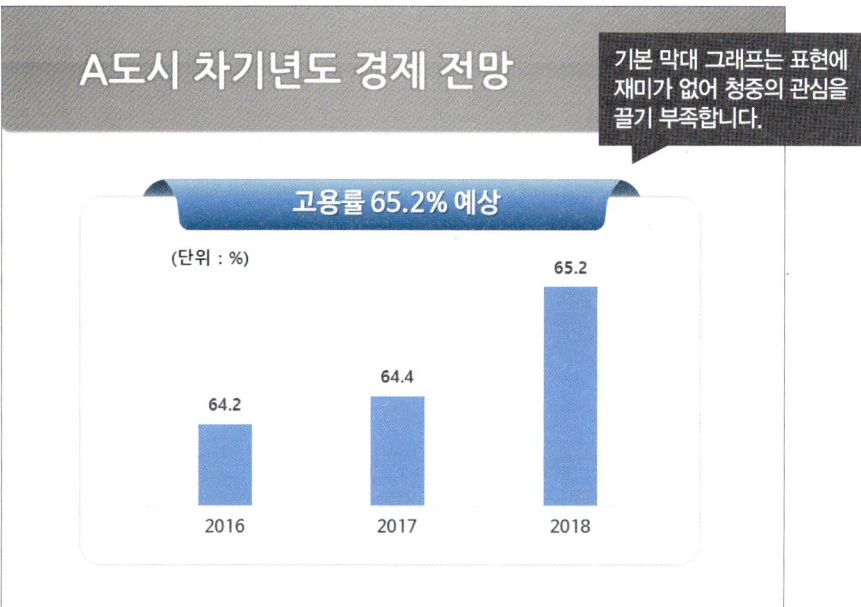

기본 막대 그래프는 표현에 재미가 없어 청중의 관심을 끌기 부족합니다.

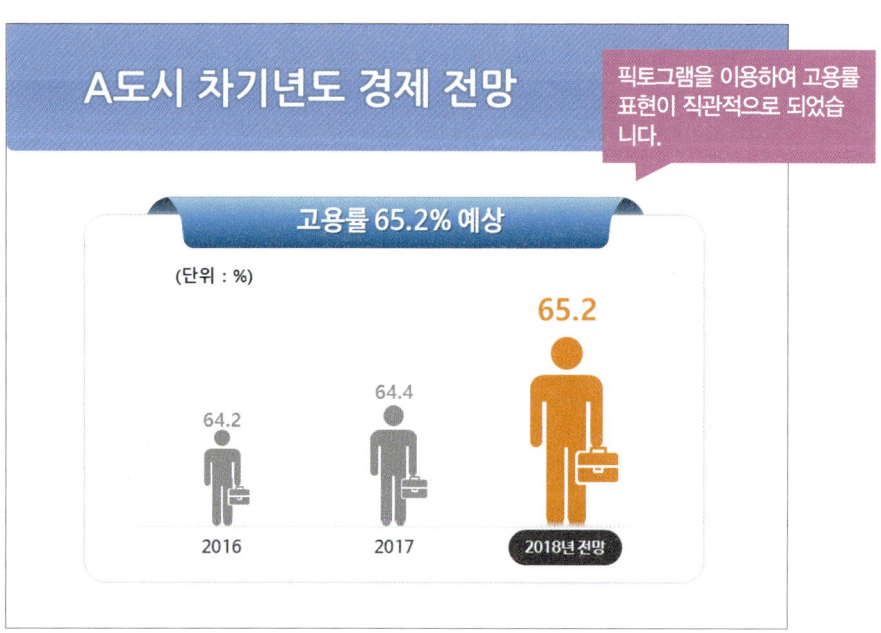

픽토그램을 이용하여 고용률 표현이 직관적으로 되었습니다.

Technique
- ▶ 픽토그램을 이용하여 전달력 높은 차트를 만들어 봅니다.
- ▶ 비율을 유지하면서 픽토그램의 크기를 조절합니다.

픽토그램을 이용한 차트를 만들어 보세요

픽토그램은 정보를 포함하고 있는 단순화된 이미지로 그 이미지를 보자마자 어떤 의미인지 바로 파악할 수 있는 직관성이 있기 때문에 발표용 자료뿐만 아니라 여러 분야에서 활용되고 있습니다. 이미지가 단순하기 때문에 슬라이드 전체의 디자인을 흩트리지 않으면서도 메시지 전달에 큰 조력자가 되어주는 효자 아이템이라 할 수 있습니다.

Before 슬라이드의 차트는 기본 막대 그래프로 제작되어 A도시의 차기년도 경제 전망 중 고용률 예상 그래프를 아무런 느낌과 감정이 없이 팩트만 전달하고 있습니다. 팩트 전달만이 목적이라면 기본 막대 그래프로 충분하지만 더 쉽고 빠르게 효과적으로 내용을 청중에게 전달하고 싶을 때는 픽토그램을 이용하는 것이 좋습니다.

After 슬라이드의 차트를 살펴보면 사람 픽토그램으로 고용률이 점점 증가될 것이라는 것을 표현하고 있습니다. 단순한 사각형으로 높낮이를 표현하는 것보다 전달하고자 하는 주제에 맞는 픽토그램을 사용하면 훨씬 직관적이고 설명적이어서 메시지 전달에 효과적인 것을 알 수 있습니다.

픽토그램의 크기를 각 항목별로 다르게 설정해야 하는데 이때 가로와 세로의 비율을 맞추지 않고 크기를 조절했을 때 완성도가 떨어져 보입니다. 크기를 조절할 때는 Shift 를 누른 상태에서 모서리에 있는 크기 조절점을 드래그하여 비율을 맞게 합니다.

간혹 사람 모양의 픽토그램으로 차트를 만드는 경우 신체의 일부를 자르는 경우가 있습니다. 이는 자칫 청중에게 나쁜 인상을 줄 수 있으니 이런 표현은 지양하는 것이 좋습니다.

13
그래프를 좀 더 주제와 부합되게 하려면?
주제와 관련된 이미지를 사용해 보세요

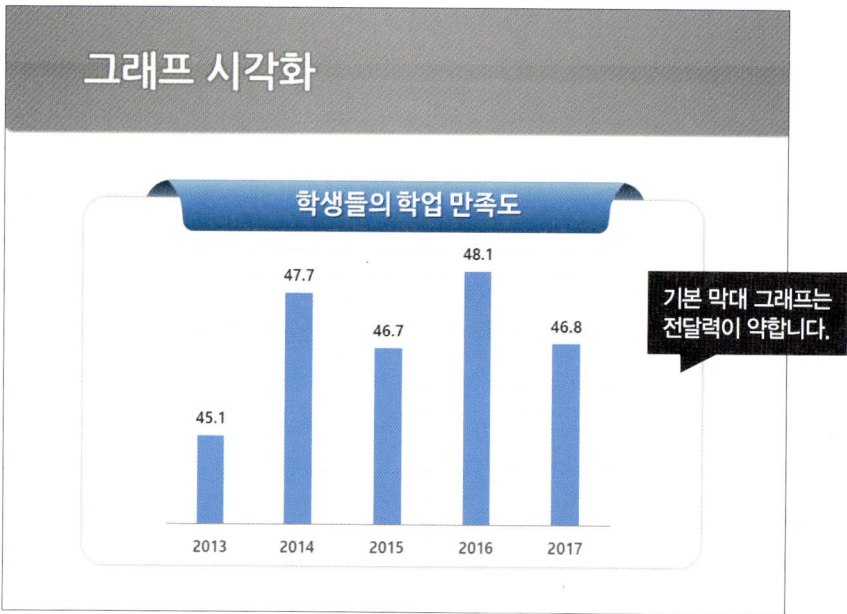

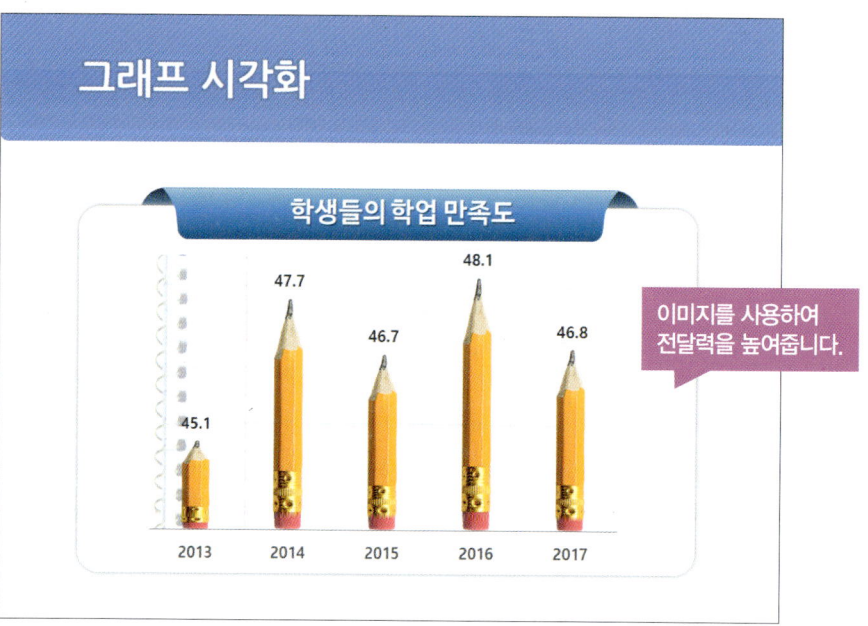

Technique
- 이미지를 차트에 사용하면 전달력이 높습니다.
- 차트의 데이터 계열과 그림 영역에 이미지로 채우는 방법을 살펴봅니다.

이미지를 이용한 차트를 만들어 보세요

백 마디 텍스트보다는 도해를 사용하여 설명하는 것이 효과적이고, 도해보다 더 내용을 빠르게 전달할 수 있는 것이 이미지입니다. 차트에 이미지를 사용한다면 의미 전달이 더 쉽고 빠르게 될 수 있습니다.

Before 슬라이드는 학생들의 학업 만족도를 막대 그래프로 나타내고 있습니다. 물론 막대의 높낮이로 만족도의 변화를 보여주고는 있지만 교육, 학생 등의 주제 전달은 부족합니다.

After 슬라이드의 차트를 살펴보면 학생들의 학업 만족도라는 주제가 잘 나타나게 연필 이미지와 공책 이미지로 차트를 구성하고 있습니다. 단순한 막대 그래프보다 훨씬 전달력이 높고 차트를 보는 사람으로 하여금 재미와 감동을 함께 느끼게 할 수 있습니다.

차트의 막대를 연필 이미지로 바꾸는 방법은 차트의 막대(데이터 계열)를 선택하고 마우스 오른쪽 버튼을 누르면 나타나는 메뉴에서 [데이터 계열 서식]을 선택합니다. 그리고 [데이터 계열 서식] 창에서 [채우기]를 [그림 또는 질감 채우기]로 선택하고, [파일]에서 원하는 이미지를 불러오면 됩니다. 여기서는 교육과 관련이 있는 내용이므로 연필 이미지를 사용했습니다.

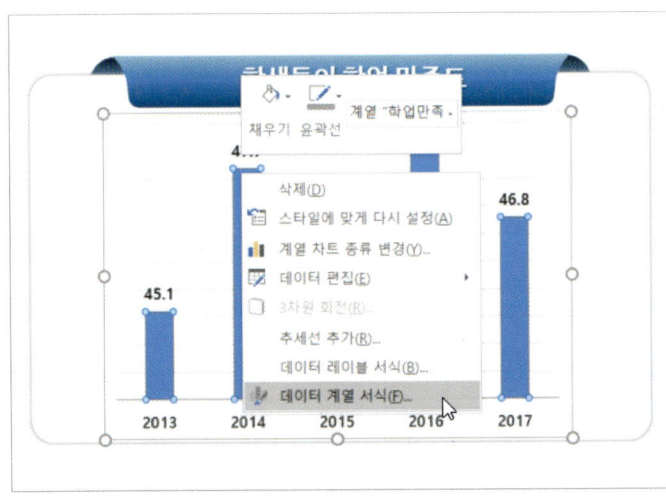
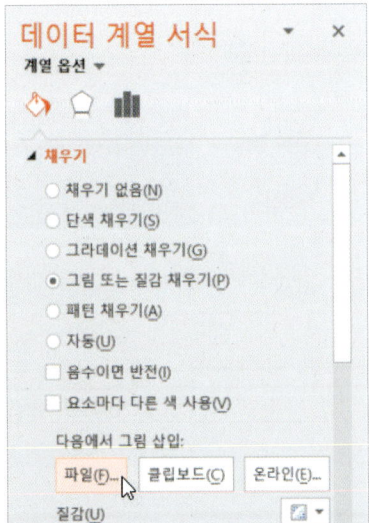

연필, 자와 같이 세로로 길쭉한 이미지가 막대 그래프에 효과적으로 표현됩니다.

그래프의 배경이 되는 그림 영역에도 가로 줄무늬가 있는 '공책' 이미지를 배경으로 사용하면 더 효과적으로 교육의 이미지를 부각할 수 있을 뿐만 아니라, 눈금선의 효과까지 줄 수 있습니다.

버블 차트를 정확히 그리려면?
기본 거품형 차트를 편집해 사용하세요

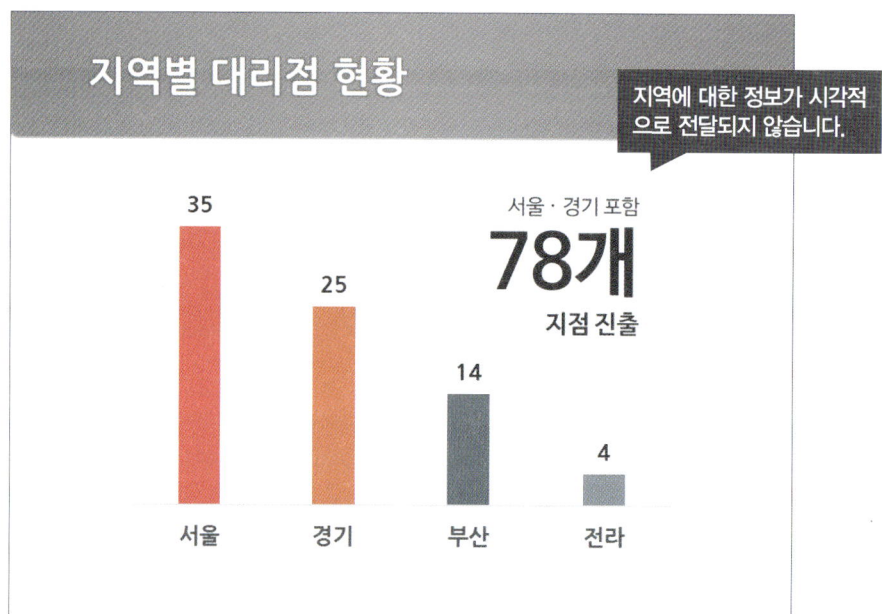

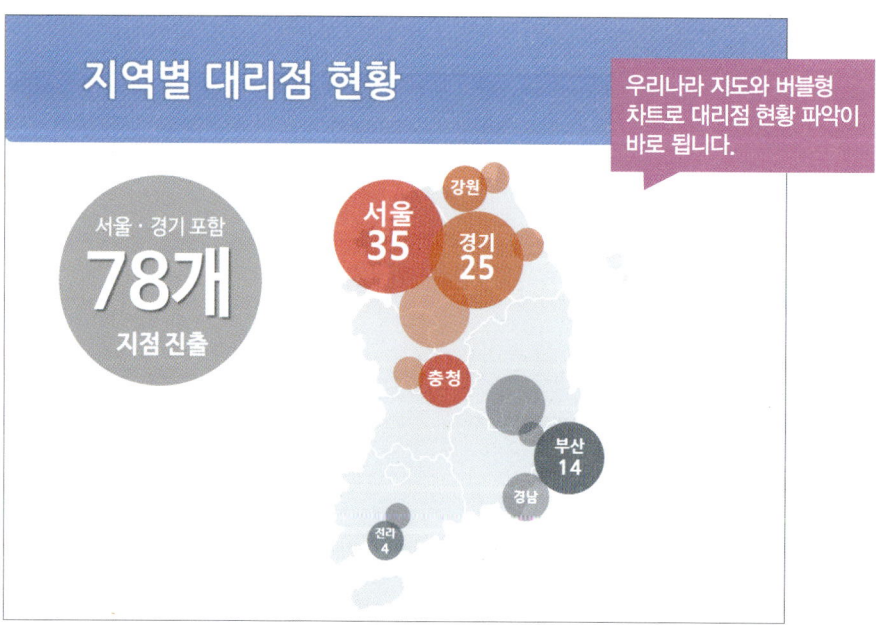

Technique
▶ 지역을 나타낼 때는 지도 이미지를 사용하는 것이 효과적입니다.
▶ 버블형 차트의 면적을 정확하게 만들기 위해 기본 거품형 차트를 편집하여 사용합니다.

지도와 버블형 차트로 표현!

Before 슬라이드의 막대 그래프는 우리나라 각 지역에 있는 대리점 현황을 나타내고 있습니다. 막대 그래프는 X축 혹은 Y축에 데이터 값을 올려놓고 양을 비교하는 것인데 Before 슬라이드 경우에는 대리점의 개수만 비교되어 있고 지역의 위치 정보는 제공되지 않아 전달력이 떨어집니다.

After 슬라이드의 차트를 살펴보면 우리나라 지도를 이용하여 각 지역을 나타내고 그 위에 버블형 차트를 올려두어 각 지역마다 데이터의 크기 비교를 쉽게 할 수 있게 되어 Before 슬라이드의 그래프보다 훨씬 쉽게 비교 분석이 가능해 졌습니다. 하나의 축이 아닌 여러 좌표 값의 데이터를 비교할 때 버블형 차트를 사용하면 메시지를 더욱 직관적이고 효과적으로 전달할 수 있습니다.

버블형 차트를 제작할 때 원의 크기를 잘못 설정하는 경우가 많습니다. 만약 A의 값이 B의 값보다 4배 차이가 난다고 하면, 반지름을 4배로 설정하는 실수를 하게 됩니다. 버블형 차트는 면적으로 나타내는 것인데 반지름을 4배 확대할 경우 원의 면적은 16배 커지게 되어 다른 데이터 표현이 될 수 있습니다. (원 면적 = πr^2 = 3.14 × 반지름 × 반지름)

도형을 이용하여 직접 버블형 차트를 제작하면 원 면적 공식에 대입하여 만들어야하기 때문에 번거롭기도 하고 계산을 잘못하여 정확하게 만들지 못할 수도 있습니다. 정확한 버블형 차트 제작을 위해 파워포인트에서 제공하는 거품형 차트를 이용하면 됩니다(Special Page 참조).

SPECIAL Page

기본 거품형 차트를 편집하여 사용하기

정확한 비율의 버블형 차트를 만들기 위해 파워포인트에서 기본적으로 제공하는 거품형 차트를 제작하고 편집하는 방법을 살펴봅니다.
차트 개체를 벡터 그림 개체로, 벡터 그림 개체를 다시 그리기 개체로 바꾸어서 편집하는 다소 복잡한 과정이지만 정확한 비율의 버블형 차트를 만드는 방법 중에 하나입니다.

① [삽입] 탭의 [일러스트레이션] 영역에서 [차트]를 클릭하고 [분산형] 범주에 [거품형] 차트를 선택합니다.

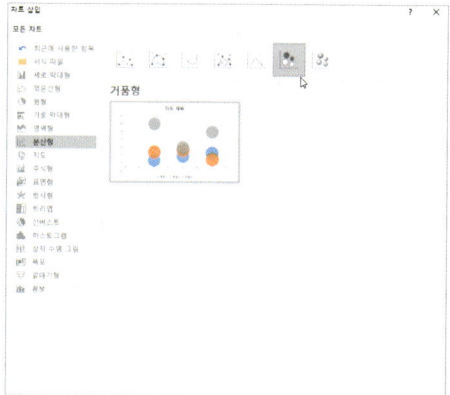

② 엑셀 시트에 'X값', 'Y값'은 무시하고 세 번째 '크기' 값 열에만 버블 차트에서 표현하고자 하는 값을 입력합니다(X값, Y값은 좌표값입니다).

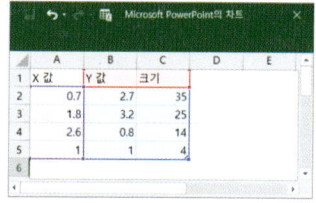

③ 이렇게 만들어진 거품형 차트를 Ctrl+X를 눌러 잘라낸 후 [홈] 탭의 [클립보드] 영역에서 [붙여넣기]-[선택하여 붙여넣기]를 선택합니다.

④ [선택하여 붙여넣기] 대화상자에서 [그림(확장 메타파일)]을 선택합니다. 차트를 벡터 그림으로 바꾸는 과정입니다.

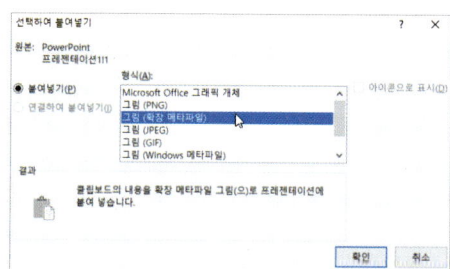

⑤ [그림(확장 메타 파일)]으로 붙여 넣어진 개체를 선택하고 그룹 해제(Ctrl+Shift+G)를 두 번하여 개체를 도형 그리기 개체로 만듭니다.

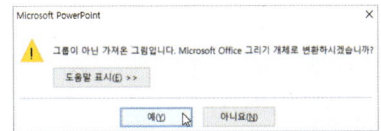

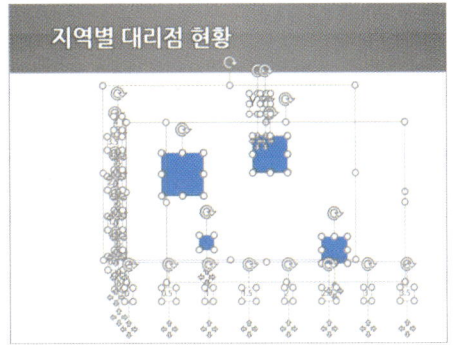

⑥ 개체가 그룹 해제되면 원하는 부분만 남기고 나머지는 모두 삭제합니다.

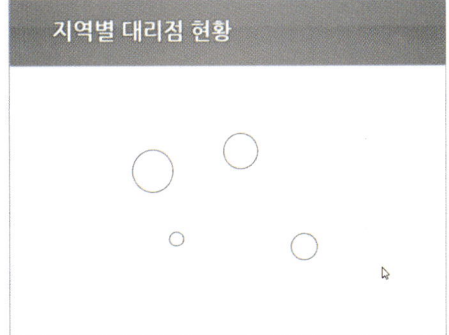

⑦ 버블들이 정확한 비율로 크기 조절되어 나옵니다. 도형을 원하는 색상으로 변경하고 글자를 입력합니다. 만약 같은 비율로 크기 조정을 하고 싶다면 원형 도형을 모두 그룹으로 묶고(Ctrl+G) 한꺼번에 크기를 키워줍니다.

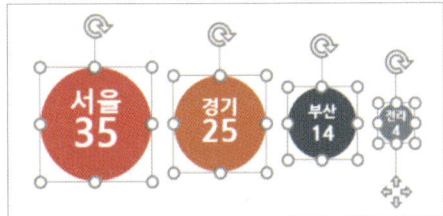

15
그래프에 제품 정보를 함께 담고 싶다면?
이미지 막대 그래프를 사용해 보세요

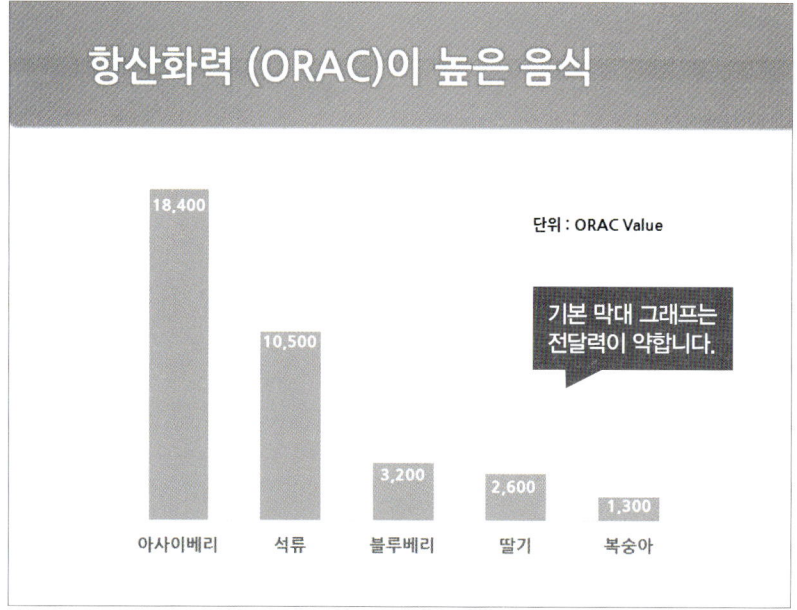

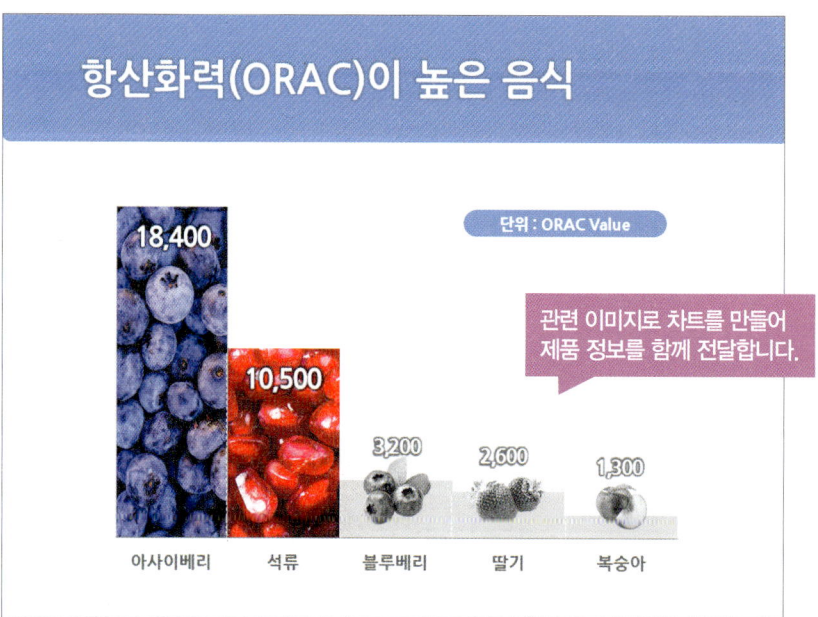

Technique
▶ 실사 이미지를 차트에 사용하면 전달력이 높습니다.
▶ 가로로 긴 이미지를 세로 막대 그래프에 이미지로 채우는 방법을 살펴봅니다.

주제에 부합하는 이미지는 이해도를 높여줍니다

항산화력이 높은 과일을 소개할 때 해당 분야의 전문가들이나 과일의 종류에 대해 잘 아는 사람들은 과일 이름만으로도 구별이 되지만 비전문가들은 이름만으로는 아사이베리와 블루베리의 차이점을 잘 모를 수 있습니다. Before 슬라이드의 차트에는 막대 그래프와 과일의 이름만 나와 있어서 청중의 이해도가 떨어질 수 있습니다.

After 슬라이드의 차트를 살펴보면 각 과일의 이미지를 막대 그래프에 넣어주어 과일에 대한 정보를 바로 제공하고 있습니다. 그리고 신선한 과일의 이미지를 사용함으로써 항산화 물질이 풍부하게 들어 있음을 강조할 수 있습니다.

모든 막대 그래프에 과일 이미지로 채워주어도 되지만 항산화력이 높은 1, 2위 과일만 강조해 주기 위해 두 개의 막대 그래프만 이미지를 삽입하고 나머지는 회색 톤으로 처리했습니다.

일반적으로 인터넷에서 다운받거나 촬영한 이미지들은 가로 이미지가 많습니다. 가로로 긴 이미지를 막대 그래프에 바로 채우기를 하면 이미지의 비율이 맞지 않아 찌그러진 이미지가 그래프에 삽입됩니다. 이미지의 비율이 맞지 않게 되면 이미지가 왜곡되어 내용의 정확한 전달이 어려울 수 있습니다. 이럴 때는 가로 이미지를 적당히 세로 모양으로 자른 후 막대 그래프에 채우기 하면 됩니다(Power tip 참조).

Power TIP 가로 이미지를 세로 막대 그래프에 찌그러지지 않은 이미지로 채우는 방법

❶ 이미지를 파워포인트에 삽입한 후 [그림 도구]-[서식] 탭의 [크기] 영역에서 [자르기] 메뉴로 세로 모양으로 재단을 해 둡니다.

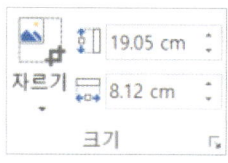

❷ 잘려진 그림을 Ctrl+C 를 눌러 복사합니다.

❸ 막대 그래프의 첫 번째 계열만 선택한 후 마우스 오른쪽 버튼을 클릭하여 나온 메뉴에서 [데이터 요소 서식]을 선택합니다.

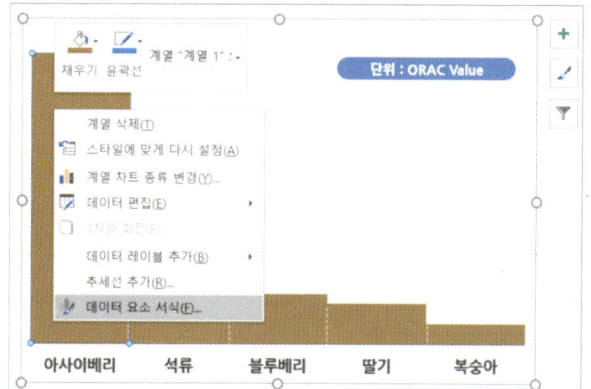

❹ [데이터 요소 서식] 창에서 [채우기]를 [그림 또는 질감 채우기]를 선택하고 [클립보드]를 클릭하면 좀 전에 복사해 두었던 세로 이미지가 막대 그래프에 채워집니다.

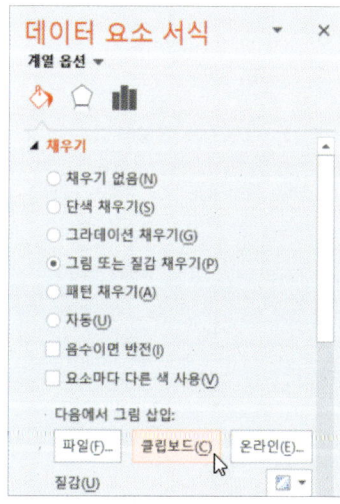
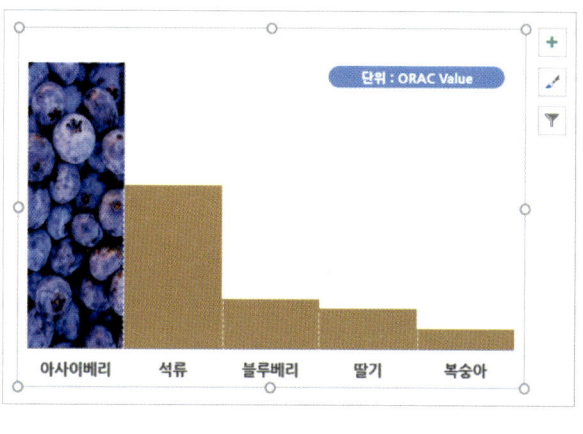

206 PRESENTATION design

CHAPTER 7

마스터 슬라이드로 슬라이드에 통일감을 주자

발표를 준비할 때, 30장에서 100장 이상의 파워포인트 슬라이드를 만들게 됩니다. 빈 슬라이드에 바로 도형과 배경을 넣고 한 장씩 만들어도 큰 지장은 없지만, 만약 모든 슬라이드에 들어간 팀명이나 기본으로 정한 폰트를 변경해야 한다면? 한 장씩 슬라이드에 모든 자료를 배치해 만들었을 경우 수정하는 시간이 만만찮게 들어갈 것입니다. 마스터 슬라이드는 이럴 때 유용하게 사용됩니다.

슬라이드 마스터는 배경, 글꼴, 색, 효과, 개체 틀 크기, 위치 등 모든 슬라이드에 들어가는 공통적인 요소를 미리 설정해 두는 곳입니다. 슬라이드 마스터를 사용하면 공통된 정보를 한꺼번에 입력 관리되기 때문에 제작 시간을 절약할 수 있습니다. 특히 슬라이드 마스터는 슬라이드 양이 많은 프레젠테이션에 사용하면 편리합니다.

01
슬라이드에 통일성을 주기 위해서는?
마스터 슬라이드를 활용해 보세요

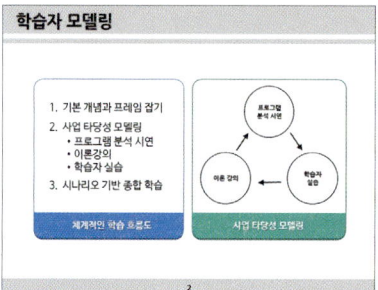

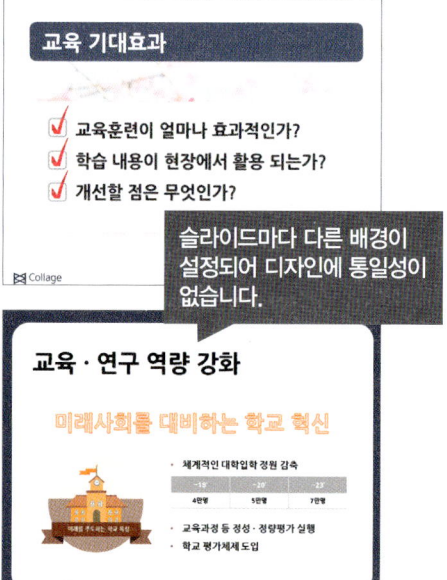

슬라이드마다 다른 배경이 설정되어 디자인에 통일성이 없습니다.

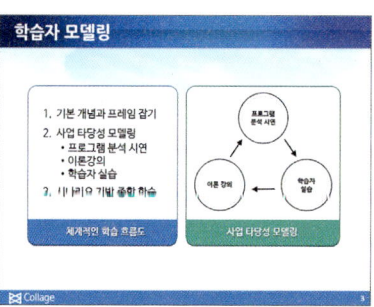

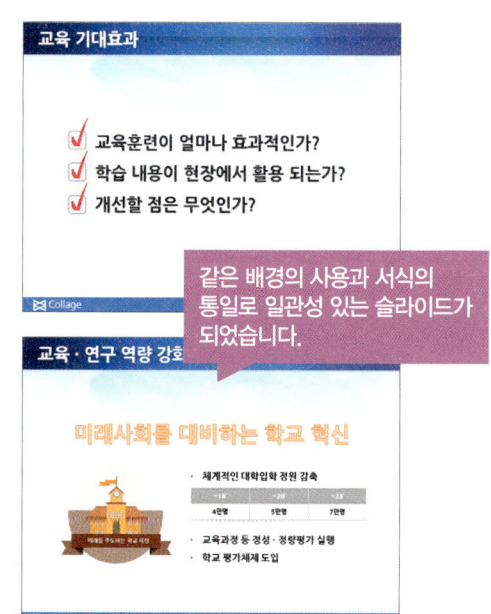

같은 배경의 사용과 서식의 통일로 일관성 있는 슬라이드가 되었습니다.

Technique
▶ 모든 슬라이드에 들어가는 공통적인 요소는 마스터 슬라이드에서 관리합니다.
▶ 마스터 슬라이드를 편집하는 방법을 살펴봅니다.

슬라이드 배경은 마스터 슬라이드에서 한꺼번에 관리하세요

슬라이드를 10장 이하로 제작되었을 경우 슬라이드를 각각 수정을 한다 해도 그렇게 힘들지 않겠지만 일반적으로 발표 자료는 30장 이상 되는 경우가 많습니다. 만약 모든 슬라이드에 들어간 팀명이나 로고의 위치를 변경해야 한다면 수정하는 시간이 만만찮게 들어갈 것입니다.

마스터 슬라이드에서는 전체 페이지에 공통적으로 넣을 서식, 배경, 로고, 바닥글 등을 미리 설정할 수 있고, 표지, 본문, 간지 슬라이드 등 용도별로 디자인을 미리 정해두고 나중에 슬라이드 작업할 때 각 디자인을 호출하여 사용할 수 있습니다. 즉 슬라이드의 디자인을 미리 설정해 두는 디자인 창고 같은 곳이라고 생각하면 됩니다.
마스터 슬라이드를 사용하면 제작 시간도 절약할 수 있을 뿐만 아니라 슬라이드 전체에 통일감을 주어 완성도를 높일 수 있습니다.

Before 슬라이드에서는 슬라이드마다 배경 디자인이 다르게 설정되어 있고, 제목의 서식과 위치도 제각각이며, 로고와 슬라이드 번호도 일관되게 삽입되지 않아서 슬라이드 전체 통일감과 완성도가 많이 떨어집니다.

After 슬라이드에서는 배경 이미지를 마스터에서 한꺼번에 설정해 전체 슬라이드에 통일성을 주고 있으며, 슬라이드에 들어가는 제목, 로고, 슬라이드 번호의 위치와 서식도 마스터에서 설정되어 일관성 있는 슬라이드가 제작되었습니다.

SPECIAL Page

마스터 슬라이드와 슬라이드 레이아웃 설정하기

- [보기] 탭의 [마스터 보기] 영역에서 [슬라이드 마스터]를 선택합니다(단축키 Shift + '기본 보기 '를 눌러도 됩니다).

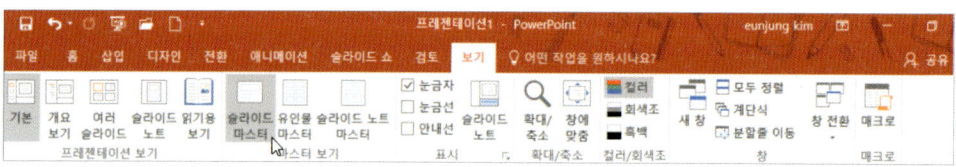

- 일반 슬라이드 편집 상태와 비슷해 보이지만 왼쪽 부분과 리본 메뉴의 [슬라이드 마스터] 탭을 보면 슬라이드 마스터 편집 상태와 일반 슬라이드 편집 상태의 차이점을 알 수 있습니다. 왼쪽에 나오는 많은 흰 페이지들 중 첫 번째 큰 슬라이드가 '마스터 슬라이드'이고, 하위에 포함되어 있는 슬라이드 양식들이 '레이아웃'들입니다.

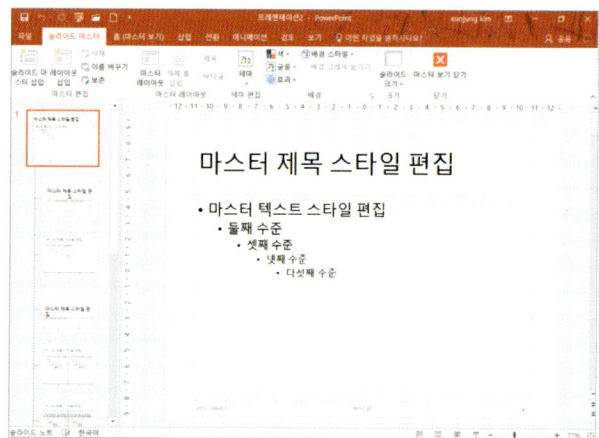

- 슬라이드 마스터는 '마스터 슬라이드'와 '레이아웃'으로 구분됩니다.
'마스터 슬라이드'는 '레이아웃'들의 상위 개념으로서, 전체적인 배경과 제목이나 내용의 서식 등 같이 모든 슬라이드에 공통적으로 적용되는 서식을 정합니다. '마스터 슬라이드'에서 설정한 사항이 하위 '레이아웃'으로 적용되어 내려갑니다.

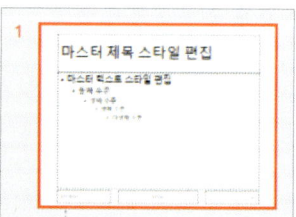

마스터 슬라이드

- '레이아웃'은 '마스터 슬라이드'의 하위개념으로 '마스터 슬라이드'에서 적용된 서식이 적용되며, 각각 다른 슬라이드 구성을 위해 디자인을 독립적으로 세부적인 옵션들(텍스트 상자 위치, 그림 배치) 등을 조정할 수 있습니다. 각 레이아웃에 독립적으로 수정한 내용이 마스터 슬라이드보다 우선적으로 적용됩니다.

  즉, '마스터 슬라이드'에서 공통 요소, 배경을 설정하면 하위 11개의 레이아웃에 모두 적용됩니다. 그리고 '제목 레이아웃'에서 제목에 어울릴 배경과 서식을 독립적으로 수정한다면, 마스터 슬라이드 서식보다 현재 수정한 내용이 우선적으로 적용된다는 말입니다.

11개의 레이아웃

- 각 11개의 레이아웃마다 독립된 디자인을 설정할 수 있지만, 일반적으로 '마스터 슬라이드', '제목 슬라이드 레이아웃', '구역 부제목 슬라이드 레이아웃' 정도만 제작을 합니다.

마스터 슬라이드 편집하여 공통 서식 바꾸기

1. [보기] 탭의 [마스터 보기] 영역에서 [슬라이드 마스터]를 선택합니다(단축키 Shift +'기본 보기 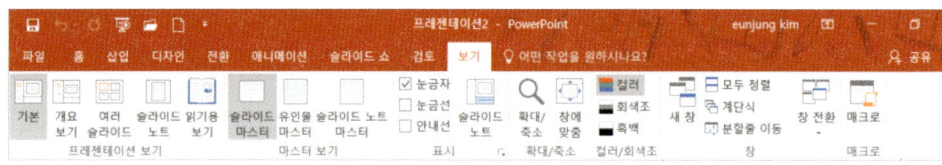'를 눌러도 됩니다).

2. 마스터 슬라이드 영역의 빈 화면에서 마우스 오른쪽 버튼을 클릭하고 [배경 서식]을 선택합니다.

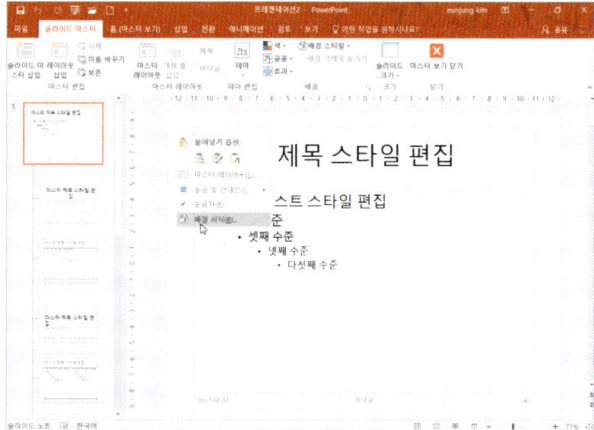

3. [배경 서식] 창에서 슬라이드 배경 이미지로 사용할 파일을 불러옵니다.

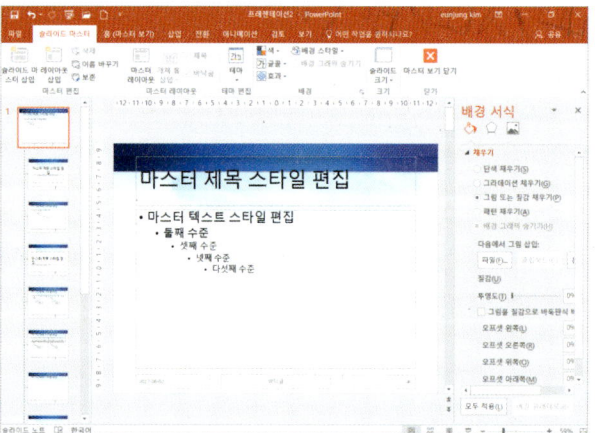

④ 제목 글상자의 위치를 위쪽으로 옮겨주고, 글자의 서식도 바꿔줍니다.

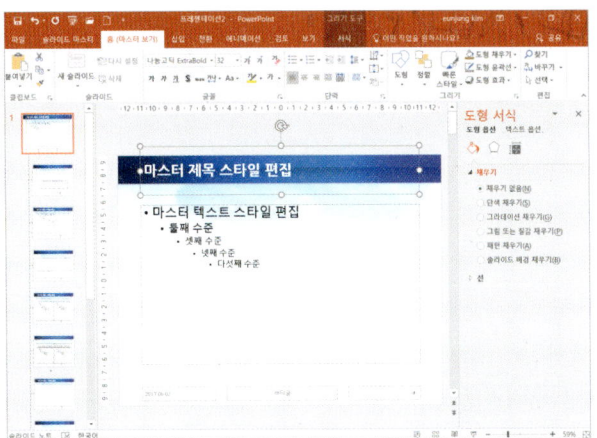

⑤ 바닥글 상자와 슬라이드 번호의 위치와 서식도 바꿔줍니다. 마스터에 기본적으로 배치되어 있는 마스터 레이아웃 텍스트 상자들은 위치와 서식만 바꿔야 하며 그 상자에 직접 글자를 입력하면 안 됩니다. 입력을 한다고 해도 마스터 편집 상태 밖으로 나가면 입력한 글자가 나타나지 않습니다.

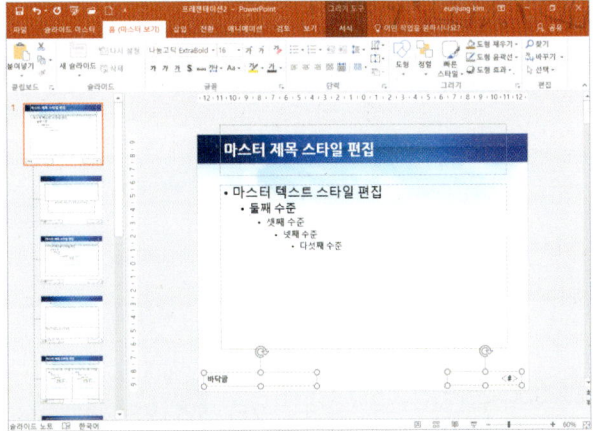

⑥ 바닥글과 슬라이드 번호를 나타나게 하려면 [삽입] 탭의 [텍스트] 영역에서 [머리글/바닥글]을 선택합니다.

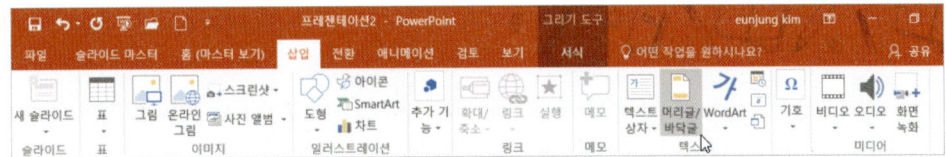

❼ [머리글/바닥글] 대화상자에서 [바닥글]에 내용을 입력하고 [슬라이드 번호]를 체크합니다. [제목 슬라이드에는 표시 안 함]에도 체크해 줍니다.

제목 슬라이드 레이아웃 설정하기

❶ 제목 슬라이드의 배경 서식을 설정하기 위해 왼쪽 창에서 [제목 슬라이드 레이아웃]을 선택합니다.

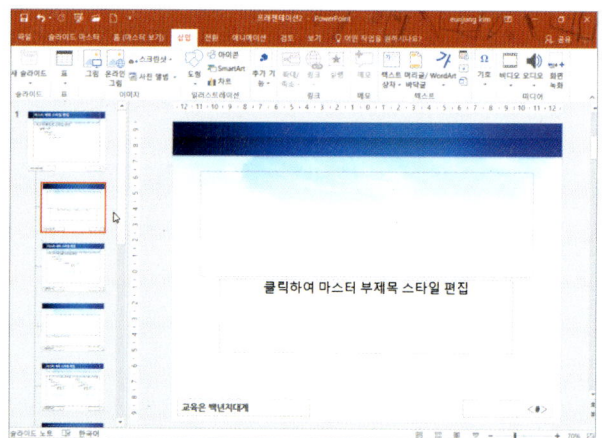

❷ 빈 화면에서 마우스 오른쪽 버튼을 클릭하고 [배경 서식]을 선택합니다. [배경 서식] 창에서 슬라이드 배경 이미지로 사용할 파일을 불러옵니다. 제목 글자 서식과 위치를 설정해 줍니다.

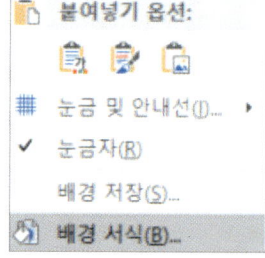

❸ 슬라이드 마스터 설정이 끝났으면 [슬라이드 마스터] 탭의 [마스터 보기 닫기] 버튼을 클릭하여 마스터 설정 상태에서 나옵니다.

❹ 슬라이드마다 공통 배경이 설정되었으며 제목 슬라이드에만 독립적인 배경이 설정되었습니다.

PRESENTATION
design

CHAPTER 8

파워포인트를 넘어서자

파워포인트로 제작할 수 있는 것은 프레젠테이션 슬라이드만이 아닙니다. 인쇄 홍보물 제작, 명함 및 이름표 제작, 한글 혹은 엑셀 프로그램과 연동, SNS용 카드뉴스 제작, 인포그래픽 제작 등 사회 다양한 분야에서 파워포인트가 사용되고 있습니다. 그만큼 파워포인트가 그래픽 툴로서도 손색이 없다는 증거가 될 것입니다.

이번 단원에서는 파워포인트로 제작한 결과물이 프레젠테이션이 아닌 다른 분야에서 활용되는 예를 살펴보고자 합니다. 파워포인트로 SNS용 카드뉴스 제작 시 슬라이드 크기 변경 방법과 파워포인트로 제작한 도해를 한글 프로그램으로 가져가 보다 세련된 보고서가 되도록 합니다.

파워포인트로 카드뉴스를 제작할 수 있나요?
슬라이드를 카드뉴스용 사이즈에 맞춰 제작해 보세요

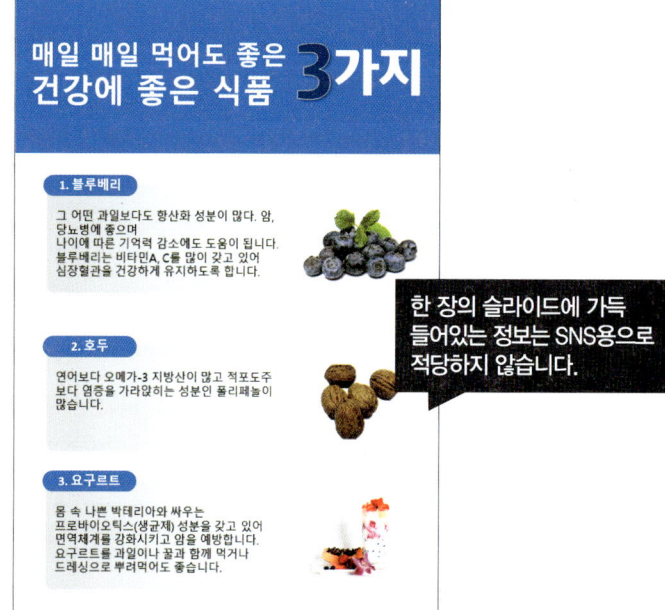

한 장의 슬라이드에 가득 들어있는 정보는 SNS용으로 적당하지 않습니다.

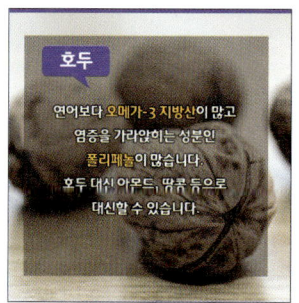

카드뉴스에 이미지와 정보를 간결하게 배치하여 핵심 내용만 전달하도록 합니다.

Technique
- 카드뉴스의 특징을 알아봅니다.
- 슬라이드 크기를 변경하는 방법에 대해 살펴봅니다.

SNS 홍보는 간결한 카드뉴스로 하세요

카드뉴스란 짧은 글과 이미지로 정보를 전달하는 것으로 바쁜 현대인들이 긴 글을 읽기 싫어하는 습성 때문에 발생한 것이라 할 수 있습니다. SNS를 활용한 홍보 전달율이 다른 뉴스 콘텐츠보다 높아 기업체나 마케팅 종사자들이 카드뉴스에 많은 관심을 가지고 있습니다.

요즘은 스마트폰에서 대부분의 검색과 SNS 활동을 하기 때문에 작은 화면에서도 가독성이 높아야 하고 재미있는 콘텐츠로 독자의 흥미와 관심을 끌 수 있어야 합니다.

그러나 아무리 재미있게 구성되어 있는 카드뉴스라 할지라도 독자들이 흥미를 가지며 읽을 수 있는 장수가 평균 9.4장입니다. 이를 넘길 경우 독자들이 지루해 할 수 있기 때문에 10장 이내로 작성하는 것이 좋습니다.

카드뉴스의 크기가 작기 때문에 화려한 효과를 많이 넣기보다는 관련 이미지와 정보를 간단히 입력하는 심플한 레이아웃을 채택하는 것이 더 세련되게 보이고 독자들에게 반응도 좋습니다. 그래서 발표용 슬라이드를 제작할 때와 마찬가지로 가독성과 핵심 메시지 전달에 중점을 두고 간결하게 제작하면 됩니다.

정사각형의 카드뉴스를 제작할 때 슬라이드 크기는 가로 세로 25cm로 설정하면 되고, 저장할 때는 'JPEG' 그림 파일 형식으로 저장하여 낱장의 그림들로 저장되도록 합니다(Power tip과 Special Page 참조).

카드뉴스 사이즈로 슬라이드 크기 변경하기

페이스북에서 사용되는 카드뉴스의 사이즈는 정사각형 형태, 첫 페이지만 가로이고 나머지는 정사각형 형태, 첫 페이지만 세로이고 나머지는 정사각형 형태로 나뉠 수 있습니다.

❶ 정사각형 카드뉴스 형태로 제작하기 위해 [디자인] 탭의 [슬라이드 크기]에서 [사용자 지정 슬라이드 크기]를 선택합니다.

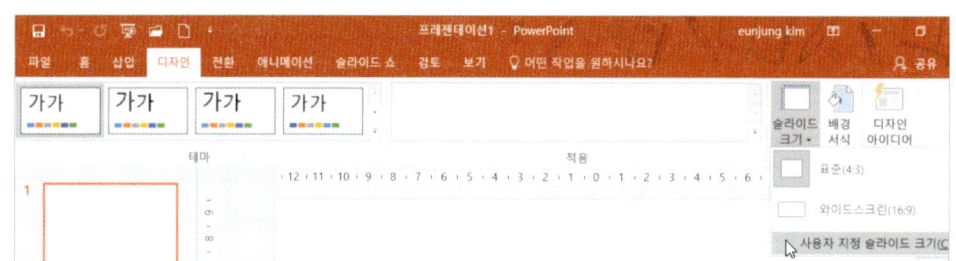

❷ [슬라이드 크기] 대화상자에서 [너비]와 [높이]를 25cm로 설정하면 정사각형의 슬라이드를 만들 수 있습니다.

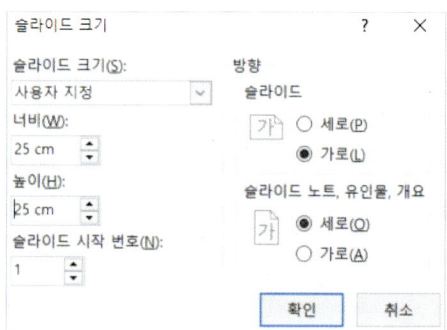

SNS용 카드뉴스 사이즈

카드뉴스 형태	사이즈
정사각형 형태 (n개 이상)	포토샵으로 제작 : 900픽셀 × 900픽셀
	파워포인트로 제작 : 25cm × 25cm

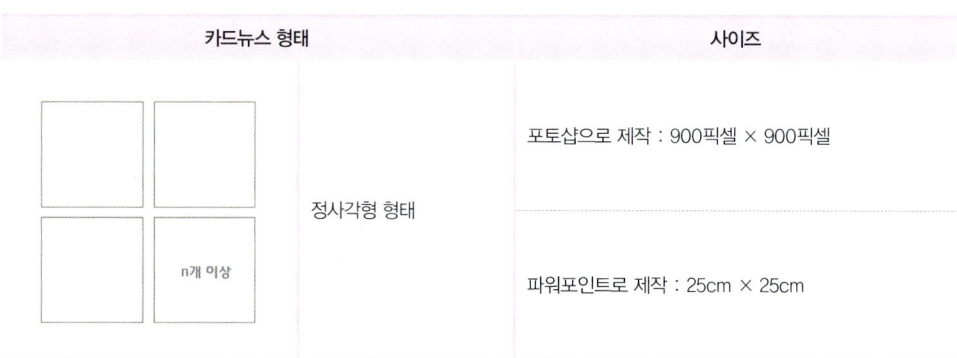

카드뉴스 형태		사이즈
	첫 페이지만 가로 나머지는 정사각형 형태	포토샵으로 제작 : 첫 장 900픽셀 × 600픽셀 / 나머지 장 900픽셀 × 900픽셀
		파워포인트로 제작 : 첫 장 23cm × 15cm / 나머지 장 25cm × 25cm
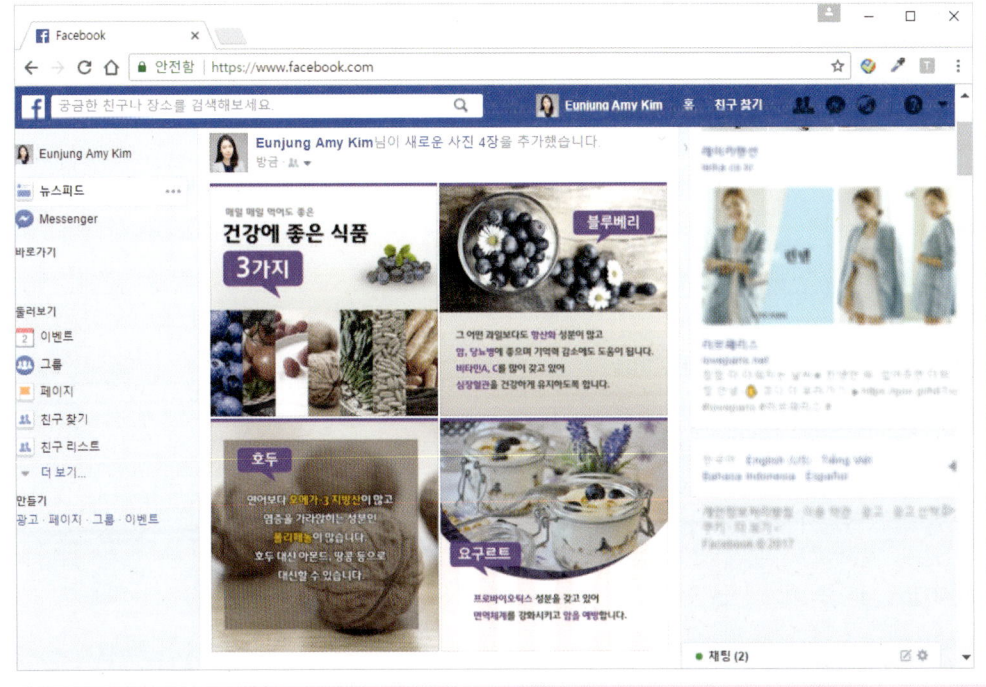	첫 페이지만 세로 나머지는 정사각형 형태	포토샵으로 제작 : 첫 장 600픽셀 × 900픽셀 / 나머지 장 900픽셀 × 900픽셀
		파워포인트로 제작 : 첫 장 15cm × 23cm / 나머지 장 25cm × 25cm

페이스북에 게시한 모습

SPECIAL Page
슬라이드를 그림 파일로 저장하기

슬라이드를 낱장의 그림 파일로 저장하기

파워포인트에서 제작된 결과물을 *.PPTX 형식 외에도 GIF, JPEG, PNG 등 다양한 그림 파일 포맷으로 저장이 가능합니다. 낱장의 그림 파일로 저장해야 SNS에 카드뉴스로 업로드 할 수 있습니다.

① [파일] 메뉴에서 [다른 이름으로 저장]을 누른 다음 [찾아보기]를 선택하여 저장할 위치를 지정합니다.

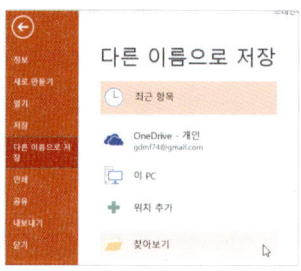

② [파일 형식]을 설정하는 곳에서 펼침 목록을 내리고 'JPEG 파일 교환 형식'을 선택합니다.

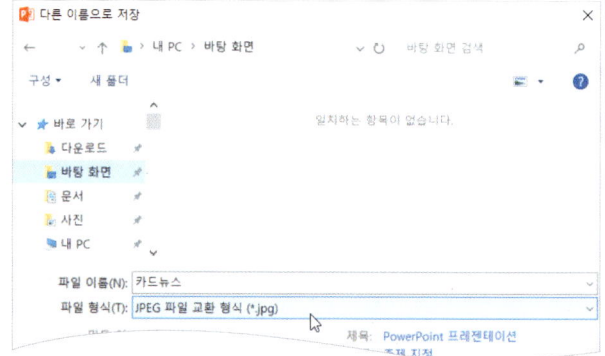

③ [저장] 버튼을 클릭하면 다음과 같은 창이 나타납니다. 모든 슬라이드를 그림 파일로 저장하려면 [모든 슬라이드] 버튼을 클릭하면 되고, 현재 슬라이드만 그림 파일로 저장하려면 [현재 슬라이드만] 버튼을 클릭하면 됩니다. [모든 슬라이드]를 선택하면 새로운 폴더가 생성되며 각 슬라이드가 폴더 안에 그림 파일로 저장됩니다.

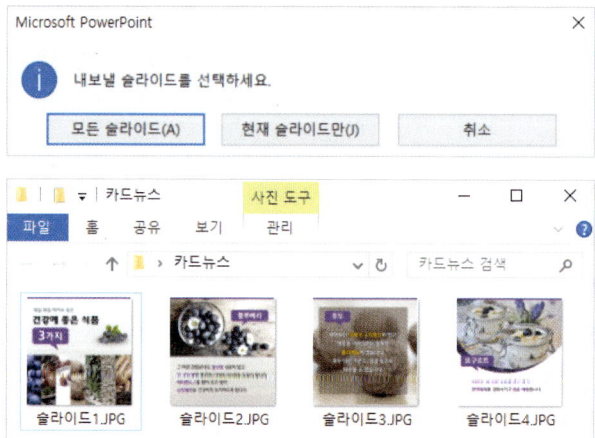

슬라이드를 그림 프레젠테이션으로 저장하기

만약 제작한 PPTX 파일을 다른 사람에게 공유할 때 재편집을 막고 싶다면 '그림 프레젠테이션' 형식으로 저장하면 됩니다. '그림 프레젠테이션'으로 저장을 하면 제작된 슬라이드들이 각 슬라이드에 한 장의 그림으로 삽입되게 됩니다. 보기에는 제작된 파워포인트 원본과 같으나 그림 형식이기 때문에 편집이 불가능합니다.

❶ [파일] 메뉴에서 [다른 이름으로 저장]을 누른 다음 [찾아보기]를 선택하여 저장할 위치를 지정합니다.

❷ [파일 형식]을 설정하는 곳에서 펼침 목록을 내리고 'PowerPoint 그림 프레젠테이션' 형식을 선택합니다. 저장되는 파일 포맷은 *.PPTX 입니다.

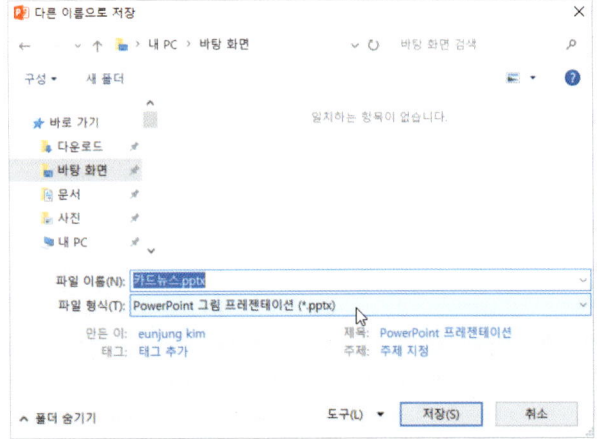

❸ 그림 프레젠테이션으로 저장된 PPTX 파일을 열어 보면 슬라이드에 작성된 개체들이 모두 한 장의 그림으로 만들어진 것을 볼 수 있습니다. 이렇게 파일을 공유하면 직접 제작한 결과물을 다른 사람이 재편집하는 것을 막을 수 있습니다.

한글 문서를 보다 멋지게 작성하려면?
파워포인트에서 도해와 차트를 제작해 한글 문서로 옮겨 보세요

1. 전년도 성과보고

□ 빠른 대응으로 **경기 회복세**로 돌아가고, **일자리 여건 개선** 됨.

[경기 회복세] [일자리 개선]

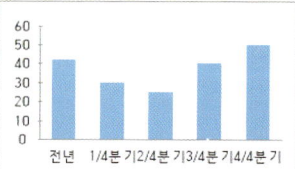

□ 앞으로 보완해야 할 점
① 서민·중소기업 등의 체감경기 회복 지연
② 투자활성화 성과 체감도 저조
③ 청년·여성층 일자리 부족
④ 공공기관 정상화에 대한 저항과 반발

> 한글 프로그램의 기본 차트를 이용하여 문서가 세련되지 않습니다.

1. 전년도 성과보고

□ 빠른 대응으로 **경기 회복세**로 돌아가고, **일자리 여건 개선** 됨.

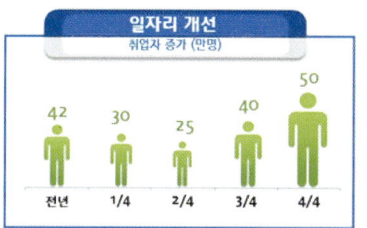

□ 앞으로 보완해야 할 점
① 서민·중소기업 등의 체감경기 회복 지연
② 투자활성화 성과 체감도 저조
③ 청년·여성층 일자리 부족
④ 공공기관 정상화에 대한 저항과 반발

> 파워포인트의 차트를 삽입하여 멋진 보고서가 완성되었습니다.

Technique
▶ 파워포인트에서 제작한 개체를 한글 문서로 복사해 가는 방법을 살펴봅니다.
▶ 그림으로 저장 방법을 살펴봅니다.

멋진 보고서를 꾸미고 싶다면 파워포인트를 활용하세요

업무상 보고서나 리포트는 대부분 워드나 한글 프로그램으로 작성을 합니다. 한글 프로그램은 문서 작성에 최적화되어 있기 때문에 도해나 차트 등의 시각적인 요소를 멋지게 꾸미기에는 한계가 있습니다.

한글 프로그램에서 작성된 Before 문서를 살펴보면 '경기 회복세'나 '일자리 개선'에 관한 그래프를 프로그램 자체에 있는 차트 기능으로 삽입하여 특징이 없는 일반적인 문서가 되었습니다.

좀 더 멋진 보고서를 작성하고 싶다면 파워포인트에서 도해나 차트 작업을 한 뒤 한글 문서로 연동하여 사용해 보세요. After 한글 문서에서는 파워포인트에서 제작된 차트를 사용하여 보다 세련되게 보고서를 작성했습니다.

파워포인트에서 작성한 개체를 한글 문서로 가져가는 방법은 아주 간단합니다. 제작된 차트 개체를 선택하고 Ctrl + C 를 눌러 복사합니다. 한글 문서에서 원하는 위치에 커서를 두고 마우스 오른쪽 버튼을 클릭하여 [붙이기]를 선택하거나 Ctrl + V 를 누르면 차트가 들어갑니다.

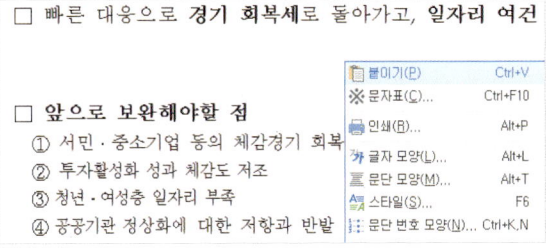

파워포인트에서 제작한 차트를 별도의 그림 파일로 저장하고 싶다면 차트를 선택하고 마우스 오른쪽 버튼을 클릭하여 [그림으로 저장]을 선택한 다음 PNG 파일로 저장하여 한글 문서에 삽입할 수도 있습니다.

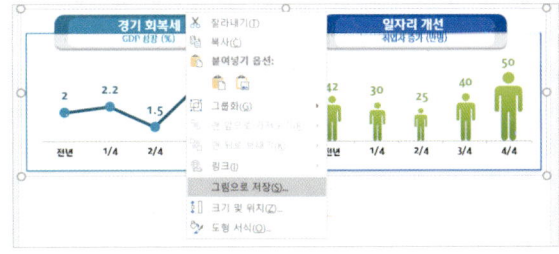

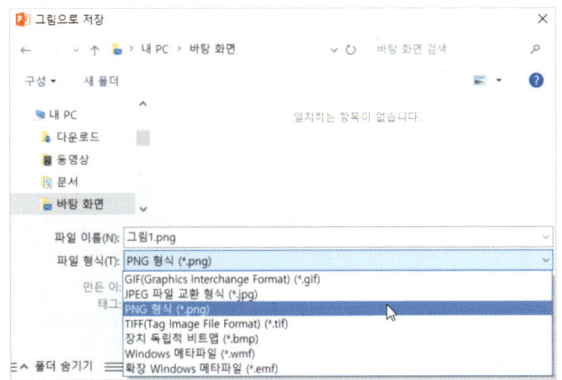

찾아보기

100% 기준 누적 막대 그래프 179
SmartArt 도구 73
WordArt 스타일 설정하기 47
거품형 차트 202
고딕체 21
그림 또는 질감 채우기 93
그림으로 저장하기 97
그림의 색상 조정하기 100
글꼴 포함하여 저장하기 25
글자 장식 29
꺾은선 그래프 193
눈금선 이용하기 60
도넛형 차트 189
도형 복제하기 45
도형 채우기 169
도형에 맞춰 자르기 112
마스터 슬라이드 편집하기 212
막힌 원호 만들기 90
맞춤 정렬하기 60
매트릭스 배치 기법 81
명도 차이를 이용한 색 선택하기 42
명시성 43
모서리가 둥근 직사각형 63
무료 글꼴 다운로드 24
배경 서식 바꾸기 91
배경 제거하기 103
배분 정렬하기 61
배색 84
벡터 지도에서 특정 지역 강조하기 132
블록 화살표 조정하기 69, 174
선 두께 설정하기 52
설명선 67, 176
세로 막대 그래프에 이미지 채우기 206
셀 여백 설정하기 151

슬라이드 레이아웃 설정하기 210
슬라이드를 그림 파일로 저장하기 222
시선의 흐름 76
이슈체 23
이중 물결 181
[입력할 때 자동 서식] 탭 38
자간 설정하기 32
[자동 고침] 탭 38
장평 설정하기 33
줄 간격 조절하기 35
차트 삽입하기 171
카드뉴스 220
클라우드 컨버트 사이트에서 파일 형식 변경하기 124
투명한 색 설정하기 105
파워포인트에 EMF 파일 삽입하기 126
픽토그램 다운받기 122
픽토그램 사용하기 197